대부업법

이자제한법 | 채권추심법 | 개인채무자보호법

이상복

박영사

머리말

이 책은 대부업법이 규율하는 대부업등의 등록 등에 관하여 다루었다. 이 책은 다음과 같이 구성되어 있다. 제1편에서는 대부업법의 목적과 연혁, 대부업 관련 법규를 다루고, 제2편에서는 대부업의 진입규제인 대부업의 등록 등을 다루고, 제3편에서는 영업행위 규제 및 대부이용자 보호를 다루었다. 제4편에서는 대부업에 대한 감독, 검사 및 제재 등을 다루었다.

이 책을 집필하면서 다음과 같은 점들에 유념하였다.

첫째, 이해의 편의를 돕고 실무자들의 의견을 반영하여 법조문 순서에 구애받지 않고 법률뿐만 아니라, 시행령, 대부업등 감독규정의 내용을 반영하였다. 특히 2025년 7월 22일부터 시행되는 개정 대부업법 내용을 반영하였다.

둘째, 대부업법 관련 법규인 이자제한법과 채권추심법의 내용을 모두 반영하고, 개인채무자보호법의 주요 내용도 반영하였다.

셋째, 이론을 생동감 있게 하는 것이 법원의 판례임을 고려하여 대부업법 관련 판례를 하급심 판례까지 반영하였다. 특히 대부업법 관련 법규인 이자제한법 및 채권추심법의 관련 판례도 반영하였다.

이 책을 출간하면서 감사드릴 분들이 많다. 바쁜 일정 중에도 초고를 읽고 조언과 논평을 해준 정태우 변호사, 황칠상 변호사, 김영우 변호사에게 감사드린다. 김선민 이사가 정성을 들여 편집해주고 제작 일정을 잡아 적시에 출간이 되도록 해주어 감사드린다. 출판계의 어려움에도 출판을 맡아 준 박영사 안종만 회장님과 안상준 대표님께 감사의 말씀을 드린다.

2025년 7월

이상복

차 례

제1편 서 론

제1장 대부업법의 목적 등

제2장 대부업법의 연혁

제3장 대부업 관련 법규

제4장 분쟁조정

제5장 대부업정책협의회의 설치 등

제 2 편 진입규제: 대부업등의 등록

제1장 등록

제2장 등록갱신

제3장 등록증의 반납 등

제4장 대부업등의 교육

제5장 등록요건 등

제6장 임원 등의 자격

제7장 변경등록

第8장 상호 등

第9장 업무총괄 사용인

제 3 편 영업행위 규제 및 대부이용자 보호

제1장 대부계약

제2장 총자산한도

제3장 대부업자 등의 이자율 제한

제4장 대부업의 광고

제5장 불법사금융업자로부터의 채권양수·추심 금지 등

제6장 대부업 이용자 보호기준

제7장 대주주와의 거래제한 등

제8장 대부중개의 제한 등

제 4 편 감독, 검사 및 제재

제1장 감독 및 검사 등

제2장 제재

제3장 금융기관 검사 및 제재에 관한 규정

제 1 편

서 론

제1장 대부업법의 목적 등

제1절 대부업법의 목적

대부업법("법")은 "대부업·대부중개업의 등록 및 감독에 필요한 사항을 정하고 대부업자와 여신금융기관의 불법적 채권추심행위 및 이자율 등을 규제함으로써 대부업의 건전한 발전을 도모하는 한편, 금융이용자를 보호하고 국민의 경제생활 안정에 이바지함"을 목적으로 한다(법1).

제2절 대부업법상 용어의 정의

대부업법에서 사용하는 용어의 뜻은 다음과 같다(법2).

Ⅰ. 대부업

1. 대부업의 개념

"대부업"이란 이익을 얻을 목적으로 계속적이거나 반복적으로 금전을 대부(어음할인·양도담보, 그 밖에 이와 비슷한 방법을 통한 금전의 교부를 포함한다. 이하 "대부"라 한다)하는 것을 업(業)으로 하거나, 이익을 얻을 목적으로 계속적이거나 반복적으로 i) 법 제3조에 따라 대부업의 등록을 한 자("대부업자")(가목), ii) 여신금융기관(나목)으로부터 대부계약에 따른 채권을 양도받아 이를 추심("대부채권매입추심")하는 것을 업으로 하는 것을 말한다(법2(1) 본문).

(1) 금전대부업

금전대부업은 이익을 얻을 목적으로 계속적이거나 반복적으로 금전을 대부(어음할인·양도담보, 그 밖에 이와 비슷한 방법을 통한 금전의 교부를 포함한다. 이하 "대부"라 한다)하는 것을 업(業)으로 하는 것을 말한다(법2(1) 본문).

여기서 "금전의 대부"는 어음할인, 전당포, 양도담보, 할부금융 등 명칭에 불구하고 실질적으로 금전의 대부에 해당하는 행위를 포함한다. "업으로" 한다는 것은 영리를 목적으로 동종의 행위를 계속적·반복적으로 하는 것을 의미(대판 2008도7277 판결 등)하며, 업에 해당하는지 여부에 대해서는 법원이 각 개별 사안에 대하여 판단할 사항이나 일반적으로는 월 평균 대부금액 및 거래 상대방의 규모, 광고 유무, 채권 추심방법 등에 따라 결정된다.[1)]

(2) 대부채권매입추심업

대부채권매입추심업은 이익을 얻을 목적으로 계속적이거나 반복적으로 i) 법 제3조에 따라 대부업의 등록을 한 자("대부업자")(가목), ii) 여신금융기관(나목)으로부터 대부계약에 따른 채권을 양도받아 이를 추심("대부채권매입추심")하는 것을 업으로 하는 것을 말한다(법2(1) 본문).

2. 대부업 제외 범위

대부의 성격 등을 고려하여 "대통령령으로 정하는 경우"는 대부업에서 제외한다(법2(1) 단서). 여기서 "대통령령으로 정하는 경우"란 i) 사업자가 그 종업원에게 대부하는 경우(제1호), ii) 노동조합법에 따라 설립된 노동조합이 그 구성원에게 대부하는 경우(제2호), iii) 국가 또는 지방자치단체가 대부하는 경우(제3호), iv) 민법이나 그 밖의 법률에 따라 설립된 비영리법인이 정관에서 정한 목적의 범위에서 대부하는 경우(제4호), v) 여신금융기관이 외국환거래법 제3조 제1항 제15호[2)]에 따른 비거주자 중 외국 국적을 가진 사람이나 외국 법령에 따라 설립

---

1) 금융감독원(2024), "대부업 등록절차", 금융감독원(2024. 4), 1쪽.
2) 15. "비거주자"란 거주자 외의 개인 및 법인을 말한다. 다만, 비거주자의 대한민국에 있는 지점, 출장소, 그 밖의 사무소는 법률상 대리권의 유무에 상관없이 거주자로 본다.

된 법인에 외화로 대부하는 경우(제5호)의 어느 하나에 해당하는 경우를 말한다 (대부업법 시행령2, 이하 "영").

＊ 관련 판례

① 대법원 2012. 7. 12. 선고 2012도4390 판결

[1] 대부업법 제2조 제1호 본문은 "대부업이란 금전의 대부(어음할인·양도담보, 그 밖에 이와 비슷한 방법을 통한 금전의 교부를 포함한다. 이하 "대부"라 한다)를 업으로 하거나 제3조에 따라 대부업의 등록을 한 자(이하 "대부업자"라 한다) 또는 여신금융기관으로부터 대부계약에 따른 채권을 양도받아 이를 추심하는 것을 업으로 하는 것을 말한다"라고 정하고 있다. 여기서 "업으로" 한다는 것은 같은 행위를 계속하여 반복하는 것을 의미하고, 여기에 해당하는지 여부는 단순히 그에 필요한 인적 또는 물적 시설을 구비하였는지 여부와는 관계없이 금전의 대부 또는 중개의 반복·계속성 여부, 영업성의 유무, 그 행위의 목적이나 규모·횟수·기간·태양 등의 여러 사정을 종합적으로 고려하여 사회통념에 따라 판단하여야 한다.

[2] 피고인이 다수의 연예기획사에 투자금 명목으로 7회에 걸쳐 합계 8억원의 자금을 융통하여 주고 투자수수료 등을 받음으로써 관할 관청에 등록하지 아니하고 대부업을 영위하였다고 하여 대부업법 위반으로 기소된 사안에서, 피고인이 평소 아무런 친분관계가 없던 연예기획사 관계자들을 소개받아 투자금이라는 명목으로 단기간 동안 사업자금을 융통하여 주면서 그 대가로 투자수수료 명목의 금원을 공제하여 수취하는 한편 사업의 이익이나 손실 발생 여부에 관계없이 확정수익금을 지급받기로 하고, 이를 불이행하는 경우에는 확정수익금을 포함한 미지급금 외에 이에 대한 지연손해금 및 위약금까지 가산하여 지급받기로 한 것은 명칭이나 명목 여하에 상관없이 실질적으로는 일정한 기간 금전을 이용하게 하고 그 대가로 이자를 지급받는 금전의 대부행위를 한 경우에 해당하고, 위와 같은 대부행위의 목적이나 규모·횟수·기간·태양 등의 사정에다가 대부업법의 입법취지를 아울러 고려하여 볼 때 이는 계속하여 반복할 의사로 이루어진 것으로서 대부업법 제2조 제1호에서 정한 바와 같이 금전의 대부를 업으로 영위한 것이라는 이유로, 이와 달리 보아 무죄를 선고한 원심판결에 대부업법에서 정한 대부업의 해석·적용에 관한 법리오해의 위법이 있다고 한 사례.

② 대법원 2019. 9. 26. 선고 2018도7682 판결

[1] 대부업법 제19조 제1항 제1호는 같은 법 제3조가 규정하는 시·도지사에 대한 등록을 하지 아니하고 대부업 등을 한 자를 처벌한다. 대부업법 제2조 제1호는 "'대부업'이란 금전의 대부(어음할인·양도담보, 그 밖에 이와 비슷한 방법을 통한 금전의 교부를 포함한다)를 업으로 하거나, 등록한 대부업자 또는 여신금융기관으로부터 대부계약에 따른 채권을 양도받아 이를 추심하는 것을 업으로 하는 것을 말한다."라고 규정하고 있다.

대부업법의 관련 규정과 입법 목적, "금전의 대부"의 사전적인 의미, 대부업법 제2조 제1호가 "금전의 대부"에 포함되는 것으로 들고 있는 어음할인과 양도담보의 성질과 효력 등에 비추어 보면, 대부업법 제2조 제1호가 규정하는 "금전의 대부"는 그 개념요소로서 거래의 수단이나 방법 여하를 불문하고 적어도 기간을 두고 장래에 일정한 액수의 금전을 돌려받을 것을 전제로 금전을 교부함으로써 신용을 제공하는 행위를 필수적으로 포함하고 있어야 한다고 보는 것이 타당하다.

따라서 재화 또는 용역을 할인하여 매입하는 거래를 통해 금전을 교부하는 경우, 해당 사안에서 문제 되는 금전 교부에 관한 구체적 거래 관계와 경위, 당사자의 의사, 그 밖에 이와 관련된 구체적·개별적 제반 사정을 종합하여 합리적으로 평가할 때, 금전의 교부에 관해 위와 같은 대부의 개념요소를 인정하기 어려운 경우까지 이를 대부업법상 금전의 대부로 보는 것은, 대부업법 제2조 제1호 등 조항의 문언의 가능한 의미를 벗어나 피고인에게 불리한 방향으로 지나치게 확장해석하거나 유추해석하는 것이 되어 죄형법정주의의 원칙에 위반된다.

[2] 피고인이 인터넷 사이트에 "소액대출 및 소액결제 현금화" 등의 문구를 적시한 광고글을 게시하여 이를 보고 접근한 의뢰인들에게 문화상품권을 소액결제를 하고 구매 후 인증되는 문화상품권의 핀(PIN) 번호를 자신에게 알려주게 하여 의뢰인들이 구매한 문화상품권 액면가의 22% 금액을 선이자 명목으로 공제하고 나머지 77.8% 금액을 대부해 준 다음 위 핀 번호를 상품권업자에게 판매하는 방법으로 미등록 대부업을 영위하였다고 하여 대부업법 위반으로 기소된 사안에서, 피고인이 의뢰인들에게 일정한 할인료를 공제한 금전을 교부하고 이와 상환하여 교부받은 상품권은 소지자가 발행자 또는 발행자가 지정하는 일정한 자에게 이를 제시 또는 교부하는 등의 방법으로 사용함으로써 권면금액에 상응

하는 물품 또는 용역을 제공받을 수 있는 청구권이 화체된 유가증권의 일종인 점, 피고인과 의뢰인들 간의 상품권 할인 매입은 매매에 해당하고, 피고인과 의뢰인들 간의 관계는 피고인이 의뢰인들로부터 상품권 핀 번호를 넘겨받고 상품권 할인 매입 대금을 지급함으로써 모두 종료되는 점 등의 여러 사정을 종합하면, 피고인이 의뢰인들로부터 상품권을 할인 매입하면서 그 대금으로 금전을 교부한 것은 대부의 개념요소를 갖추었다고 보기 어려워 대부업법의 규율 대상이 되는 "금전의 대부"에 해당하지 않는다는 이유로, 이와 다른 전제에서 공소사실을 유죄로 판단한 원심판결에 대부업법이 규정하는 금전의 대부의 해석에 관한 법리를 오해한 잘못이 있다고 한 사례.

Ⅱ. 대부중개업

"대부중개업"이란 대부중개를 업으로 하는 것을 말한다(법2(2)). 대부중개업은 대부중개를 업으로 하는 것을 말하며, 대부중개는 중개, 알선, 주선, 컨설팅 등 명칭에 관계없이 실질적으로 금전의 대부를 중개하는 행위을 말하며, 대부중개는 거래당사자 사이에서 금전의 대부를 주선하는 행위를 뜻하고(대판 2017도641), 개별 사안에서 특정 용역의 제공행위가 대부중개에 해당하는지는 용역 제공의 원인이 된 계약의 체결 경위와 그 내용, 용역 제공자가 실제로 수행한 업무의 성격 등을 종합적으로 고려하여 결정한다.

*** 관련 판례**

① 대법원 2021. 12. 16. 선고 2017도18591 판결

구 대부업법(2015. 7. 24. 법률 제13445호로 개정되기 전의 것)은 대부업에 관하여 "금전의 대부(어음할인·양도담보, 그 밖에 이와 비슷한 방법을 통한 금전의 교부를 포함한다)를 업으로 하거나, 등록한 대부업자 또는 여신금융기관으로부터 대부계약에 따른 채권을 양도받아 이를 추심하는 것을 업으로 하는 것을 말한다. 다만, 대부의 성격 등을 고려하여 대통령령으로 정하는 경우는 제외한다."라고 하고(제2조 제1호), 대부중개업에 관하여 "대부중개를 업으로 하는 것을 말한다."라고 정의하고 있으나(제2조 제2호), 대부중개 자체에 대해서는 그 의미를 정의하거나 범위를 제한하는 규정을 두고 있지 않다. 위와 같은 구 대부업법의 규정과 "제3자로서 두 당사자 사이에 서서 일을 주선하는 것"이라는 중개의 사전적 의미(국립

국어원 발간 표준국어대사전) 등을 고려하면, 구 대부업법 제2조 제2호에서 말하는 "대부중개"는 거래당사자 사이에서 금전의 대부를 주선 또는 알선하는 행위를 뜻하고, 주선의 대상이 된 거래가 금전의 대부에 해당하는 이상, 설령 그 대부행위가 구 대부업법 제2조 제1호 단서, 같은 법 시행령(2016. 7. 6. 대통령령 제27322호로 개정되기 전의 것) 제2조 각호에 따라 "대부업"의 범위에서 제외되는 경우라고 하더라도 그 주선행위 자체는 구 대부업법 제2조 제2호에서 정한 "대부중개"에 해당한다고 봄이 타당하다.

그리고 어떠한 행위가 "대부중개"에 해당하는지는 행위자의 주관적 의사에 따라 결정할 것이 아니라 객관적으로 보아 그 행위가 사회통념에 비추어 금전의 대부를 주선하는 행위라고 인정되는지 여부에 따라 결정하여야 한다. 한편 구 대부업법은 대부중개업을 하려는 자에게 영업소별로 해당 영업소를 관할하는 시·도지사에게 등록할 의무를 부과하고 이를 위반한 자를 처벌하도록 규정하며(제3조 제1항, 제19조 제1항 제1호), 미등록대부중개업자 등으로 하여금 대부중개와 관련한 대가, 즉 중개수수료를 대부를 받는 거래상대방으로부터 받지 못하게 하고 이러한 제한을 위반한 자를 처벌하도록 규정하고 있다(제11조의2 제2항, 제19조 제2항 제6호). 따라서 대부중개업의 등록을 하지 않은 자가 대부의 거래당사자에게 어떠한 용역을 제공한 경우, 그 용역이 구 대부업법에서 정한 대부중개에 해당하는지에 따라 해당 용역의 제공 및 그 용역에 대한 대가 수수가 처벌 대상이 되는지 여부가 결정되며, 개별 사안에서 특정 용역의 제공행위가 대부중개에 해당하는지는 용역 제공의 원인이 된 계약의 체결 경위와 그 내용, 용역 제공자가 실제로 수행한 업무의 성격 등을 종합적으로 고려하여 신중하게 판단하여야 한다.

② 대법원 2012. 6. 14. 선고 2010다86525 판결

"중개를 업으로 한다"고 함은 영업으로서 중개를 하는 것을 말하며 중개를 영업으로 하였는지 여부는 중개행위의 목적이나 규모·횟수·기간·태양 등 여러 사정에 비추어 사회통념에 따라 판단하여야 할 것이므로, 반복·계속하여 중개행위를 한 것은 물론 비록 단 한 번의 행위라 하더라도 반복 계속할 의사로 중개행위를 하였다면 여기에 해당할 것이나, 그렇지 않고 우연한 기회에 타인 간의 거래행위를 중개하고 수수료를 받은 것이라면 중개를 업으로 한 것이라고 볼 수 없다(대법원 2006. 4. 14. 선고 2006도342 판결, 대법원 2007. 9. 6. 선고 2007도5246 판결 등 참조).

③ 서울고등법원 2023. 9. 21. 선고 2022나2042465 판결

"업으로" 한다는 것은 같은 행위를 계속하여 반복하는 것을 의미한다고 할 것이고, 이에 해당하는지 여부는 단순히 그에 필요한 인적 또는 물적 시설을 구비하였는지 여부와는 관계없이, 금전의 대부 또는 중개의 반복·계속성 여부, 영업성의 유무, 그 행위의 목적이나 규모, 횟수, 기간 태양 등의 여러 사정을 종합적으로 고려하여 사회통념에 따라 판단하여야 하는데(대법원 2008. 2. 29. 선고 2007도11068 판결 참조), 반복 계속하여 보수를 받고 중개행위를 한 것은 물론 반복 계속할 의사로써 중개행위를 하였다면 비록 단 한 번의 행위였다고 하더라도 여기에 해당된다(대법원 2006. 4. 14. 선고 2006도342 판결 참조).

Ⅲ. 대부중개업자

"대부중개업자"란 제3조에 따라 대부중개업의 등록을 한 자를 말한다(법2(3)).

Ⅳ. 여신금융기관

"여신금융기관"이란 "대통령령으로 정하는 법령"에 따라 인가 또는 허가 등을 받아 대부업을 하는 금융기관을 말한다(법2(4)). 여기서 "대통령령으로 정하는 법령"이란 i) 은행법(제1호), ii) 중소기업은행법(제2호), iii) 한국산업은행법(제3호), iv) 한국수출입은행법(제4호), v) 한국은행법(제5호), vi) 자본시장법(제6호), vii) 상호저축은행법(제7호), viii) 농업협동조합법(제8호), ix) 수산업협동조합법(제9호), x) 신용협동조합법(제10호), xi) 산림조합법(제11호), xii) 새마을금고법(제12호), xiii) 보험업법(제13호), xiv) 여신전문금융업법(제14호), xv) 자산유동화법(제15호), xvi) 우체국예금보험법(제16호), xvii) 벤처투자법(제17호), xviii) 온라인투자연계금융업법(제17의2)을 말한다(영2의2).

따라서 "여신금융기관"이란 대부업법 이외의 다른 법령에 의하여 인가 또는 허가 등을 받아 대부업을 영위하는 금융회사 즉, 은행, 보험회사, 상호저축은행, 신용협동조합, 할부금융회사 등의 금융기관을 말하며, 이들 여신금융기관은 대부업법에서 규정한 이자율 제한의 규제 등을 받는다.

*** 관련 판례: 대법원 1979. 11. 13. 선고 79다1453 판결**

금융기관이 그 영업행위로서 한 대출금에 대한 변제기 이후의 지연손해금은 민법 제163조 제1호 소정의 단기소멸시효 대상인 이자채권도 아니고, 불법행위로 인한 손해배상 채권에 관한 민법 제766조 제1항 소정의 단기소멸시효의 대상도 아니며, 상행위로 인한 채권에 관하여 적용될 5년간의 소멸시효를 규정한 상법 제64조가 적용되어야 한다.

V. 대주주

"대주주"란 다음 각 목의 어느 하나에 해당하는 주주를 말한다(법2(5)).

가. 최대주주: 대부업자 또는 대부중개업자("대부업자등")의 의결권 있는 발행주식 총수 또는 출자지분을 기준으로 본인 및 그와 대통령령으로 정하는 특수한 관계에 있는 자("특수관계인")[3)]가 누구의 명의로 하든지 자기의 계산

3) "대통령령으로 정하는 특수한 관계에 있는 자"란 다음의 어느 하나에 해당하는 자("특수관계인")를 말한다(영2의3①).
1. 본인이 개인인 경우: 다음의 어느 하나에 해당하는 자
가. 배우자(사실상의 혼인관계에 있는 사람을 포함)
나. 6촌 이내의 부계혈족 및 4촌 이내의 부계혈족의 처
다. 3촌 이내의 부계혈족의 남편 및 자녀
라. 3촌 이내의 모계혈족과 그 배우자 및 자녀
마. 배우자의 2촌 이내의 부계혈족과 그 배우자
바. 입양자 생가(生家)의 직계존속
사. 출양자 및 그 배우자와 출양자 양가(養家)의 직계비속
아. 혼인 외 출생자의 생모
자. 본인의 금전이나 그 밖의 재산으로 생계를 유지하는 사람 및 생계를 함께 하는 사람
차. 본인이 혼자서 또는 본인과 가목부터 자목까지의 관계에 있는 사람과 합하여 30% 이상을 출자하거나 그 밖에 임원의 임면(任免) 등 법인 또는 단체("법인등")의 주요 경영사항에 대하여 사실상 영향력을 행사하고 있는 경우에는 해당 법인등과 그 임원
카. 본인이 혼자서 또는 본인과 가목부터 차목까지의 관계에 있는 자와 합하여 30% 이상을 출자하거나 그 밖에 임원의 임면 등 법인등의 주요 경영사항에 대하여 사실상 영향력을 행사하고 있는 경우에는 해당 법인등과 그 임원
2. 본인이 법인등인 경우: 다음 각 목의 어느 하나에 해당하는 자
가. 임원
나. 공정거래법 제2조 제12호에 따른 계열회사 및 그 임원
다. 혼자서 또는 제1호 각 목의 관계에 있는 자와 합하여 본인에게 30% 이상을 출자하거나 그 밖에 임원의 임면 등 본인의 주요 경영사항에 대하여 사실상 영향력을 행사하고 있는 개인(그와 제1호 각 목의 관계에 있는 자를 포함) 또는 법인(계열회사

으로 소유하는 주식 또는 출자지분을 합하여 그 수가 가장 많은 경우의 그 본인

나. 주요주주: 다음의 어느 하나에 해당하는 자

1) 누구의 명의로 하든지 자기의 계산으로 대부업자등의 의결권 있는 발행주식 총수 또는 출자지분의 10% 이상의 주식 또는 출자지분을 소유하는 자

2) 임원의 임면 등의 방법으로 대부업자등의 주요 경영사항에 대하여 사실상의 영향력을 행사하는 주주 또는 출자자로서 대통령령으로 정하는 자[4)]

Ⅵ. 자기자본

"자기자본"이란 납입자본금·자본잉여금 및 이익잉여금 등의 합계액으로서 "대통령령으로 정하는 금액"을 말한다(법2(6)). 여기서 "대통령령으로 정하는 금액"이란 상법 제30조 제2항[5)]에 따른 대차대조표 상 납입자본금·자본잉여금 및 이익잉여금 등의 합계액에 결산상 오류에 따른 금액을 더하거나 뺀 금액을 말한다(영2의3③).

Ⅶ. 불법사금융업자

"불법사금융업자"란 대부업의 등록 또는 등록갱신을 하지 아니하고 사실상 대부업을 영위하는 자를 말한다(법2(7)).

2025년 1월 대부업법 개정을 통해 대부업의 등록 또는 등록갱신을 하지 아

는 제외)·단체와 그 임원

라. 본인이 혼자서 또는 본인과 가목부터 다목까지의 관계에 있는 자와 합하여 30% 이상을 출자하는 경우나 그 밖에 임원의 임면 등 법인 또는 단체의 주요 경영사항에 대하여 사실상 영향력을 행사하고 있는 경우에는 해당 법인·단체와 그 임원

4) "대통령령으로 정하는 자"란 다음의 어느 하나에 해당하는 자를 말한다(영2의3②).

1. 혼자서 또는 다른 주주(출자자를 포함)와의 합의·계약 등에 따라 대표이사 또는 이사의 과반수를 선임한 주주

2. 경영전략, 조직 변경 등 주요 의사결정이나 업무집행에 지배적인 영향력을 행사한다고 인정되는 자로서 금융위원회가 정하는 주주

감독규정 제15조(사실상 영향력을 행사하는 주주 또는 출자자의 지정) 금융위원회 또는 금융감독원장은 대부업자등 및 그 주주 또는 출자자에 대하여 당해 대부업자등의 주주 또는 출자자가 시행령 제2조의3 제2항 제2호에 해당하는지 여부를 확인하는데 필요한 자료의 제출을 요구할 수 있다.

5) ② 상인은 영업을 개시한 때와 매년 1회이상 일정시기에, 회사는 성립한 때와 매 결산기에 회계장부에 의하여 대차대조표를 작성하고, 작성자가 이에 기명날인 또는 서명하여야 한다.

니하고 사실상 대부업을 하는 자의 명칭을 '미등록대부업자'에서 '불법사금융업자'로 변경하여 그 불법성을 보다 명확히 규정한 것이다.

Ⅷ. 불법사금융중개업자

"불법사금융중개업자"란 대부중개업의 등록 또는 등록갱신을 하지 아니하고 사실상 대부중개업을 영위하는 자를 말한다(법2(8)).

2025년 1월 대부업법 개정을 통해 대부중개업업의 등록 또는 등록갱신을 하지 아니하고 사실상 대부중개업을 하는 자의 명칭을 '미등록대부중개업자'에서 '불법사금융중개업자'로 변경하여 그 불법성을 보다 명확히 규정한 것이다.

제3절 업무의 위탁 등

Ⅰ. 업무의 위탁

1. 시·도지사 또는 금융위원회의 업무 일부의 위탁

대부업법에 따른 특별시장·광역시장·특별자치시장·도지사 또는 특별자치도지사("시·도지사")의 업무의 일부는 대통령령으로 정하는 바에 따라 대부업 및 대부중개업 협회("협회")에 위탁할 수 있다(법18의7①). 대부업법에 따른 금융위원회의 업무의 일부는 대통령령으로 정하는 바에 따라 금융감독원장 또는 협회에 위탁할 수 있다(법18의7②).

(1) 시·도지사 또는 금융위원회의 교육 업무의 협회 위탁

시·도지사 또는 금융위원회("시·도지사등")는 대부업 또는 대부중개업("대부업등")의 준수사항 등에 관한 교육 업무를 협회에 위탁한다(영11의3①).

(2) 금융위원회의 금융감독원장에 대한 위탁업무

금융위원회는 다음의 업무를 금융감독원장에게 위탁한다(영11의3②).

1. 법 제3조·제3조의2 및 제3조의3에 따른 대부업등의 등록, 등록갱신, 등록증의 반납과 등록증의 분실신고 접수 등의 절차에 관한 업무
2. 법 제3조의5에 따른 대부업등의 등록요건 심사에 관한 업무
3. 법 제4조 제1항·제2항에 따른 대부업자등의 임원 및 업무총괄 사용인의 자

격심사에 관한 업무

4. 법 제5조에 따른 대부업등의 변경등록 및 폐업신고 접수에 관한 업무
5. 법 제10조 제2항에 따른 상호출자제한기업집단 대부업자의 신용공여 사실에 관한 보고의 접수
6. 법 제10조 제5항에 따른 세부계획서의 접수
7. 법 제10조 제8항에 따른 신용공여한도 위반 혐의 대부업자 및 그 대주주에 대한 자료제출명령

7의2. 법 제11조의2 제5항에 따른 시정명령 심사에 관한 업무

8. 법 제12조 제1항에 따른 대부업자등의 업무 및 업무와 관련된 재산에 관한 보고, 자료의 제출 및 그 밖에 필요한 명령

8의2. 법 제12조 제7항에 따른 시정명령 심사에 관한 업무

9. 법 제12조 제9항에 따른 보고서의 접수
10. 법 제13조 제6항 제1호 및 제3호에 따른 조치

10의2. 법 제13조 제7항에 따른 조치 내용의 결정 및 통보(같은 조 제6항 제1호 및 제3호에 해당하는 조치를 받았을 것으로 인정되는 경우의 조치 내용의 결정 및 통보에 한정)

10의3. 법 제15조 제4항에 따른 시정명령 심사에 관한 업무

11. 법 제16조에 따른 대부업자의 실태조사 등에 관한 업무
12. 법 제16조의2에 따른 행정처분 사실 등의 공개에 관한 업무
13. 법 제17조 제1항에 따른 등록수수료에 관한 업무
14. 법 제18조의8에 따른 대부업자등의 관리·감독 등을 위하여 사실확인이 필요한 경우 관계기관에의 협조 요청

2. 위탁 업무 처리의 결과 보고

금융감독원장 및 협회는 위탁받은 업무의 처리 결과를 매 분기별로 시·도지사 또는 금융위원회("시·도지사등")에게 보고하여야 한다(법18의7③).

II. 관계 기관에의 협조 요청

시·도지사등은 대부업자등의 관리·감독 등을 위하여 관계 기관의 사실 확인이 필요하면 해당 기관에 그 확인을 요청할 수 있다(법18의8 전단). 이 경우 해당 기관은 특별한 사유가 없으면 사실을 확인하여 통보하여야 한다(법18의8 후단).

Ⅲ. 고유식별정보의 처리

1. 시·도지사등의 자료 처리

시·도지사등(시·도지사등의 업무를 위탁받은 자 포함)은 다음의 사무를 수행하기 위하여 불가피한 경우 개인정보 보호법 시행령 제19조(고유식별정보의 범위) 제1호, 제2호 또는 제4호에 따른 주민등록번호, 여권번호 또는 외국인등록번호("주민등록번호등")가 포함된 자료를 처리할 수 있다(영11의5①).

1. 법 제3조에 따른 등록에 관한 사무
2. 법 제3조의2에 따른 등록갱신에 관한 사무
3. 법 제3조의3에 따른 등록증 반납 등에 관한 사무
4. 법 제3조의4에 따른 대부업등 교육에 관한 사무
5. 법 제4조에 따른 대부업자등의 대표자, 임원 또는 업무총괄 사용인의 자격요건 확인 등에 관한 사무
6. 법 제5조에 따른 변경등록 및 폐업신고에 관한 사무
7. 법 제9조의7에 따른 보호기준 및 보호감시인에 관한 사무
8. 법 제10조에 따른 상호출자제한기업집단 대부업자의 대주주와의 거래 관련 보고, 신용공여기간 연장 승인, 자료제출명령 등에 관한 사무
9. 법 제11조의4 제2항에 따른 손해배상책임을 보장하기 위한 보증금 예탁 등에 관한 사무
10. 법 제12조, 제13조에 따른 검사, 영업정지, 등록취소 및 이에 따른 사후 조치 등에 관한 사무
11. 법 제14조의2에 따른 과징금 부과·징수에 관한 사무
12. 법 제16조에 따른 대부업자의 실태조사 등에 관한 사무
13. 법 제18조에 따른 분쟁조정에 관한 사무

2. 행정안전부장관의 자료 처리

행정안전부장관은 다음의 사무를 수행하기 위하여 불가피한 경우 주민등록번호등이 포함된 자료를 처리할 수 있다(영11의5②).

1. 법 제12조에 따른 검사 및 이에 따른 사후조치 등에 관한 사무
2. 법 제16조에 따른 대부업자의 실태조사 등에 관한 사무

3. 대부업자등의 자료 처리

대부업자등은 법 제9조의5에 따른 고용 제한 또는 업무 위임·대리 제한의 사유 확인에 관한 사무를 수행하기 위하여 불가피한 경우 주민등록번호등이 포함된 자료를 처리할 수 있다(영11의5③).

제2장 대부업법의 연혁

제1절 제정배경

Ⅰ. 제정이유

대부업법은 2002년 8월 26일 법률 제6706호로 제정되어 2002년 10월 27일부터 시행되고 있다. 제정이유는 금전의 대부(貸付)를 업으로 하는 대부업자를 시·도지사에게 등록하도록 하고, 대부업자가 행하는 3천만원 이내의 소액대부에 대하여 이자율을 연 70%의 범위 이내로 제한하는 한편, 대부업자 및 여신금융기관의 불법적 채권추심행위를 금지하며, 대부업자와 거래상대방 사이의 분쟁을 해결하기 위하여 분쟁조정위원회를 두는 등 그 거래상대방을 보호하는 장치를 마련하는 것이다.

Ⅱ. 주요내용

(1) 여신금융기관 외의 자로서 대부업을 영위하고자 하는 자는 영업소별로 해당 영업소를 관할하는 시·도지사에게 등록하도록 함(법 제3조).

(2) 대부업자가 대부계약을 체결하는 때에는 거래상대방에게 대부금액·이자율·변제기간·변제방법 등이 기재된 계약서를 교부하도록 함(법 제6조).

(3) 대부업을 영위하는 자가 개인 또는 소규모 법인에 대하여 금전을 대부하는 경우 3천만원 이내에서 대통령령이 정하는 금액 이하의 대부금액에 대한 이자율은 연 70%의 범위 이내에서 대통령령이 정하는 율을 초과할 수 없도록 함(법 제8조).

(4) 대부업자 또는 여신금융기관이 대부계약에 따른 채권을 추심함에 있어 폭행·협박을 가하는 방법을 사용하지 못하도록 하고, 이를 위반한 자에 대하여는 5년 이하의 징역 또는 5천만원 이하의 벌금에 처하도록 함(법 제10조 및 제19조 제1항).

(5) 시·도지사로 하여금 대부업자의 업무 및 업무와 관련된 재산에 관하여 검사할 수 있도록 하는 한편, 대부업자가 대부업법 또는 대부업법에 의한 명령을 위반한 경우 등에는 영업정지 등을 명할 수 있도록 함(법 제12조 및 제13조).

(6) 대부업자와 거래상대방 사이의 분쟁을 신속하게 해결할 수 있도록 하기 위하여 해당 영업소를 관할하는 시·도지사 소속하에 분쟁조정위원회를 둠(법 제18조).

제2절 개정과정

Ⅰ. 2005년 5월 31일 개정(법률 제7523호)

1. 개정이유

미등록 대부업체에 의한 불법적인 영업행태 및 부당한 채권추심행위의 근절 등 대부업 이용자에 대한 보호를 강화하기 위하여 필요한 규제를 강화하려는 것임.

2. 주요내용

(1) 대부업의 등록갱신신청(법 제3조 제5항 및 제6항 신설)

대부업 등록의 유효기간을 등록일부터 3년으로 하고, 등록 유효기간 이후에도 계속하여 대부업을 영위하고자 하는 자는 시·도지사에게 유효기간 만료일 1월전까지 등록의 갱신을 신청하도록 함.

(2) 대부업자의 명의대여 금지(법 제5조의2 및 제19조 제2항 제1호 신설)

대부업자는 타인에게 자기의 명의로 대부업을 영위하게 하거나 그 등록증을 대여하지 못하도록 하고, 이를 위반하는 자에 대하여는 3년 이하의 징역 또는 3천만원 이하의 벌금에 처하도록 함.

(3) 대부계약서의 기재사항 등(법 제6조제 1항 제10호 및 제6조 제2항 신설)

대부업자가 거래상대방과 대부계약을 체결하는 경우에 그 거래상대방에게 교부하는 계약서에 채무의 조기상환 조건을 기재하도록 하고, 대부업자가 대부계약을 체결한 경우에는 그 계약서 및 계약관계서류를 계약체결일부터 2년간 보관하도록 함.

(4) 대부업의 광고금지 등(법 제9조 제2항 및 제9조의2 신설)

대부업자가 대부조건 등에 대하여 표시 또는 광고를 하는 경우에는 대부업 등록번호, 대부이자율 등을 포함하도록 하는 한편, 대부업자 또는 여신금융기관 외에는 대부업에 관한 광고를 하지 못하도록 함.

(5) 불법적 채권추심행위의 금지 등(법 제10조)

① 대부업자 및 여신금융기관은 대부계약에 따른 채권을 추심함에 있어서 엽서에 의한 채무변제 요구 등 채무자 외의 자가 채무사실을 알 수 있게 하는 방법을 사용하지 못하도록 함.

② 대부업자 및 여신금융기관은 연락두절 등 채무자의 소재파악이 곤란한 경우 외에는 채권추심을 목적으로 채무자의 관계인에게 채무자의 소재 등을 문의할 수 없도록 함.

(6) 중개의 제한 등(법 제11조의2)

① 대부업자는 대부업의 등록을 하지 아니하고 사실상 대부업을 영위하는 자에 대하여 대부중개를 하지 못하도록 함.

② 대부업자는 대부를 받는 거래상대방으로부터 중개의 대가를 받지 못하도록 함.

Ⅱ. 2007년 12월 21일 개정(법률 제8700호)

개정이유 및 주요내용은 다음과 같다.

금융이용자 보호 및 국민의 경제생활의 안정을 도모하기 위하여, 대부업자의 이자율 상한을 현행 70%에서 60%로 하향조정하고, 금융감독원의 대부업자에 대한 직권검사조항을 신설하는 한편, 대부업 이용자의 권리보호를 위하여 채무자에게 채무변제를 위한 금전의 차입을 강요하거나 채무자의 관계인에게 채무를 대신 변제할 것을 강요하지 못하도록 하려는 것임.

Ⅲ. 2009년 1월 21일 개정(법률 제9344호)

1. 개정이유

대부중개에 관한 관리·감독을 강화하기 위하여 대부중개업 등록제도를 신설하고, 대부업자등의 상호와 광고에 대부업자임을 명확하게 표시하도록 하여 대부업 이용자가 대부업자를 은행 등으로 오인하지 않도록 하며, 대부계약서 작성 시 대부업자는 중요 사항을 거래상대방이 자필로 직접 기재하게 하여 불법계약서 작성에 따른 피해를 예방하도록 하고, 대부이자율의 최고한도 제한(연 60%)에 관한 일몰시한을 2013년 12월 31일까지 연장하는 한편, 어려운 용어를 쉬운 용어로 바꾸며, 길고 복잡한 문장은 체계 등을 정비하여 간결하게 하는 등 국민이 법 문장을 이해하기 쉽게 정비하려는 것임.

2. 주요내용

(1) 대부중개업 등록 의무화(법 제2조 및 제3조)

① 현재 대부업 또는 대부중개업을 하려는 자는 영업의 종류와 관계없이 대부업으로만 등록하고 있음.

② 직접 금전을 대부하는 자는 대부업으로, 대부중개업을 대부업과 함께 또는 단독으로 하려는 자는 대부중개업으로 별도 등록하도록 함.

③ 대부 이용자가 대부중개업자를 대부업자로 잘못 알고 이용함에 따라 높은 이자를 부담하는 것을 방지할 수 있을 것으로 기대됨.

(2) 대부업자등의 상호에 관한 규제 신설(법 제5조의2)

① 현재 대부분의 대부업자는 대부업자임을 명확하게 표시하지 아니하고 다른 여신금융기관으로 잘못 알기 쉬운 캐피탈·파이낸스 등의 상호를 사용하고 있음.

② 대부업자는 그 상호 중에 "대부"라는 문자를, 대부중개업자는 그 상호 중에 "대부중개"라는 문자를 반드시 사용하도록 함.

③ 대부업자등과 다른 여신금융기관의 구분을 명확하게 하여 상호의 혼동에 따른 이용자의 피해를 방지할 수 있을 것으로 기대됨.

(3) 대부계약서 작성 시 대부업자는 중요 사항을 거래상대방이 자필로 직접 기재하게 하도록 의무화(법 제6조의2 신설)

① 일부 대부업자는 실제 대부금액보다 많은 대부금액을 대부계약서에 기재

하거나, 대부금액을 기재하지 아니하고 백지 계약서를 작성하는 등의 방법으로 이자율 제한을 피하는 사례가 있음.

② 대부계약을 체결하는 경우에는 대부금액·대부이자율·변제기간 등 중요 사항을 대부업자가 기재하지 못하도록 하고, 대부업자가 그 거래상대방으로 하여금 자필로 기재하게 하도록 의무화함.

③ 대부계약서 편법 작성에 따른 대부 이용자의 피해를 예방할 수 있을 것으로 기대됨.

(4) 대부광고의 문안과 표기에 관한 규제 신설(법 제9조 제4항 신설)

① 대부업자가 광고하는 경우 등록번호, 대부이자율, 이자 외의 추가 비용 등에 관한 사항을 일반인이 알기 어렵게 작성하는 문제점이 있음.

② 대부업자등이 광고하는 경우에는 일반인이 등록번호, 대부이자율, 이자 외의 추가비용 등을 쉽게 알 수 있도록 광고의 문안과 표기를 하도록 함.

③ 대부업등의 광고 중 중요 사항이 일반인에게 정확하게 전달되어 이용자의 피해를 예방할 수 있을 것으로 기대됨.

(5) 대부업 및 대부중개업 협회 설립 근거 마련(법 제18조의2부터 제18조의6까지 신설)

① 지금까지 등록된 대부업자의 수가 약 1만 8천개에 이르러 행정 당국의 관리·감독에 한계가 있고, 대부업계의 건전한 발전과 영업질서 유지를 위하여 대부업계의 자율규제 장치를 마련할 필요가 있음.

② 대부업자등은 대부업 및 대부중개업 협회를 설립하고, 협회는 회원에 대하여 대부업법 또는 관계 법령을 준수하도록 하기 위한 지도 및 업무방식의 개선 권고를 하도록 함.

③ 대부업계의 자율규제로 대부업계의 영업질서 유지에 기여할 것으로 기대됨.

(6) 최고이자율 일몰시한 연장 및 대부업자 검사에 관한 일몰시한 폐지(법 부칙 제2조)

대부업자가 채무자로부터 받을 수 있는 최고이자율 제한의 적용시한을 2008년 12월 31일에서 2013년 12월 31일까지로 5년 연장하는 한편, 대부업자에 대한 시·도지사의 검사규정 적용시한이 2008년 12월 31일까지로 되어 있었으나, 대부업자의 영업에 대한 지속적 관리·감독이 필요하게 되어 일몰시한을 폐지함.

Ⅳ. 2010년 1월 25일 개정(법률 제9970호)

1. 개정이유

대부업자의 최고이자율 상한을 낮추고, 연체이자율이 대부계약에서 차지하는 비중을 고려하여 대부계약의 체결 시 계약서에 기재하여야 할 사항 등에 연체이자율을 명시적으로 추가하며, 소재불명인 대부업자로 인한 피해를 미연에 방지하기 위하여 대부업 등록 시 고정사업장 요건을 추가함과 동시에 대부업 등록 시 등기부등본이나 임대차계약서와 같은 관련서류를 제출하도록 하는 한편, 대부업자와 채무자 간 채무상환 여부에 대한 법률적 다툼이 끊이지 않는 점을 고려하여 변제방법이 계좌이체인 경우 변제를 받기 위한 대부업자 명의의 계좌번호를 계약서에 기재토록 하고, 제3자 명의의 담보가 제공된 경우 대부업자가 제3자에게 담보제공 여부를 확인하도록 하여 대부계약 시 나타나는 문제점을 개선하며, 범죄단체 관련자의 대부업 종사 등을 금지하려는 것임.

2. 주요내용

(1) 대부업 등록 시 영업소의 소재지 증명 서류(등기부등본 또는 임대차계약서 사본에 한정함)를 제출하도록 함(법 제3조 제2항 제4호의2 신설).

(2) 고정사업장 미보유 시 대부업등의 등록을 제한(법 제4조 제8호 신설).

(3) 변제방법이 계좌이체 방식인 경우 변제를 받기 위한 대부업자 명의의 계좌번호를 적은 대부계약서를 대부업자가 거래상대방에게 교부하도록 함(법 제6조 제1항 제6호).

(4) 대부계약서에 기재하여야 할 사항과 대부업자가 영업소에 게시하여야 하는 사항에 연체이자율을 추가함(법 제6조 제1항 제11호 신설, 법 제9조 제1항).

(5) 대부계약을 체결하려는 자가 제3자의 명의로 된 담보를 제공하는 경우 대부업자가 제3자에게 담보제공 여부를 확인하도록 하는 의무를 부과함(법 제7조의2 신설).

(6) 대부업자와 여신금융기관이 받을 수 있는 최고이자율을 연 50%로 하향 조정함(법 제8조 제1항 및 제15조 제1항).

(7) 대부업자등은 범죄단체 관련자 등을 고용하거나, 범죄단체 관련자 등에게 대부업등의 업무를 위임하거나 대리하게 하지 못하도록 함(법 제9조의5 신설).

V. 2012년 12월 11일 개정(법률 제11544호)

1. 개정이유

대부업자 등의 불법행위를 차단하기 위하여 대부업 등의 등록제한 요건을 강화하고, 고금리의 원인이 되고 있는 과도한 수준의 대부중개비용을 줄이기 위하여 대부중개수수료 상한제를 도입하는 한편, 그 밖에 현행 제도의 운영상 나타난 일부 미비점을 개선·보완하려는 것임.

2. 주요내용

(1) 대부업 등의 등록제한 요건 강화(안 제4조)

① 대부업 및 대부중개업의 등록이 제한되는 자의 범위에 업무총괄 사용인을 추가하고, 대표자·임원 또는 업무총괄 사용인이 채권추심법을 위반하여 형을 선고받은 경우 일정기간이 지나지 아니하면 등록을 할 수 없도록 하는 등 등록제한 요건을 추가함.

② 대부업 등의 등록제한 요건을 강화함으로써 대부업의 건전한 발전을 도모할 수 있을 것으로 기대됨.

(2) 대부중개에 관한 광고를 할 수 있는 자에 대출모집인 추가(안 제9조의2 제2항)

여신금융기관과 위탁계약을 맺고 대부중개를 하는 대출모집인이 대부중개업자와 유사하게 대부중개업무를 영위하고 있는 현실을 반영하여 대출모집인도 대부중개업자와 마찬가지로 대부중개에 관한 광고를 할 수 있도록 함.

(3) 대부중개수수료 상한제 도입(안 제11조의2 제3항 및 제4항 신설)

① 대부업체와 여신금융기관이 대부중개업자에게 지급하는 대부중개수수료는 대부금액의 5% 이내에서 대통령령으로 정하는 금액을 초과할 수 없도록 함.

② 대부중개수수료에 상한제를 도입함으로써 대부업 이용자의 이자부담이 경감될 것으로 기대됨.

(4) 대부업 등의 교육을 받지 아니한 자에 대한 제재처분 완화(현행 제21조 제2항 제3호 삭제)

대부업 등의 교육을 받지 아니한 자에 대하여 과태료 부과 및 영업정지 처분을 병과하던 것을 과태료 부과처분을 폐지함으로써 대부업 등의 교육을 받지 아니한 자에 대한 제재처분을 완화함.

VI. 2014년 1월 1일 개정(법률 제12156호)

1. 개정이유

대부업의 이자율 상한을 현행 연 50% 범위에서 대통령령으로 정하도록 한 것을 연 40% 범위에서 대통령령으로 정하도록 낮추고, 대통령령은 대부업 이자율 상한을 현행 연 39%에서 연 34.9%로 낮추도록 하며, 이자율 상한에 관한 규정의 효력시한을 2015년 12월 31일까지 2년간 연장하고, 그 밖에 이자율 상한의 대부계약서 명시, 이자율 제한 위반이나 불법채권추심 등으로 영업정지 등 행정처분을 받은 자에 대한 정보공개 등 대부업의 제도개선에 관한 사항을 규정하려는 것임.

2. 주요내용

(1) 대부계약서에 대부업 이자율 상한을 명시하도록 함(제6조 제1항 제3호의2 신설).

(2) 등록대부업자, 여신금융기관의 대부업 이자율 상한을 연 40% 범위에서 대통령령으로 정하도록 하고, 대부업 이자율 상한을 대부업법 시행 후 3개월이 경과한 날부터 연 34.9%로 하며, 이자율 상한에 관한 조항의 효력시한을 2015년 12월 31일까지 2년간 연장함(제8조, 제11조 제1항 및 제15조 제1항·제2항, 부칙 제2조, 제6조 제3항 및 제5항).

(3) 대부중개업자가 위탁받은 대부중개를 하면서 손해를 발생시킨 경우에는 업무를 위탁한 대부업자 또는 여신금융기관이 배상책임을 지도록 함(제11조의3 신설).

(4) 안전행정부장관과 금융위원회는 대부업자 등의 현황 및 영업실태 조사결과 등을 대통령령으로 정하는 바에 따라 관보 또는 인터넷 홈페이지 등에 게재하도록 함(제16조 제3항 신설).

(5) 최근 5년 이내에 이자율 제한 위반, 불법채권추심 등으로 영업정지, 시정명령 등 행정처분을 받은 자에 대해서는 그 처분 사실을 공개하도록 함(제16조의2 신설).

Ⅶ. 2014년 3월 18일 개정(법률 제12493호)

개정이유 및 주요내용은 다음과 같다.

대부계약자 본인뿐만 아니라 대리인에게도 대부계약과 관련된 서류 등의 열람이나 증명서의 발급을 허용하고, 시·도지사 등이 불법 대부광고에 사용된 전화번호의 이용중지를 미래창조과학부장관에게 요청할 수 있는 법적 근거를 마련하려는 것임.

Ⅷ. 2015년 7월 24일 개정(법률 제13445호)

1. 개정이유

대부업 이용자 보호와 대부업의 건전한 발전을 위하여 일정규모 이상의 대부업자와 대부중개업자는 금융위원회에 등록하고 감독을 받도록 하는 등 대부업의 등록 및 감독체계를 개편하고, 등록요건에 재정적 건전성을 확인할 수 있는 기준을 마련하며, 대부업자 등의 내부통제를 강화하기 위하여 대부업 이용자 보호기준을 마련하려는 것임.

또한 대기업 계열사의 우회지원을 방지하기 위하여 대부업자의 대주주에 대한 신용공여한도를 설정하면서 신용공여한도 위반시 부당이익에 대한 과징금을 부과하고, 과도한 대부채권매입추심 등을 예방하고 대부업 이용자를 보호하기 위하여 거래상대방에 대한 손해배상을 보장하는 제도를 도입하며, 대부업자의 과도한 방송광고를 방지하기 위해 방송광고 시간을 제한함으로써 건전한 금융생활에 기여할 수 있도록 하는 한편, 그 밖에 현행 제도의 운영상 나타난 일부 미비점을 개선·보완하려는 것임.

2. 주요내용

(1) 대부업 및 대부중개업의 등록제도 개선(제3조, 제3조의5 신설)

① 대부업 또는 대부중개업을 하려는 자는 해당 영업소를 관할하는 시·도지사에게 등록하도록 하고 있으나, 대부업 또는 대부중개업을 하려는 자로서 둘 이상의 시·도에서 영업소를 설치하거나 자산규모 100억원을 초과하는 범위에서 대통령령으로 정하는 기준에 해당하는 자 등을 금융위원회에 법인으로 등록하도록 함으로써 대부업 및 대부중개업에 대한 체계적이고 효과적인 등록·감독 체계

가 구축될 수 있도록 함.

② 대부업의 등록을 하려는 자는 1천만원 이상의 자기자본 또는 순자산액을 갖추도록 하고, 금융위원회에 대부업 또는 대부중개업을 등록하려는 자의 등록 요건에 이해상충 가능성이 있거나 대부업 이용자의 권익 및 신용질서를 저해할 우려가 있는 업을 하는 자가 아닐 것 등을 추가함.

(2) 임원 등의 결격사유 규정(제4조)

해당 법인이나 그 임원, 업무총괄 사용인 또는 대주주의 결격사유를 대부업법 또는 금융 관련 법령을 위반하여 벌금 이상의 형을 선고받고 그 집행이 끝나거나 집행이 면제된 날부터 5년이 지나지 아니할 것 등으로 규정하고, 임원 및 업무총괄 사용인이 이에 해당될 경우 그 직을 잃도록 함.

(3) 유사상호의 사용 금지(제5조의2 제4항 신설)

대부업법에 따른 대부업자 또는 대부중개업자가 아닌 자는 그 상호 중에 대부, 대부중개 또는 이와 유사한 상호를 사용하지 못하도록 함으로써 미등록대부업자 등에 의하여 발생하는 피해를 예방할 수 있도록 함.

(4) 대부업자 등의 방송광고 시간 제한(제9조 제5항 신설)

대부업자 등이 방송을 이용한 광고를 하여서는 아니 되는 시간을 규정함.

(5) 대부업 이용자 보호기준 마련 등 내부통제제도 마련(제9조의7 신설)

금융위원회에 등록한 대부업자 또는 대부중개업자로서 일정한 자산규모 이상인 자는 법령을 지키고 거래상대방을 보호하기 위하여 임직원이 직무를 수행할 때 따라야 할 기본적인 절차와 기준인 대부업 이용자 보호기준을 정하고, 대부업 이용자 보호기준의 준수 여부를 조사·감사하는 보호감시인을 1명 이상 두도록 하며, 보호감시인의 요건을 5년 이상 종사한 변호사 자격을 가진 자 등으로 함으로써 대부업자 또는 대부중개업자의 건전 경영을 위한 자율적인 통제장치를 마련하도록 함.

(6) 대주주와의 거래 제한 제도 및 신용공여한도 위반시 과징금 부과 도입(제10조 및 제14조의2 신설)

상호출자제한기업집단에 속하는 대부업자는 대주주에 대하여 자기자본의 100%를 초과하는 신용공여를 할 수 없도록 하고, 은행 등 여신금융기관이 최대주주인 대부업자는 대주주에 대하여 신용공여를 할 수 없도록 하면서, 신용공여한도 위반시 부당이익에 대한 과징금을 부과함으로써 대부업자와 대주주 간의 불건전 거래행위의 발생 소지를 최소화할 수 있도록 함.

(7) 대부업자 등의 거래상대방에 대한 손해배상책임 보장(제11조의4 신설)

대부업자 또는 대부중개업자가 고의 또는 과실로 거래상대방에게 손해를 발생시킨 경우 손해배상책임을 지도록 하고, 그 책임을 보장하기 위하여 보증금을 예탁하거나 보험 또는 공제에 가입하도록 함.

(8) 협회의 주 사무소 소재지 자율화(제18조의2 제3항)

대부업 및 대부중개업 협회가 그 주된 사무소를 서울특별시에 한정하여 두도록 하는 강제 규정을 개정하여 협회가 자율적으로 본회(本會) 사무실을 두도록 함.

Ⅸ. 2016년 3월 3일 개정(법률 제14072호)

개정이유 및 주요내용은 다음과 같다.

종전법은 대부업체의 이자율을 연 40% 이하로 규정하고 있었고 대통령령에 의하여 34.9%를 초과하지 못하도록 하고 있었으나 대부업체와 여신금융기관을 이용하는 서민들에게는 과도한 이자부담이 발생하고 있음.

이에 대부업체와 여신금융기관의 이자율 상한을 다시 규정하는 한편, 연 27.9%를 초과할 수 없도록 규정하려는 것임.

한편, 대부업협회는 회원에 대한 법령 준수 지도·권고, 광고 자율심의, 대부이용자에 대한 민원의 상담·처리 등 준법 질서 확립 및 대부이용자 보호를 위한 공적 역할도 수행하고 있어, 대부업협회의 업무수행 적정성 등에 대한 관리·감독을 위한 근거 규정을 마련하려는 것임.

Ⅹ. 2017년 4월 18일 개정(법률 제14820호)

1. 개정이유

대부업자의 신용공여 한도 위반시의 과징금 부과의 상한이 타법에 비해 낮아 업권간 형평성 문제가 발생하는 문제를 해결하고자 과징금 부과의 상한을 상향하고, 과징금 체납자의 부담을 완화하기 위하여 가산금의 징수기간을 설정하며, 금전적 제재의 실효성을 제고하기 위하여 과태료의 부과한도를 인상하는 등 현행 제도의 운영상 나타난 일부 미비점을 개선·보완하려는 것임.

한편, 대부상품의 표시 및 광고에 조기상환수수료율 등 조기상환조건을 모호하게 규정하여 소비자의 혼란을 초래하고 있으며, 대부계약의 체결 과정에서 개인신용등급의 조회시 신용등급이 하락하여 향후 금융거래에 제약을 받게 되는 경우가 발생하고 있음. 이에 대부조건 등에 관한 표시 또는 광고에 조기상환수수료율 등 조기상환조건과 대부계약과 관련된 신용등급의 하락 가능성을 알리는 문구를 포함하도록 하여 소비자를 보호하고 국민의 건전한 금융생활 영위에 기여하고자 함.

또한, 통일적인 방법·절차 및 관련 기관의 협조에 대한 근거규정을 마련함으로써 대부업자들의 영업실태를 정확하고 신속하게 파악하여 대부업 시장에서의 거래질서 확립을 위한 조치들이 적절히 이루어지도록 하려는 것임.

2. 주요내용

(1) 대부조건의 게시와 광고에 조기상환조건 및 신용등급의 하락가능성 문구 포함(제9조 제2항 제5호·제6호 및 제3항 제5호·제6호)

대부업자 또는 대부중개업자가 대부조건 등에 관하여 표시 또는 광고를 하는 경우 채무의 조기상환수수료율 등 조기상환조건과 신용등급의 하락 가능성을 알리는 경고문구를 포함하도록 함.

(2) 과징금의 가산금 징수기간 설정(제14조의2 제2항 후단 신설)

과징금 체납분에 대한 가산금 징수기간에 제한이 없어 체납자에게 부담으로 작용할 수 있는 문제점을 개선하기 위하여 가산금 징수기간이 60개월을 넘지 아니하도록 함.

(3) 대부업 실태조사 방법 및 절차에 관한 위임규정 마련(제16조 제1항 및 제2항)

대통령령으로 대부업 실태조사 방법 및 절차를 정하도록 하고, 행정자치부장관과 금융위원회가 대부업자 현황 파악과 제도조사를 위해 필요한 경우 시·도지사 등에게 자료 제공을 요청할 때 특별한 사유가 없는 한 이에 협조하도록 함.

(4) 과태료 부과한도 인상(제21조 제1항 및 제2항)

금전적 제재의 실효성을 제고하기 위하여 과태료 부과한도를 대부업자 등이 변경등록 또는 폐업신고를 하지 아니한 경우 등에 대하여 현행 2천만원에서 5천만원으로, 대부업자등이 광고의 문안과 표기에 관한 의무를 이행하지 아니한 경우 등에 대하여 현행 5백만원에서 1천만원으로 인상함.

XI. 2018년 12월 24일 개정(법률 제16089호)

개정이유 및 주요내용은 다음과 같다.

2002년 현행법 제정시 최고금리 규제가 도입되고 지난 15년여간 고금리 대출에 따른 소비자 피해 예방에 기여함에 따라 규제의 지속 필요성에 대한 사회적 합의도 성숙되어 왔음.

그러나 최고금리 규제가 여전히 한시적 일몰조항으로 운용되어 주기적으로 법률을 개정해야 하는 등 입법비용은 과다한 반면, 법률 개정이 적기에 이뤄지지 않는 경우에는 규제공백이 발생하여 규제운용의 안정성은 크게 저해되고 있는 실정임.

한편, 현행법은 최고금리를 적용하는 대부업의 특성을 고려하여 대부업자에게는 별도의 연체가산이자율 규제 적용근거를 두지는 않고 있으나, 대부업 시장이 전문화·대형화됨에 따라 대부업자의 연체가산이자율에 대한 규제 필요성이 높아지고 있는 상황임.

이에 그간의 사회적 합의 성숙 및 최고금리 규제의 지속 필요성을 감안하여 2018년 말로 최고금리 규제의 일몰을 정한 현행법상 부칙을 폐지하여 규제 운용의 안정성을 도모하고, 대부업자에 대해서도 연체가산이자율 규제가 적용되도록 법적 근거를 정비하려는 것임.

XII. 2022년 1월 4일 개정(법률 제18713호)

개정이유 및 주요내용은 다음과 같다.

현행법은 대부업 및 대부중개업을 영위하려는 자는 해당 영업소를 관할하는 시·도지사에게 등록하도록 하면서도, 자산규모 및 대부채권 잔액이 일정 규모 이상인 자 등에 대해서는 금융위원회에 등록하도록 하고 시·도지사 또는 금융위원회가 각각 등록된 대부업체를 관리·감독하도록 하는 이원화된 등록·감독체계를 규정하고 있음.

그런데 현행법은 시·도지사와 금융위원회 모두 법 위반사항이 있는 등의 경우 등록취소 등 행정제재를 할 수 있도록 권한을 부여하고 있으면서도 대부업자등에 대한 주의·경고 또는 그 임직원에 대한 주의·경고·문책요구, 임원의 해임권고·직무정지, 직원의 면직요구의 경우 금융위원회가 금융위원회에 등록한 대부업자등 또는 그 임직원에 대해서만 할 수 있도록 규정하고 있으며, 이에 따라 등록·감독기관이 다르다는 이유로 동일한 위반행위에 대해서 제재 내용이 달라지는 것이 형평성에 어긋난다는 지적이 제기되고 있음.

이에 시·도지사도 시·도지사에게 등록한 대부업자등 또는 그 임직원에게 주의·경고·문책요구, 임원의 해임권고·직무정지, 직원의 면직요구 등을 할 수 있도록 허용하여 등록기관에 따라 제재 내용에 차이가 발생하는 문제를 해소하려는 것임.

XIII. 2025년 1월 21일 개정(법률 제20714호)

1. 개정이유

반사회적인 대부계약의 효력을 무효화하고, 불법사금융 범죄에 대한 처벌을 강화하며, 대부업 등록기준 및 요건을 상향하는 등 불법사금융을 근본적으로 척결하고 대부업 시장을 바로잡아 국민들의 피해를 예방하고 편리한 금융이용 환경을 조성함.

2. 주요내용

(1) 이 법에 따른 등록 또는 등록갱신을 하지 아니하고 사실상 대부업등을 하는 자의 명칭을 '미등록대부업자'와 '미등록대부중개업자'에서 '불법사금융업자'와 '불법사금융중개업자'로 각각 변경하여 그 불법성을 보다 명확히 규정함(제2조).

(2) 대부중개시스템을 활용하여 대부중개업을 하려는 자는 금융위원회에 등록하도록 하여 관리·감독을 강화함(제3조 제2항 제6호 신설).

(3) 시·도지사 등록 대상인 대부업자의 자기자본 요건을 '1천만원 이상으로서 대통령령으로 정하는 금액'에서 '1억원 이상으로서 대통령령으로 정하는 금액'으로 상향하고, 대부중개업만을 하려는 자의 자기자본 요건을 신설하며, 자기자본 유지의무를 도입함(제3조의5).

(4) 대부계약 과정에서 성적 욕망 또는 수치심을 유발할 수 있는 촬영물·영상물·음성물 또는 그 편집물·합성물·가공물 및 복제물을 요구·수집·제공·유통하는 행위, 인신매매, 신체상해, 폭행·협박 등의 행위가 있거나, 대부이자율이 최고이자율의 3배 이상으로서 대통령령으로 정하는 비율을 초과하는 경우 등의 반사회적 불법대부계약은 원금과 이자를 전부 무효화할 수 있는 근거를 마련함

(제8조의2 신설).

(5) 불법사금융업자가 대부를 하는 경우 해당 대부계약의 이자약정은 무효로 함(제11조).

(6) 불법사금융업자의 미등록 불법대부 등에 대한 벌칙을 5년 이하의 징역 또는 5천만원 이하의 벌금에서 10년 이하의 징역 또는 5억원 이하의 벌금으로 상향함(제19조).

제3장 대부업 관련 법규

제1절 대부업법 및 관련 법규

Ⅰ. 대부업법

대부업법은 "대부업·대부중개업의 등록 및 감독에 필요한 사항을 정하고 대부업자와 여신금융기관의 불법적 채권추심행위 및 이자율 등을 규제함으로써 대부업의 건전한 발전을 도모하는 한편, 금융이용자를 보호하고 국민의 경제생활 안정에 이바지함"을 목적으로 하는 대부업에 관한 기본법률이다. 대부업법의 기본구조는 그 목적과 대부업에 관한 정의를 규정하고, 대부업의 등록 등에 관한 규정, 대부업자의 영업행위 규제 및 대부이용자 보호에 관한 규정, 감독·검사에 관한 규정, 과징금, 과태료, 그리고 벌칙에 관한 규정을 두고 있다.

Ⅱ. 관련 법규 및 판례

1. 법령 및 규정

(1) 법령

대부업법 이외에 대부업과 관련된 법률로는 금융소비자보호법, 금융실명법, 특정금융정보법, 이자제한법, 채권추심법, 개인채무자보호법 등이 있다. 또한 법률 이외에 시행령이 있다.

이자제한법, 채권추심법, 개인채무자보호법의 주요 내용은 후술한다.

(가) 금융소비자보호법

대부는 금융소비자보호법의 적용을 받는 금융상품에 해당하고(금융소비자보호법2(1) 바목, 동법 시행령2①(1)), 대부업자와 대부중개업자는 금융소비자보호법의 적용을 받는 금융회사등에 해당하여(금융소비자보호법2(7) 아목, 동법 시행령2⑥(2)) 영업행위와 금융소비자 보호 관련 규제를 받는다.

(나) 금융실명법

대부업 또는 대부중개업의 등록을 한 자는 금융실명법상의 금융회사에 해당(금융실명법2(1) 하목, 동법 시행령2(4))하기 때문에 실지명의(實地名義)에 의한 금융거래를 실시하고 그 비밀을 보장하여 금융거래의 정상화를 꾀함으로써 경제정의를 실현하고 국민경제의 건전한 발전을 도모함을 목적으로 하는 금융실명법의 적용을 받는다.

(다) 특정금융정보법

대부업법 제3조 제2항 제5호에 따라 등록한 대부업자 중 같은 법 제9조의7 제1항에 따른[6] 자산규모 이상인 자는 특정금융정보법상 금융회사에 해당(특정금융정보법2(1) 거목, 동법 시행령2(14))하므로 금융거래 등을 이용한 자금세탁행위와 공중협박자금조달행위를 규제하는 데 필요한 특정금융거래정보의 보고 및 이용 등에 관한 사항을 규정함으로써 범죄행위를 예방하고 나아가 건전하고 투명한 금융거래 질서를 확립하는 데 이바지함을 목적으로 하는 특정금융정보법이 적용된다.

(2) 규정

법령 이외에 구체적이고 기술적인 사항을 신속하게 규율하기 위하여 금융위원회 등이 제정한 규정이 적용된다.

(가) 대부업등 감독규정

대부업법, 동법 시행령 및 그 밖의 관련 법령에서 정하는 대부업 및 대부중개업("대부업등")의 감독에 관련되는 사항 중 금융위원회("금융위") 소관사항의 시행에 필요한 사항을 정함을 목적으로 하여 금융위원회 고시인 「대부업등 감독규정」("감독규정")이 시행되고 있다.

---

6) 대부업자 중 대부채권매입추심을 업으로 하려는 대부업자는 직전 사업연도말 기준으로 10억원, 그 밖의 대부업자등은 직전 사업연도말 기준으로 500억원 이상인 자

(나) 대부업 등의 등록 및 금융이용자 보호에 관한 법률 시행령에 따른 연체이자율에 관한 규정

대부업법 제8조, 제15조 및 동법 시행령 제5조 제5항, 제9조 제4항에 따라 금융위원회의 소관업무의 시행에 필요한 사항을 정함을 목적으로 금융위원회 고시인 「대부업 등의 등록 및 금융이용자 보호에 관한 법률 시행령에 따른 연체이자율에 관한 규정」("연체이자율에 관한 규정")이 시행되고 있다.

(다) 대부업정책협의회 등의 구성 및 운영에 관한 규정

대부업법 제15조의2에 따라 대부업 및 대부중개업 관련 주요 정책의 수립·추진을 위하여 관계 행정기관 간 긴밀한 협조체제를 구축함과 아울러 대부업 및 대부중개업 관련 위법행위를 효과적으로 예방·단속하기 위한 관계 기관 간의 협력 등을 위하여 대부업정책협의회 및 지역별 대부업관계기관협의회를 설치하고, 그 운영에 관한 사항을 규정함을 목적으로 대통령령인 「대부업정책협의회 등의 구성 및 운영에 관한 규정」("협의회 규정")이 제정되어 시행되고 있다.

(라) 금융기관 검사 및 제재에 관한 규정

금융기관 검사 및 제재에 관한 규정(금융위원회 고시, 이하 "검사제재규정")은 금융감독원장이 검사를 실시하는 금융기관에 적용되며, 필요한 범위 내에서 금융위원회법 및 금융업관련법에 따라 금융위원회가 검사를 실시하는 금융기관에 준용한다. 또한 관계법령 등에 의하여 금융감독원장이 검사를 위탁받은 기관에 대한 검사 및 그 검사결과 등에 따른 제재조치에 대하여는 관계법령 및 검사를 위탁한 기관이 별도로 정하는 경우를 제외하고는 이 규정을 적용한다(동규정2).

대부업법은 금융업관련법에 해당하므로(동규정3(1) 사목) 금융기관 검사 및 제재에 관한 규정이 적용된다.

2. 판례

판례는 미국과 같은 판례법주의 국가의 경우에는 중요한 법원이지만, 우리나라와 같은 대륙법계 국가에서는 사실상의 구속력만 인정되고 있을 뿐 법원은 아니다.

제2절 이자제한법

Ⅰ. 목적

이자제한법은 이자의 적정한 최고한도를 정함으로써 국민경제생활의 안정과 경제정의의 실현을 목적으로 한다(이자제한법1). 금전소비대차계약에서 명칭을 불문하고 금전의 대차와 관련하여 채권자가 받는 것은 이자로 보아야 한다(이자제한법 제2조 참조).

본래 "이자"란 금전 기타 대체물의 사용 대가로서 원본액과 사용 기간에 비례하여 지급되는 금전 기타의 대체물을 가리키는 것이고, 금전채무의 이행지체로 인하여 발생하는 "지연손해금"은 그 성질이 손해배상금이지 이자가 아니다.[7] 따라서 이자에 변제기 이후부터 부가하기로 한 "지연손해금"을 두고 이자제한법 제4조 제1항에서 말하는 "간주이자"에 해당한다고 할 수 없다.

*** 관련 판례**

① 대법원 2007. 2. 15. 선고 2004다50426 전원합의체 판결

이자제한법[8] 내지 대부업법[9]이 적용되지 않던 시기의 금전소비대차계약 내지 대부계약에 관하여 체결된 이자의 약정이 언제나 무제한적으로 허용된다고 볼 것은 아니고, 이 경우에도 대주와 차주 사이의 경제력의 차이로 인하여 그 이율이 당시의 경제적·사회적 여건에 비추어 사회통념상 허용되는 한도를 초과하여 현저하게 고율로 정하여졌다면, 그와 같이 허용할 수 있는 한도를 초과하는 부분의 이자 약정은 대주가 그의 우월한 지위를 이용하여 부당한 이득을 얻고 차주에게는 과도한 반대급부 또는 기타의 부당한 부담을 지우는 것이므로 선량한 풍속 기타 사회질서에 위반한 사항을 내용으로 하는 법률행위로서 무효이다.

② 대법원 1956. 5. 24. 선고 4289민상123 판결

이자제한법 내의 이자와 원금의 순서로 변제충당: 원금 및 이식이 모두 변제기일에 있고 채무자가 그 채무전부를 소멸시킴에 부족한 변제를 하였을 경우

---

7) 대법원 1995. 10. 13. 선고 94다57800 판결 등.

8) 이자제한법은 1998. 1. 13. 법률 제5507호로 폐지되었고, 2007. 3. 29. 다시 제정되었다.

9) 2002. 8. 26. 법률 제6706호로 제정되어 2002. 10. 27.부터 시행되었고, 2009. 1. 21. 법률 제9344호로 "대부업 등의 등록 및 금융이용자 보호에 관한 법률"로 명칭이 변경되었다.

에 당사자간 변제충당의 순위에 관한 약정(또는 지정) 이 없으면 이식, 원금의 순서로 충당할 것이며 약정이율이 이식제한령을 초과한 경우에는 동 초과부분은 무효로 하고 동령 소정이율에 의하여 충당하여야 한다.

Ⅱ. 이자의 최고한도

1. 최고이자율

금전대차에 관한 계약상의 최고이자율은 연 25%를 초과하지 아니하는 범위 안에서 대통령령으로 정한다(이자제한법2①). 이에 따른 금전대차에 관한 계약상의 최고이자율은 연 20%로 한다(이자제한법 제2조 제1항의 최고이자율에 관한 규정).

*** 관련 판례**

① 대법원 1996. 9. 20. 선고 96다25395 판결

이자제한법 소정의 최고이자율에 관한 규정은 강행규정이므로 그 위반 여부를 직권으로 판단할 수 있다.

② 광주지방법원 2024. 2. 8. 선고 2022나70109 판결

이자제한법은 금전소비대차에 한하여 적용되므로, 당사자 일방이 상대방에게 투자금을 지급하고 그로부터 받는 투자수익에 대해서는 이자제한법이 적용되지 아니한다. 그런데 경제적 약자에 대한 폭리행위를 금지하고자 하는 이자제한법의 취지를 고려하면, 당사자 사이의 약정이 이자제한법이 적용되는 금전소비대차인지, 아니면 이자제한법의 적용을 받지 않는 투자약정인지 여부를 판단함에 있어서 그 형식적인 문언이나 표현에 지나치게 얽매일 것은 아니고, 그 약정의 실질적인 내용을 충분히 고려하여야 한다.

투자란 이익을 얻기 위하여 어떠한 일이나 사업에 자본 등의 생산요소를 투입하는 것이고, 투자수익의 발생 여부는 그 일이나 사업의 성패에 좌우되는 것이 통상적인 모습이다. 반면, 금전소비대차에서 이자란 차주가 대주로부터 금원을 일정 기간 동안 사용하는 대가로서 당연히 발생하는 것이다. 따라서 투자자가 성공 여부가 불확실한 일이나 사업에 자본 등 생산요소를 투입하여 고율의 수익을 보장받는 경우, 이를 경제적 약자에 대한 폭리행위라고 보기는 어려우므로, 이자제한법의 적용 대상이 아니라고 보는 것이 타당하다.

그러나 대주가 차주의 투자, 사업자금 명목으로 금전을 대여하면서 사업의

성공 여부와 관계없이 확정된 수익금을 약정한 시기까지 지급받기로 한 경우, 법률행위의 실질이 금전소비대차임에도 이자제한법의 적용을 회피하기 위한 수단으로 투자약정이라는 형식이 악용될 우려가 있다는 점에서, 당사자간 대화나 처분문서 등에 "투자", "수익" 등의 표현이 있다는 이유만으로 이자제한법의 적용대상에서 제외된다고 볼 것은 아니다. 즉, 어떠한 약정이 금전소비대차약정인지 투자약정인지를 판단하기 위하여는 금전소비대차와 구별되는 투자약정의 본질적인 특징인 "수익발생의 불확실성 및 원금의 보장 여부"와 더불어 당사자 사이의 관계, 투자자 내지 대주가 사업에 실제로 관여하였는지, 투자금 내지 대여금 반환을 확보하기 위한 담보 등이 제공되었는지 등과 같은 약정 체결 전후의 구체적인 사정들을 종합적으로 고려하여 약정의 법적 성질을 규명하는 것이 타당하다.

③ 대법원 1981. 9. 8. 선고 80다2649 판결

소비대차에 있어 그 변제기 후의 이자약정(엄밀한 의미로는 지연손해)이 없는 경우에는 특별한 의사표시가 없는 한 그 변제기가 지난 후에도 당초의 약정이자를 지급하기로 한 것으로 보는 것이 대차관계에 있어서의 당사자의 의사라고 할 것이다.

2. 최고이자율의 기준시점

최고이자율은 약정한 때의 이자율을 말한다(이자제한법2②).

3. 최고이자율 초과 부분의 무효

계약상의 이자로서 최고이자율을 초과하는 부분은 무효로 한다(이자제한법2③).

*** 관련 판례**

① 대법원 1998. 10. 13. 선고 98다17046 판결

계약상의 이자로서 이자제한법 소정의 제한이율을 초과하는 부분은 무효이고 이러한 제한초과의 이자에 대하여 준소비대차계약 또는 경개계약을 체결하더라도 그 초과 부분에 대하여는 효력이 생기지 아니한다.

② 대법원 2018. 4. 24. 선고 2018다9968 판결

금전대차에 관한 계약상의 이자로서 이자제한법상의 최고이자율을 초과하

는 부분은 무효이고, 채무자가 위 최고이자율을 초과하는 이자를 임의로 지급한 경우 초과 지급된 이자 상당 금액은 원본에 충당된다.

③ 대법원 1983. 8. 23. 선고 82다카1115 판결

금원대차계약 당시 년 2할 5분의 이율을 초과하는 약정이자 부분은 당시의 이자제한법에 의해 무효인 이상, 후에 제한이율이 년 4할로 인상되었어도 그 부분은 유효로 될리가 없으므로 인상범위 내인 년 3할 6분의 비율에 의한 지연이자의 지급을 구할 수 없다.

④ 대법원 1994. 8. 26. 선고 94다20952 판결

이자제한법 소정 이율을 초과한 이자를 임의로 지급한 경우에 그 이자의 지급을 무효라고 하여 다시 그 반환을 청구할 수 있는 것이 아니므로(대법원 1988. 9. 27. 선고 87다카422, 423 판결 참조), 설사 원심이 이자제한법 소정 이율을 초과하여 그 이자의 일부를 계산하였다 하여도, 원심판결이 적법하게 인정하고 있는 바와 같이 원고가 그 청구금원을 이자로 지급하였음이 분명한 이상 그 초과부분의 반환을 구할 수 있는것이 아니다.

⑤ 대법원 2017. 11. 29. 선고 2016다259769 판결

위약금은 민법 제398조 제4항에 의하여 손해배상액의 예정으로 추정되므로, 위약금이 위약벌로 해석되기 위해서는 특별한 사정이 주장·증명되어야 한다. 한편 구 이자제한법(2014. 1. 14. 법률 제1227호로 일부 개정되기 전의 것) 제2조 제1항은 "금전대차에 관한 계약상의 최고이자율은 연 30%를 초과하지 아니하는 범위 안에서 대통령령으로 정한다."라고 정하고 있고, 같은 조 제2항은 "제1항에 따른 최고이자율은 약정한 때의 이자율을 말한다."라고 규정하고 있으며, 같은 조 제3항은 "계약상의 이자로서 제1항에서 정한 최고이자율을 초과하는 부분은 무효로 한다."라고 규정하고 있으므로, 이자제한법의 최고이자율 제한에 관한 규정은 금전대차에 관한 계약상의 이자에 관하여 적용될 뿐, 계약을 위반한 사람을 제재하고 계약의 이행을 간접적으로 강제하기 위하여 정한 위약벌의 경우에는 적용될 수 없다.

⑥ 대법원 1976. 9. 28. 선고 76다582 판결

금전채무불이행의 손해배상액은 법정이율에 의함을 원칙으로 하나 법령의 제한에 위반하지 아니한 약정이율이 있으면 그 이율에 의할 것이고 이자제한법 제2조는 금전대차에 관한 계약상의 이자에 한하여 적용된다 할 것이므로 소론과

같은 배상액 예정에 관한 특약에 의하여 정하여진 배상액이 법정이율을 초과한다 하여도 그것이 약정에 의한 것인 이상 민법 제397조 제1항의 규정에 저촉되는 여부를 논할 여지가 없으며 본건 공사잔금채무의 이행지체로 인한 손해배상액의 예정의 경우 이자제한법 제1조, 제2조는 적용될 수 없다.

⑦ 대법원 1985. 7. 23. 선고 85누323 판결[종합소득세부과처분취소]

이자제한법 소정의 제한이율을 초과하는 이자, 손해금은 그 기초가 되는 약정자체가 무효이므로 약정한 이행기가 도래하였다 하더라도 이자, 손해금채권은 발생할 여지가 없고 다만 채권자의 임의의 지급을 기대할 수 밖에 없으므로 그 수입현실의 개연성이 있다고는 할 수 없고 따라서 제한초과의 이자, 손해금은 현실로 지급된 때에는 과세의 대상이 되는 소득을 구성하게 되나 비록 약정의 이행기가 도래하여도 아직 미지급된 이상 소득세법 제28조 제1항의 "수입할 금액"에 해당하지 아니한다.

4. 최고이자율 초과 지급이자의 원본 충당과 반환 청구

채무자가 최고이자율을 초과하는 이자를 임의로 지급한 경우에는 초과 지급된 이자 상당금액은 원본에 충당되고, 원본이 소멸한 때에는 그 반환을 청구할 수 있다(이자제한법2④).

*** 관련 판례**

① 대법원 2012. 10. 11. 선고 2012다55198 판결

이자제한법 제2조 제1항, 제3항, 제4항, 제3조, 구 이자제한법 제2조 제1항의 최고이자율에 관한 규정(2021. 4. 6. 대통령령 제31593호로 개정되기 전의 것)[10]에 따르면, 피고가 원고에게서 돈을 차용할 당시 금전대차에 관한 계약상의 최고이자율은 연 24%이고, 계약상의 이자로서 위 최고이자율을 초과하는 부분은 무효이며, 채무자가 위 최고이자율을 초과하는 이자를 임의로 지급한 경우에는 초과 지급된 이자 상당 금액은 원본에 충당되고, 선이자를 사전공제한 경우 공제액이 채무자가 실제 수령한 금액을 원본으로 하여 최고이자율에 따라 계산한 금액을

10) 이 사건 대여금 약정은 2020. 9. 17. 체결되었으므로, 구 이자제한법 제2조 제1항의 최고이자율에 관한 규정(2021. 4. 6. 대통령령 제31593호로 개정되기 전의 것)에 따른 최고이자율 연 24%가 적용된다.

초과하는 부분은 원본에 충당한 것으로 본다.

② 대법원 2015. 1. 15. 선고 2014다223506 판결

이자제한법 제2조 제1항, 제3항, 제4항에 따르면, 금전대차계약상의 이자로서 이자제한법이 정한 최고이자율을 초과하는 부분은 무효이고, 채무자가 최고이자율을 초과하는 이자를 임의로 지급한 경우에는 초과 지급된 이자 상당금액은 원본에 충당되며, 원본이 소멸한 때에는 그 반환을 청구할 수 있다. 따라서 이러한 초과 지급된 이자 상당금액에 대하여 준소비대차계약 또는 경개계약을 체결하더라도 그 금액 부분에 대하여는 효력이 발생하지 아니한다.

③ 대법원 2018. 6. 28. 선고 2018다22350 판결

이자제한법은 약정지연이자에 대하여도 적용된다(대여원금에 대한 지연손해금률에 대하여도 변제기 이전의 이자와 마찬가지로 이자제한법이 적용된다).

④ 대법원 2021. 2. 25. 선고 2020다230239 판결

금전을 대여한 채권자가 고의 또는 과실로 이자제한법을 위반하여 최고이자율을 초과하는 이자를 받아 채무자에게 손해를 입힌 경우에는 특별한 사정이 없는 한 민법 제750조에 따라 불법행위가 성립한다고 보아야 한다. 최고이자율을 초과하여 지급된 이자는 이자제한법 제2조 제4항에 따라 원본에 충당되므로, 이와 같이 충당하여 원본이 소멸하고도 남아 있는 초과 지급액은 이자제한법 위반 행위로 인한 손해라고 볼 수 있다. 부당이득반환청구권과 불법행위로 인한 손해배상청구권은 서로 별개의 청구권으로서, 제한 초과이자에 대하여 부당이득반환청구권이 있다고 해서 그것만으로 불법행위의 성립이 방해되지 않는다. 나아가 채권자와 공동으로 위와 같은 이자제한법 위반 행위를 하였거나 이에 가담한 사람도 민법 제760조에 따라 연대하여 손해를 배상할 책임이 있다.

⑤ 대법원 1987. 11. 10. 선고 87누598 판결[종합소득세부과처분취소]

이자제한법 소정의 제한이율을 초과하는 이자 지연손해금은 그 기초가 되는 약정자체가 무효이어서 약정한 이행기가 도래하였다 하더라도 이자, 지연손해금 채권은 발생할 여지가 없으므로 채무자가 임의로 이를 현실지급한 때가 아니면 과세대상소득을 구성한다고 볼 수 없다.

⑥ 광주지방법원 2014. 12. 18. 선고 2014구합10141[종합소득세부과처분취소]

이자제한법(2011. 7. 25. 법률 제10925호로 개정되기 전의 것) 소정의 제한이율을 초과하는 이자는 같은 법 제2조 제3항에 의하여 그 기초가 되는 약정 자체가

무효이므로 약정한 이행기가 도래하였다 하더라도 이자채권은 발생할 여지가 없고, 같은 법 제2조 제4항에 의하면, 채무자가 제한이율을 초과하는 이자를 임의로 지급한 경우 초과 지급된 이자 상당 금액은 원본에 충당되고 원본이 소멸한 때에는 그 반환을 청구할 수 있으므로, 그 초과부분 이자의 경우에는 채권자가 그에 상응하는 이익을 수령하여 확정적으로 그 이자 명목으로 충당되었거나 그와 동등하게 평가할 수 있는 특별한 사정이 없는 이상 원칙적으로 과세대상이 되는 이자소득에 해당하지 않는다고 할 것이고, 그와 같은 특별한 사정이 있다는 점에 대한 입증책임은 과세관청에 있다고 할 것이다(대법원 1987. 11. 10. 선고 87누598 판결 참조).

⑦ 대법원 2014. 5. 29. 선고 2014두35010 판결[종합소득세부과처분취소]

비영업대금의 이자소득이 있는지는 개개 대여금 채권별로 구 소득세법 시행령(2010. 2. 18. 대통령령 제22034호로 개정되기 전의 것) 제51조 제7항을 적용하여 판단하여야 하므로, 여러 개의 대여원리금 채권 중 과세표준확정신고 또는 과세표준과 세액의 결정·경정 당시 이미 회수되어 소멸한 대여원리금 채권이 있다면 특별한 사정이 없는 한 채권에 대하여는 이자소득이 있다고 보아야 하고, 이는 여러 개의 대여원리금 채권이 동일한 채무자에 대한 것이라고 하여도 마찬가지이다.

5. 최고이자율 적용 제외

대차원금이 10만원 미만인 대차의 이자에 관하여는 최고이자율을 적용하지 아니한다(이자제한법2⑤).

Ⅲ. 선이자의 사전공제 등

1. 선이자의 사전공제

선이자를 사전공제한 경우에는 그 공제액이 채무자가 실제 수령한 금액을 원본으로 하여 최고이자율에 따라 계산한 금액을 초과하는 때에는 그 초과부분은 원본에 충당한 것으로 본다(이자제한법3).

*** 관련 판례**

① 대법원 2002. 8. 23. 선고 2002다27781, 2002다27798 판결

이자제한법의 제한을 초과하는 이자를 선이자로 공제한 경우에 그 제한초과

부분은 무효이므로 채무자는 실제로 교부받은 대여금액에다가 이 금액에 대한 변제기까지의 이자제한법 제한범위 내의 이자액을 합산한 금액만을 변제기일에 대여원금으로서 변제할 의무가 있다.

② 대법원 1993. 11. 23. 선고 93다23459 판결

이자제한법의 제한을 초과하는 이자를 선이자로 공제한 경우에 그 제한초과 부분은 무효이므로 채무자는 실지로 교부받은 대여금액에다가 이 금액에 대한 변제기까지의 위 법 제한범위 내의 이자액을 합산한 금액만을 변제기일에 대여원금으로서 변제할 의무가 있고 이 금액과 약정대여원금액과의 차액부분에 대한 소비대차는 무효이다.

③ 대법원 2021. 3. 25. 선고 2020다289989 판결

선이자가 공제된 경우에 이자제한법에서 정하는 최고이자율을 초과하는지 여부는 그 선이자 공제액을 제외하고 채무자가 실제로 받은 금액을 기초로 하여 대부일로부터 변제기까지의 기간에 대한 최고이자율에 따른 이자를 기준으로, 선이자 공제액(채무자가 변제기까지 실제 지급한 이자가 있다면 이를 포함한다)이 그것을 초과하는지에 따라 판단하여야 하고, 그와 같은 판단의 결과 초과하는 부분이 있다면 그 초과 부분은 당사자 사이에서 약정된 선이자 공제 전의 대부원금에 충당되어 그 충당 후의 나머지가 채무자가 변제기에 갚아야 할 대부원금이 된다.

④ 대법원 2013. 5. 9. 선고 2012다56245, 56252 판결

사전에 공제한 선이자가 이자제한법에서 정하는 최고이자율을 초과하는지 여부는 그 선이자 공제액을 제외하고 채무자가 실제로 받은 금액을 기초로 하여 대여일부터 변제기까지의 기간에 대한 최고이자율에 따른 이자를 기준으로 그 초과 여부를 판단하여야 하고, 나아가 그와 같은 판단의 결과 선이자의 이자율이 최고이자율을 초과하지 아니하는 경우에는, 최고이자율 초과 부분에 대한 이자계약을 무효로 하는 이자제한법 제2조 제3항이 적용되지 아니하므로 다른 강행법규 위반의 무효 사유가 없는 한 그 선이자 공제는 당사자가 약정한 이자의 지급으로서 유효하고, 선이자 공제 전의 당사자 사이에서 약정된 대여원금이 채무자가 변제기에 갚아야 할 대여원금이 된다.

⑤ 대법원 1989. 1. 17. 선고 87다카2824 판결

이자제한법의 제한을 초과하는 이자를 선이자로 공제한 경우에 그 제한초과

부분은 무효이므로 채무자는 실지로 교부받은 대여금액에다가 이 금액에 대한 변제기까지의 이자제한법 제한범위내의 이자액을 합산한 금액만을 변제기일에 대여원금으로서 변제할 의무가 있고 이 금액과 약정 대여원금액과의 차액부분에 대한 소비대차는 무효이다.

⑥ 대법원 1993. 11. 23. 선고 93다23549 판결

금전을 대여하면서 일정 기간의 선이자를 공제하고 나머지 원금을 교부한 경우에, 선이자로 공제되어 현실로 금전의 수수가 없는 부분에 관하여도 차주는 현실로 금전의 수수가 있었던 것과 동일한 경제상의 이익을 얻는 것이므로, 소비대차의 성립에 관하여 요물성을 인정하지 않는 우리 민법에서는 위 공제한 금액에 관하여도 소비대차계약이 성립된 것으로 보아야 한다. 따라서, 현실로 수수한 금전이 대여원금이 되는 것이 아니라, 그 금전에 공제된 선이자 상당액 중 법률에 의하여 허용되는 범위 내의 이자를 가산한 금액이 대여원금에 해당한다.

2. 간주이자

(1) 간주이자의 개념

예금(禮金), 할인금, 수수료, 공제금, 체당금(替當金), 그 밖의 명칭에도 불구하고 금전의 대차와 관련하여 채권자가 받은 것은 이를 이자로 본다(이자제한법4①).

(2) 간주이자의 범위

채무자가 금전대차와 관련하여 금전지급의무를 부담하기로 약정하는 경우 의무 발생의 원인 및 근거법령, 의무의 내용, 거래상 일반원칙 등에 비추어 그 의무가 원래 채권자가 부담하여야 할 성질인 때에는 이를 이자로 본다(이자제한법4②).

*** 관련 판례**

① 대법원 1964. 6. 9. 선고 63다1212 판결

금전채무에 관하여 이행지체에 대비한 지연손해금 비율을 따로 약정한 경우에 이는 손해배상액의 예정으로서, 이자제한법 제4조의 간주이자에 해당하지 아니하므로 위 법상 최고이자율의 제한을 받는 것은 아니다.

② 대법원 1992. 10. 13. 선고 91다37270 판결

이자제한법 제4조 제1항은 “예금, 할인금, 수수료, 공제금, 체당금, 그 밖의

명칭에도 불구하고 금전의 대차와 관련하여 채권자가 받은 것은 이를 이자로 본다."라고 규정하고 있는바, 이 규정의 취지는 채권자가 할인금 등의 명목으로 채무자로부터 금전을 징수하여 이자제한법을 잠탈하기 위한 수단으로 사용되는 탈법행위를 방지하려는 데 있다 할 것이므로, 비록 채권자가 현실적으로 채무자로부터 받는 것은 아니라 하더라도 원래 채권자가 부담하여야 할 성질의 금전지급의무를 채무자가 부담하기로 약정한 경우에 이러한 약정이 둘 사이의 금전대차와 관련된 것으로서 금전대차의 대가로 볼 수 있는 것이라면 위 규정의 취지에 비추어 위 법조에 의한 이자로 간주된다고 할 것이다.

3. 복리약정의 무효

이자에 대하여 다시 이자를 지급하기로 하는 복리약정은 최고이자율을 초과하는 부분에 해당하는 금액에 대하여는 무효로 한다(이자제한법5).

4. 배상액의 감액

법원은 당사자가 금전을 목적으로 한 채무의 불이행에 관하여 예정한 배상액을 부당하다고 인정한 때에는 상당한 액까지 이를 감액할 수 있다(이자제한법6).

*** 관련 판례: 대법원 2017. 7. 11. 선고 2016다52265 판결**

민법 제398조 제2항은 손해배상의 예정액이 부당히 과다한 경우에는 법원이 이를 적당히 감액할 수 있다고 규정하고 있고, 금전채무의 불이행에 관하여 적용을 배제하지 않고 있다. 또한 이자제한법 제6조는 법원은 당사자가 금전을 목적으로 한 채무의 불이행에 관하여 예정한 배상액을 부당하다고 인정한 때에는 상당한 액까지 이를 감액할 수 있다고 규정하고 있다. 따라서 금전채무에 관하여 이행지체에 대비한 지연손해금 비율을 따로 약정한 경우에 이는 손해배상액의 예정으로서 감액의 대상이 된다.

5. 적용범위

다른 법률에 따라 인가·허가·등록을 마친 금융업 및 대부업과 대부업법 제2조 제7호에 따른 불법사금융업자에 대하여는 이자제한법을 적용하지 아니한다(이자제한법7).

*** 관련 판례**

① 대법원 1980. 6. 10. 선고 80다669 판결

이자제한법은 금전의 소비대차에만 적용되는 것일 뿐 인삼의 대차에는 적용되지 아니한다.

② 대법원 1965. 12. 21. 선고 65다1886 판결

이 사건에서 조직된 "계"는 계원이 상호협력하여 일정한 계불 임금을 내고 최저낙찰자로 하여금 계금을 타게 한 뒤에 계속하여 일정한 금원은 계불 임금으로 납부토록하는 "계"임을 확정하고, 이와 같은 "계"는 목돈을 일시에 작만하고자 하는 목적 아래 조직된 다수인 사이의 조합계약으로 인정하고 이와 같은 조합계약이 선량한 풍속에 어긋나는 내용의 계약이라고 볼 수 없을 뿐더러 이러한 계약에 이자제한법의 적용이 있을 수 없다.

③ 대법원 1977. 5. 24. 선고 77다271 판결

이자제한법이 금전대차에 관한 계약에서만 그 이자를 제한하고 있음이 법문상 명백하고 금전이외의 대차관계에서까지 이를 유추적용할 수는 없다.

④ 서울고등법원 1979. 6. 15. 선고 78나2937 판결

이자제한법은 금전의 소비대차에 한하여 적용되는 것이므로 위와 같이 이자를 가산하기로 약정한 원본이 소비대차에 기한 것이 아니고 동업계약상 투자금으로 인정되는 이상 이자제한법을 적용할 수 없는 것이다.

⑤ 서울고등법원 1971. 2. 24. 선고 70나2777 판결

이자제한법은 금전 아닌 정조나 백미의 대차에 관한 이자에는 적용되지 아니한다.

⑥ 서울고등법원 1977. 1. 12. 선고 76나1920 판결

이자제한법에 반하는 이율의 이자를 원금에 조입하는 합의의 효력: 이자제한법에 반하는 이율의 이자를 원금에 조입하는 합의는 이자제한법 허용 범위내의 이자를 조입하는 부분에 한하여 효력이 있다.

Ⅳ. 벌칙

최고이자율을 초과하여 이자를 받은 자는 1년 이하의 징역 또는 1천만원 이하의 벌금에 처한다(이자제한법8①). 징역형과 벌금형은 병과할 수 있다(이자제한법8②).

① 대법원 2009. 1. 30. 선고 2008도11235 판결

이자율 제한 위반으로 인한 범죄는 그 위반행위시마다 1죄가 성립하여 실체적 경합관계에 있다.

② 대법원 2017. 9. 12. 선고 2016도12834 판결

2011. 7. 25. 법률 제10925호로 개정되어 2011. 10. 26. 시행된 구 이자제한법(2014. 1. 14. 법률 제12227호로 개정되기 전의 것)에 제8조 제1항으로 "제2조 제1항에서 정한 최고이자율을 초과하여 이자를 받은 자는 1년 이하의 징역 또는 1천만 원 이하의 벌금에 처한다."라는 벌칙 규정이 신설되었다(이하 "처벌규정"이라고 한다).

구 이자제한법 제1조는 "이 법은 이자의 적정한 최고한도를 정함으로써 국민경제생활의 안정과 경제정의의 실현을 목적으로 한다."라고 규정하고 있고, 제2조 제1항은 "금전대차에 관한 계약상의 최고이자율은 연 30%를 초과하지 아니하는 범위 안에서 대통령령으로 정한다."라고 규정하여 '이자제한법 제2조 제1항의 최고이자율에 관한 규정'(2014. 6. 11. 대통령령 제25376호로 개정되기 전의 것)에서 "이자제한법 제2조 제1항에 따른 금전대차에 관한 계약상의 최고이자율은 연 30%로 한다."라고 규정하고 있다. 또한 처벌규정인 제8조 제1항은 "제2조 제1항에서 정한 최고이자율을 초과하여 이자를 받은 자"를 처벌하도록 명시적으로 규정하고 있고, 부칙은 "이 법은 공포 후 3개월이 경과한 날부터 시행한다(제1항). 이 법 시행 전에 성립한 금전대차에 관한 계약상의 이자율에 관하여도 이 법 시행일 이후에는 이 법에 따라 이자율을 계산한다(제2항)."라고 규정하고 있다.

위와 같은 구 이자제한법의 입법목적, 규정의 내용과 취지 등에 비추어 보면, 처벌규정 시행 전에 금전소비대차약정을 체결하였더라도 처벌규정 시행 이후에 발생되는 이자에 관하여 구 이자제한법 제2조 제1항에서 정한 제한이자율을 초과하는 이자를 받았다면 처벌규정에 따라 처벌된다.

③ 대구지방법원 2021. 5. 12. 선고 2020노2559 판결

이자제한법은 "이자의 적정한 최고한도를 정함으로써 국민경제생활의 안정과 경제정의의 실현"을 목적으로 하고 있고(제1호), 금전대차에 관한 계약상의 최고이자율은 연 30퍼센트를 초과하지 아니하는 범위 안에서 대통령령으로 정하도록 하고 있으며(제2조 제1항), 이자제한법 제2조 제1항의 최고이자율에 관한 규정(2021. 4. 6. 대통령령 제31593호로 개정되기 전의 것)에서는 최고이자율을 연 24퍼센

트로 정하고 있다. 이자제한법은, 계약상의 이자로서 최고이자율을 초과하는 부분은 무효로 하며(제2조 제3항), 채무자가 최고이자율을 초과하는 이자를 임의로 지급한 경우 초과 지급된 이자 상당금액은 원본에 충당되고, 원본이 소멸한 때에는 그 반환을 청구할 수 있도록 규정하는 등 효력규정을 통하여 민사상 법률관계에서의 실효성을 확보하는 한편, 그 실효성을 보완하여 제고하려는 목적으로 최고이자율을 초과하여 이자를 받은 자를 형사상 처벌하는 규정(제8조 제1항)을 추가·신설하기에 이르렀다. 위와 같은 이자제한법의 입법목적, 규정의 내용과 취지 등에 비추어 보면, 이자제한법 제8조 제1항 위반죄는 최고이자율을 초과하여 이자를 1회라도 지급받으면 바로 기수에 이르고, 채무자가 채권자에게 지급한 돈의 합계가 금전소비대차계약 원리금에 미치지 못한다고 하더라도 이는 민사상 법률관계에서 문제 삼으면 충분하고, 이자제한법 제8조 제1항 위반죄의 성립에는 영향이 없다 할 것이다(대법원 2019. 11. 8. 선고 2019도13969 판결에 의하여 상고가 기각된 서울중앙지방법원 2019. 8. 29. 선고 2019노1312 판결 참조).

④ 헌법재판소 2023. 2. 23. 자 2022헌바22 결정

이자제한법에서 정한 최고이자율을 초과하여 이자를 받은 자를 1년 이하의 징역 또는 1천만 원 이하의 벌금에 처하도록 한 이자제한법 제8조 제1항(이하 "심판대상조항"이라 한다)이 과잉금지원칙에 위반되는지 여부(소극): 심판대상조항은 이자제한법에서 정한 이자율 상한을 위반한 경우에 대한 처벌규정을 둠으로써 금전대차에 관한 계약상의 최고이자율 제한을 준수하도록 하고 있다. 이자의 제한은 생활자금 내지 영업자본의 수요를 금전대차에 의존할 수밖에 없는 어려운 서민들의 생활을 안정시키기 위하여 필수적인 것인바, 고금리 채무로 인한 국민의 이자 부담을 경감하고 과도한 이자를 받아 일반 국민의 경제생활을 피폐하게 하는 등의 폐해를 방지하기 위해서는 형사처벌과 같은 제재 수단이 필요함을 부인하기 어렵다. 여기에 심판대상조항이 규정하고 있는 형벌이 '1년 이하의 징역 또는 1천만 원 이하의 벌금'이라는 점까지 고려하면, 입법자가 민사상의 효력을 제한하는 것 이외에 형사처벌까지 규정하였다고 하여 이를 두고 과도한 제한이라고 보기는 어렵다.

심판대상조항이 달성하고자 하는 공익은 이자의 적정한 최고한도를 정함으로써 국민경제생활의 안정과 경제정의의 실현에 이바지하기 위한 것으로, 이를 위반하는 경우 처벌을 받음으로써 입는 불이익보다 훨씬 중대하므로, 심판대상

조항은 과잉금지원칙에 위반되지 않는다.

제3절 채권추심법

Ⅰ. 목적

채권의 공정한 추심에 관한 법률("채권추심법")은 채권추심자가 권리를 남용하거나 불법적인 방법으로 채권추심을 하는 것을 방지하여 공정한 채권추심 풍토를 조성하고 채권자의 정당한 권리행사를 보장하면서 채무자의 인간다운 삶과 평온한 생활을 보호함을 목적으로 한다(채권추심법1).

Ⅱ. 채권추심법상 개념의 정리

채권추심법에서 사용하는 용어의 뜻은 다음과 같다(채권추심법2).

1. 채권추심자

"채권추심자"란 다음의 어느 하나에 해당하는 자를 말한다(채권추심법2(1)).

가. 대부업법에 따른 대부업자, 대부중개업자, 불법사금융업자, 불법사금융중개업자, 여신금융기관 및 이들로부터 대부계약에 따른 채권을 양도받거나 재양도 받은 자
나. 가목에 규정된 자 외의 금전대여 채권자 및 그로부터 채권을 양도받거나 재양도 받은 자
다. 상법에 따른 상행위로 생긴 금전채권을 양도받거나 재양도 받은 자
라. 금전이나 그 밖의 경제적 이익을 대가로 받거나 받기로 약속하고 타인의 채권을 추심하는 자(채권추심을 목적으로 채권의 양수를 가장한 자 포함)
마. 가목부터 라목까지에 규정된 자들을 위하여 고용, 도급, 위임 등 원인을 불문하고 채권추심을 하는 자

2. 채무자

"채무자"란 채무를 변제할 의무가 있거나 채권추심자로부터 채무를 변제할 의무가 있는 것으로 주장되는 자연인(보증인 포함)을 말한다(채권추심법2(2)).

＊ 관련 판례: 대법원 2018. 1. 19. 자 2017모2507 결정

채권추심법은 채권추심자가 권리를 남용하거나 불법적인 방법으로 채권추심을 하는 것을 방지하여 공정한 채권추심 풍토를 조성하고 채권자의 정당한 권리행사를 보장하면서 채무자의 인간다운 삶과 평온한 생활을 보호함을 목적으로 한다(제1조). 채권추심법에서 말하는 "채무자"란 채무를 변제할 의무가 있거나 채권추심자로부터 채무를 변제할 의무가 있는 것으로 주장되는 자연인(보증인을 포함한다)을 말한다(제2조 제2호). 이와 같이 채권추심법은 그 보호대상을 자연인 채무자로 한정하고 법인인 채무자를 제외하고 있으므로, 법인의 채무에 대해서는 채권추심법이 적용되지 않는다.

3. 관계인

"관계인"이란 채무자와 동거하거나 생계를 같이 하는 자, 채무자의 친족, 채무자가 근무하는 장소에 함께 근무하는 자를 말한다(채권추심법2(3)).

4. 채권추심

"채권추심"이란 채무자에 대한 소재파악 및 재산조사, 채권에 대한 변제 요구, 채무자로부터 변제 수령 등 채권의 만족을 얻기 위한 일체의 행위를 말한다(채권추심법2(4)).

5. 개인정보

"개인정보"란 개인정보 보호법 제2조 제1호의 개인정보를 말한다(채권추심법2(5)). 따라서 "개인정보"란 살아 있는 개인에 관한 정보로서 i) 성명, 주민등록번호 및 영상 등을 통하여 개인을 알아볼 수 있는 정보(가목), ii) 해당 정보만으로는 특정 개인을 알아볼 수 없더라도 다른 정보와 쉽게 결합하여 알아볼 수 있는 정보(이 경우 쉽게 결합할 수 있는지 여부는 다른 정보의 입수 가능성 등 개인을 알아보는 데 소요되는 시간, 비용, 기술 등을 합리적으로 고려하여야 한다)(나목), iii) 앞의 가목 또는 나목을 가명처리함으로써 원래의 상태로 복원하기 위한 추가 정보의 사용·결합 없이는 특정 개인을 알아볼 수 없는 정보("가명정보")(다목)의 어느 하나에 해당하는 정보를 말한다(개인정보 보호법2(1)).

6. 신용정보

"신용정보"란 신용정보법 제2조 제1호[11]의 신용정보를 말한다(채권추심법 2(6)). 따라서 "신용정보"란 금융거래 등 상거래에서 거래 상대방의 신용을 판단할 때 필요한 정보로서 i) 특정 신용정보주체를 식별할 수 있는 정보(나목부터 마목까지의 어느 하나에 해당하는 정보와결합되는 경우만 신용정보에 해당)(가목), ii) 신용정보주체의 거래내용을 판단할 수 있는 정보(나목), iii) 신용정보주체의 신용도를 판단할 수 있는 정보(다목), iv) 신용정보주체의 신용거래능력을 판단할 수 있는 정보(라목), v) 앞의 가목부터 라목까지의 정보 외에 신용정보주체의 신용을 판단할 때 필요한 정보(마목)의 정보를 말한다(신용정보법2(1)).

Ⅲ. 채권추심자의 업무행위 규제

1. 채무확인서의 교부

(1) 교부의무 및 과태료

채권추심자는 채무자로부터 원금, 이자, 비용, 변제기 등 채무를 증명할 수 있는 서류("채무확인서")의 교부를 요청받은 때에는 정당한 사유가 없는 한 이에 응하여야 한다(채권추심법5①).

법 제5조 제1항을 위반하여 채무확인서의 교부요청에 응하지 아니한 자에게는 2천만원 이하의 과태료를 부과한다(채권추심법17①(1)).

(2) 비용청구

채권추심자는 채무확인서 교부에 직접 사용되는 비용 중 대통령령으로 정하는 범위에서 채무자에게 그 비용을 청구할 수 있다(채권추심법5②). 이에 따라 채권추심자는 1만원의 범위에서 채무자에게 채무확인서 교부에 직접 사용되는 비용을 청구할 수 있다(동법 시행령1의2).

---

11) 1. "신용정보"란 금융거래 등 상거래에서 거래 상대방의 신용을 판단할 때 필요한 정보로서 다음의 정보를 말한다.
가. 특정 신용정보주체를 식별할 수 있는 정보(나목부터 마목까지의 어느 하나에 해당하는 정보와 결합되는 경우만 신용정보에 해당)
나. 신용정보주체의 거래내용을 판단할 수 있는 정보
다. 신용정보주체의 신용도를 판단할 수 있는 정보
라. 신용정보주체의 신용거래능력을 판단할 수 있는 정보
마. 가목부터 라목까지의 정보 외에 신용정보주체의 신용을 판단할 때 필요한 정보

2. 수임사실 통보

(1) 채무자에 대한 서면통지의 내용

채권추심자(제2조 제1호 라목에 규정된 자 및 그 자를 위하여 고용, 도급, 위임 등 원인을 불문하고 채권추심을 하는 자)가 채권자로부터 채권추심을 위임받은 경우에는 채권추심에 착수하기 전까지 다음에 해당하는 사항을 채무자에게 서면(전자문서법 제2조 제1호의 전자문서를 포함)으로 통지하여야 한다(채권추심법6① 본문). 다만, 채무자가 통지가 필요 없다고 동의한 경우에는 그러하지 아니하다(채권추심법6① 단서).

1. 채권추심자의 성명·명칭 또는 연락처(채권추심자가 법인인 경우에는 채권추심 담당자의 성명, 연락처 포함)
2. 채권자의 성명·명칭, 채무금액, 채무불이행 기간 등 채무에 관한 사항
3. 입금계좌번호, 계좌명 등 입금계좌 관련 사항

(2) 기한의 이익 상실 후 즉시 통지

채무발생의 원인이 된 계약에 기한의 이익에 관한 규정이 있는 경우에는 채무자가 기한의 이익을 상실한 후 즉시 통지하여야 한다(채권추심법6②).

(3) 계약 해지 즉시 통지

채무발생의 원인이 된 계약이 계속적인 서비스 공급 계약인 경우에는 서비스 이용료 납부지체 등 채무불이행으로 인하여 계약이 해지된 즉시 통지하여야 한다(채권추심법6③).

(4) 과태료

법 제6조를 위반하여 채권자로부터 채권추심을 위임받은 사실을 서면(전자문서법 제2조 제1호의 전자문서를 포함)으로 통지하지 아니한 자에게는 1천만원 이하의 과태료를 부과한다(채권추심법17②(1)).

3. 동일 채권에 관한 복수 채권추심 위임 금지

(1) 2인 이상의 자에 대한 위임 금지

채권추심자는 동일한 채권에 대하여 동시에 2인 이상의 자에게 채권추심을 위임하여서는 아니 된다(채권추심법7).

(2) 과태료

법 제7조를 위반하여 동일 채권에 대하여 2인 이상의 자에게 채권추심을 위임한 자에게는 1천만원 이하의 과태료를 부과한다(채권추심법17②(2)).

4. 채무불이행정보 등록 금지

(1) 등록 금지 및 등록 삭제

채권추심자(제2조 제1호 가목[12] 및 라목[13]에 규정된 자 및 그 자를 위하여 고용, 도급, 위임 등 원인을 불문하고 채권추심을 하는 자)는 채무자가 채무의 존재를 다투는 소를 제기하여 그 소송이 진행 중인 경우에 신용정보법에 따른 신용정보집중기관이나 신용정보업자의 신용정보전산시스템에 해당 채무자를 채무불이행자로 등록하여서는 아니 된다(채권추심법8 전단). 이 경우 채무불이행자로 이미 등록된 때에는 채권추심자는 채무의 존재를 다투는 소가 제기되어 소송이 진행 중임을 안 날부터 30일 이내에 채무불이행자 등록을 삭제하여야 한다(채권추심법8 후단).

(2) 과태료

법 제8조를 위반하여 채무의 존재를 다투는 소송이 진행 중임에도 채무불이행자로 등록하거나 소송이 진행 중임을 알면서도 30일 이내에 채무불이행자 등록을 삭제하지 아니한 자에게는 1천만원 이하의 과태료를 부과한다(채권추심법17②(3)).

5. 대리인 선임 시 채무자에 대한 연락 금지

(1) 제외 대상 채권추심자

다음 각 호를 제외한 채권추심자는 채무자가 변호사법에 따른 변호사·법무법인·법무법인(유한) 또는 법무조합을 채권추심에 응하기 위한 대리인으로 선임하고 이를 채권추심자에게 서면으로 통지한 경우 채무와 관련하여 채무자를 방문하거나 채무자에게 말·글·음향·영상 또는 물건을 도달하게 하여서는 아니 된다(채권추심법8의2 전단). 다만, 채무자와 대리인이 동의한 경우 또는 채권추심자가 대리인에게 연락할 수 없는 정당한 사유가 있는 경우에는 그러하지 아니하다

---

12) 가. 대부업자, 대부중개업자, 대부업의 등록을 하지 아니하고 사실상 대부업을 영위하는 자, 여신금융기관 및 이들로부터 대부계약에 따른 채권을 양도받거나 재양도 받은 자

13) 라. 금전이나 그 밖의 경제적 이익을 대가로 받거나 받기로 약속하고 타인의 채권을 추심하는 자(채권추심을 목적으로 채권의 양수를 가장한 자를 포함)

(채권추심법8의2 후단).

1. 대부업법에 따른 여신금융기관
2. 신용정보법에 따른 채권추심회사
3. 자산유동화법 제10조[14]에 따른 자산관리자
4. 법 제2조 제1호 가목[15]에 규정된 자를 제외한 일반 금전대여 채권자
5. 제1호부터 제4호까지에 규정된 자들을 위하여 고용되거나 같은 자들의 위임을 받아 채권 추심을 하는 자(다만, 채권추심을 하는 자가 대부업법에 따른 대부업자, 대부중개업자, 불법사금융업자, 불법사금융중개업자인 경우는 제외)

(2) 과태료

법 제8조의2를 위반하여 채무자를 방문하거나 채무자에게 말·글·음향·영상 또는 물건을 도달하게 한 자에게는 2천만원 이하의 과태료를 부과한다(채권추심법17①(2)).

6. 관계인에 대한 연락 금지

(1) 방문 등 금지 및 벌칙

채권추심자는 채권추심을 위하여 채무자의 소재, 연락처 또는 소재를 알 수 있는 방법 등을 문의하는 경우를 제외하고는 채무와 관련하여 관계인을 방문하거나 관계인에게 말·글·음향·영상 또는 물건을 도달하게 하여서는 아니 된다

---

14) 제10조(자산관리의 위탁) ① 유동화전문회사등(신탁업자 제외)은 자산관리위탁계약에 의하여 다음의 1에 해당하는 자("자산관리자")에게 유동화자산의 관리를 위탁하여야 한다.
1. 자산보유자
2. 신용정보법 제2조 제8호, 제8호의2, 제8호의3, 제9호 및 제10호의 업무를 허가받은 신용정보회사 및 채권추심회사
3. 기타 자산관리업무를 전문적으로 수행하는 자로서 대통령령이 정하는 요건을 갖춘 자
② 제1항 제1호 및 제3호의 규정에 의한 자산관리자는 신용정보법 제4조 및 제5조에도 불구하고 유동화전문회사등이 양도 또는 신탁받은 유동화자산에 대하여 신용정보법 제2조 제10호에 따른 채권추심업을 수행할 수 있다.
③ 유동화전문회사등은 자산관리위탁계약을 해지한 경우 이로 인하여 자산관리자의 변제수령권한이 소멸되었음을 이유로 하여 유동화자산인 채권의 채무자에 대하여 대항할 수 없다. 다만, 채무자가 자산관리자의 변제수령권한이 소멸되었음을 알았거나 알 수 있었을 경우에는 그러하지 아니하다.

15) 가. 대부업자, 대부중개업자, 대부업의 등록을 하지 아니하고 사실상 대부업을 영위하는 자, 여신금융기관 및 이들로부터 대부계약에 따른 채권을 양도받거나 재양도 받은 자

(채권추심법8의3①).

법 제8조의3 제1항을 위반한 자는 1년 이하의 징역 또는 1천만원 이하의 벌금에 처한다(채권추심법15③(1)).

(2) 방문 등과 명시 사항 및 과태료

채권추심자는 관계인을 방문하거나 관계인에게 말·글·음향·영상 또는 물건을 도달하게 하는 경우 다음에 해당하는 사항을 관계인에게 밝혀야 하며, 관계인이 채무자의 채무 내용 또는 신용에 관한 사실을 알게 하여서는 아니 된다(채권추심법8의3②).

1. 채권추심자의 성명·명칭 및 연락처(채권추심자가 법인인 경우에는 업무담당자의 성명 및 연락처 포함)
2. 채권자의 성명·명칭
3. 방문 또는 말·글·음향·영상·물건을 도달하게 하는 목적

법 제8조의3 제2항을 위반한 자에게는 1천만원 이하의 과태료를 부과한다(채권추심법17②(4)).

7. 소송행위의 금지

(1) 변호사 아닌 채권추심자

변호사가 아닌 채권추심자(제2조 제1호 라목[16]에 규정된 자로서 채권추심을 업으로 하는 자 및 그 자를 위하여 고용, 도급, 위임 등 원인을 불문하고 채권추심을 하는 자로 한정)는 채권추심과 관련한 소송행위를 하여서는 아니 된다(채권추심법8의4).

(2) 벌칙

법 제8조의4를 위반하여 변호사가 아니면서 채권추심과 관련하여 소송행위를 한 자는 3년 이하의 징역 또는 3천만원 이하의 벌금에 처한다(채권추심법15②(1)).

---

16) 라. 금전이나 그 밖의 경제적 이익을 대가로 받거나 받기로 약속하고 타인의 채권을 추심하는 자(채권추심을 목적으로 채권의 양수를 가장한 자 포함)

* 관련 판례: 대법원 2016. 8. 18. 선고 2015도19521 판결

대부업법 제2조 제1호는 "대부업"의 정의에 관하여 "등록대부업자나 여신금융기관으로부터 대부계약에 따른 채권을 양도받아 이를 추심하는 것을 업으로 하는 것"("대부채권매입추심업")도 포함시키고 있는데, 대부채권을 매입하여 추심하는 경우 대상 채권은 대부분 채무자의 자발적 의무이행을 기대하기 어려워 대폭 할인된 가격으로 양수되는 부실채권으로서 불가피하게 "소송"을 통한 권리의 실현이 예정되는 측면이 있다. 한편 채권추심이란 채무자에 대한 소재파악 및 재산조사, 채권에 대한 변제 요구, 채무자에게서 변제 수령 등 채권의 만족을 얻기 위한 일체의 행위를 말하는데(채권추심법 제2조 제4호), 여기에는 채무자가 임의로 변제를 하지 않는 경우에 소송과 강제집행 등 국가권력에 기하여 청구권을 강제적으로 실현하는 절차에 의하여 채권의 만족을 얻는 행위도 포함된다. 이처럼 대부업법이 허용하는 대부채권매입추심업에는 대부채권을 양수하여 추심하는 과정에서 소송을 제기하는 행위가 당연히 예정되어 있는데, 이러한 행위를 변호사법 제112조 제1호("처벌조항")에 의하여 처벌한다면 이는 대부업법이 대부채권매입추심업을 허용한 입법 취지에 정면으로 반한다.

대부업법에 의하면 대부업자나 여신금융기관으로부터 대부계약에 따른 채권을 양도받아 이를 추심하는 것을 업으로 하는 대부업이 허용되는데, 처벌조항이 다른 법률이 허용하는 업무행위에 대하여도 적용된다고 해석하면 적용범위가 과도하게 넓어져 최소 침해성에 반할 우려가 있다. 따라서 대부업법이 허용하는 대부채권매입추심업에 대해서는 처벌조항이 적용되지 않는다고 보는 것이 합헌적 법률해석의 방법이다.

채권추심법 제8조의4는 변호사가 아닌 채권추심자는 채권추심과 관련한 소송행위를 금지하는 것으로 규정하면서, 다만 금지대상이 되는 채권추심자는 같은 법 제2조 제1호 (라)목에 규정된 "금전이나 그 밖의 경제적 이익을 대가로 받거나 받기로 약속하고 타인의 채권을 추심하는 자(채권추심을 목적으로 채권의 양수를 가장한 자를 포함한다)"로서 채권추심을 업으로 하는 자 및 그 자를 위하여 고용, 도급, 위임 등 원인을 불문하고 채권추심을 하는 자로 한정하였을 뿐, 같은 법 제2조 제1호 (가)목에 규정된 "대부업법에 따른 대부업자, 여신금융기관 및 대부업자들로부터 대부계약에 따른 채권을 양도받거나 재양도 받은 자" 등은 금지대상에서 제외하였다. 따라서 대부업자에게서 대부채권을 양수한 자는 위 법

률에 의하더라도 채권의 추심과 관련한 소송행위 자체가 금지되는 것이 아니고, 이를 업으로 한다고 하여 특별히 가벌성이 증대된다고 보기도 어렵다.

그렇다면 부실채권의 유통을 위한 시장이 확대됨에 따라 대부업법을 포함한 다수의 법령에서 채권의 양수·회수 업무를 허용하는데, 이러한 법령에서 허용하는 행위에 수반된 소송 등 권리 실행 행위는 비록 이를 업으로 하더라도 새로운 사회적·경제적 필요에 따른 정당한 업무의 범위 내의 행위로서, 민사 사법제도의 공정한 운영을 확보하고 남소의 폐단을 방지하고자 하는 처벌조항의 입법 목적을 해할 우려가 없다고 인정되므로, 위와 같은 행위에 대하여 처벌조항은 적용되지 않는다.

8. 폭행·협박 등의 금지

(1) 금지행위의 유형

채권추심자는 채권추심과 관련하여 다음의 어느 하나에 해당하는 행위를 하여서는 아니 된다(채권추심법9).

1. 채무자 또는 관계인을 폭행·협박·체포 또는 감금하거나 그에게 위계나 위력을 사용하는 행위
2. 정당한 사유 없이 반복적으로 또는 야간(오후 9시 이후부터 다음 날 오전 8시까지)에 채무자나 관계인을 방문함으로써 공포심이나 불안감을 유발하여 사생활 또는 업무의 평온을 심하게 해치는 행위
3. 정당한 사유 없이 반복적으로 또는 야간에 전화하는 등 말·글·음향·영상 또는 물건을 채무자나 관계인에게 도달하게 함으로써 공포심이나 불안감을 유발하여 사생활 또는 업무의 평온을 심하게 해치는 행위
4. 채무자 외의 사람(제2조 제2호에도 불구하고 보증인 포함)에게 채무에 관한 거짓사실을 알리는 행위
5. 채무자 또는 관계인에게 금전의 차용이나 그 밖의 이와 유사한 방법으로 채무의 변제자금을 마련할 것을 강요함으로써 공포심이나 불안감을 유발하여 사생활 또는 업무의 평온을 심하게 해치는 행위
6. 채무를 변제할 법률상 의무가 없는 채무자 외의 사람에게 채무자를 대신하여 채무를 변제할 것을 요구함으로써 공포심이나 불안감을 유발하여 사생활 또는 업무의 평온을 심하게 해치는 행위

7. 채무자의 직장이나 거주지 등 채무자의 사생활 또는 업무와 관련된 장소에서 다수인이 모여 있는 가운데 채무자 외의 사람에게 채무자의 채무금액, 채무불이행 기간 등 채무에 관한 사항을 공연히 알리는 행위

(2) 벌칙

법 제9조 제1호를 위반하여 채무자 또는 관계인을 폭행·협박·체포 또는 감금하거나 그에게 위계나 위력을 사용하여 채권추심행위를 한 자는 5년 이하의 징역 또는 5천만원 이하의 벌금에 처한다(채권추심법15①).

법 제9조 제2호부터 제7호까지를 위반한 자는 3년 이하의 징역 또는 3천만원 이하의 벌금에 처한다(채권추심법15②(2)).

*** 관련 판례: 의정부지방법원 2022. 4. 26. 선고 2021노1144 판결**

채권추심법 제15조 제2항 제2호, 제9조 제2호, 제3호는 채권추심자가 채권추심과 관련하여 정당한 사유 없이 반복적으로 또는 야간(오후 9시 이후부터 다음 날 오전 8시까지를 말한다. 이하 같다)에 채무자나 관계인을 방문함으로써 공포심이나 불안감을 유발하여 사생활 또는 업무의 평온을 심하게 해치는 행위(제9조 제2호), 정당한 사유 없이 반복적으로 또는 야간에 전화하는 등 말·글·음향·영상 또는 물건을 채무자나 관계인에게 도달하게 함으로써 공포심이나 불안감을 유발하여 사생활 또는 업무의 평온을 심하게 해치는 행위(제9조 제3호)를 처벌대상으로 정하고 있고, 제1조는 위 법은 채권추심자가 권리를 남용하거나 불법적인 방법으로 채권추심을 하는 것을 방지하여 공정한 채권추심 풍토를 조성하고 채권자의 정당한 권리행사를 보장하면서 채무자의 인간다운 삶과 평온한 생활을 보호함을 목적으로 한다고 정하고 있다.

위 처벌규정의 문언 및 입법 목적에 비추어 보면, 채권추심자가 채권 추심과 관련하여 야간에 채무자를 방문하는 행위 및 야간에 문자를 보내는 행위가 모두 처벌대상에 해당하는 것은 아니고, 그 행위가 채무자에게 공포심이나 불안감을 유발하여 사생활 또는 업무의 평온을 심하게 해치는 정도에 이르러야 한다.

9. 개인정보의 누설 금지 등

(1) 신용정보 또는 개인정보 누설금지와 목적 외 사용 제한 및 벌칙

채권추심자는 채권발생이나 채권추심과 관련하여 알게 된 채무자 또는 관계인의 신용정보나 개인정보를 누설하거나 채권추심의 목적 외로 이용하여서는 아니 된다(채권추심법10①).

법 제10조 제1항을 위반하여 채무자 또는 관계인의 신용정보나 개인정보를 누설하거나 채권추심의 목적 외로 이용한 자는 3년 이하의 징역 또는 3천만원 이하의 벌금에 처한다(채권추심법15②(3)).

(2) 누설 또는 목적 외 이용의 제외

채권추심자가 다른 법률에 따라 신용정보나 개인정보를 제공하는 경우는 누설 또는 이용으로 보지 아니한다(채권추심법10②).

10. 거짓 표시의 금지 등

(1) 금지행위의 유형

채권추심자는 채권추심과 관련하여 채무자 또는 관계인에게 다음의 어느 하나에 해당하는 행위를 하여서는 아니 된다(채권추심법11).

1. 무효이거나 존재하지 아니한 채권을 추심하는 의사를 표시하는 행위
2. 법원, 검찰청, 그 밖의 국가기관에 의한 행위로 오인할 수 있는 말·글·음향·영상·물건, 그 밖의 표지를 사용하는 행위
3. 채권추심에 관한 법률적 권한이나 지위를 거짓으로 표시하는 행위
4. 채권추심에 관한 민사상 또는 형사상 법적인 절차가 진행되고 있지 아니함에도 그러한 절차가 진행되고 있다고 거짓으로 표시하는 행위
5. 채권추심을 위하여 다른 사람이나 단체의 명칭을 무단으로 사용하는 행위

(2) 벌칙 및 과태료

법 제11조 제1호를 위반하여 채권을 추심하는 의사를 표시한 자는 3년 이하의 징역 또는 3천만원 이하의 벌금에 처한다(채권추심법15②(4)).

법 제11조 제2호를 위반하여 말·글·음향·영상·물건, 그 밖의 표지를 사용한 자는 1년 이하의 징역 또는 1천만원 이하의 벌금에 처한다(채권추심법15③(2)).

법 제11조 제3호부터 제5호까지를 위반한 자에게는 1천만원 이하의 과태료를 부과한다(채권추심법17②(5)).

11. 불공정한 행위의 금지

(1) 금지행위의 유형

채권추심자는 채권추심과 관련하여 다음의 어느 하나에 해당하는 행위를 하여서는 아니 된다(채권추심법12).

1. 혼인, 장례 등 채무자가 채권추심에 응하기 곤란한 사정을 이용하여 채무자 또는 관계인에게 채권추심의 의사를 공개적으로 표시하는 행위
2. 채무자의 연락두절 등 소재파악이 곤란한 경우가 아님에도 채무자의 관계인에게 채무자의 소재, 연락처 또는 소재를 알 수 있는 방법 등을 문의하는 행위
3. 정당한 사유 없이 수화자부담전화료 등 통신비용을 채무자에게 발생하게 하는 행위

3의2. 채무자회생법 제593조 제1항 제4호[17] 또는 제600조 제1항 제3호[18]에 따라 개인회생채권에 대한 변제를 받거나 변제를 요구하는 일체의 행위가 중지 또는 금지되었음을 알면서 법령으로 정한 절차 외에서 반복적으로 채무변제를 요구하는 행위

4. 채무자회생법에 따른 회생절차, 파산절차 또는 개인회생절차에 따라 전부 또는 일부 면책되었음을 알면서 법령으로 정한 절차 외에서 반복적으로 채무변제를 요구하는 행위
5. 엽서에 의한 채무변제 요구 등 채무자 외의 자가 채무사실을 알 수 있게 하는 행위(제9조 제7호[19]에 해당하는 행위는 제외)

(2) 과태료

법 제12조 제1호 및 제2호를 위반한 자에게는 2천만원 이하의 과태료를 부과한다(채권추심법17①(3)).

---

17) 4. 개인회생채권을 변제받거나 변제를 요구하는 일체의 행위. 다만, 소송행위를 제외한다.

18) 3. 개인회생채권을 변제받거나 변제를 요구하는 일체의 행위. 다만, 소송행위를 제외한다.

19) 7. 채무자의 직장이나 거주지 등 채무자의 사생활 또는 업무와 관련된 장소에서 다수인이 모여 있는 가운데 채무자 외의 사람에게 채무자의 채무금액, 채무불이행 기간 등 채무에 관한 사항을 공연히 알리는 행위

법 제12조 제3호·제3호의2·제4호 또는 제5호를 위반한 자에게는 500만원 이하의 과태료를 부과한다(채권추심법17③).

12. 부당한 비용 청구 금지

(1) 채권추심비용의 범위

채권추심자는 채무자 또는 관계인에게 지급할 의무가 없거나 실제로 사용된 금액을 초과한 채권추심비용을 청구하여서는 아니 된다(채권추심법13①). 채권추심자가 채무자 또는 관계인에게 청구할 수 있는 채권추심비용의 범위 등 제1항과 관련하여 필요한 사항은 대통령령으로 정한다(채권추심법13②).

이에 따라 채권추심자가 채무자 또는 관계인에게 청구할 수 있는 채권추심비용은 다음과 같다(동법 시행령2).

1. 채권자와 채무자가 채무이행과 관련하여 채무자 또는 관계인이 부담하기로 변제기 전에 합의한 비용
2. 법 제5조에 따른 채무확인서의 교부와 관련하여 영 제1조의2에서 정한 금액의 범위에서 채권추심자가 실제로 지출한 비용

(2) 과태료

법 제13조를 위반하여 채권추심비용을 청구한 자에게는 1천만원 이하의 과태료를 부과한다(채권추심법17②(6)).

13. 비용명세서의 교부

(1) 교부의 내용 및 비용 청구 금지

채무자 또는 관계인은 채권추심자가 사업자(제2조 제1호 가목 및 라목에 따른 자 및 그 자를 위하여 고용, 도급, 위임 등에 따라 채권추심을 하는 자)인 경우에는 그 사업자에게 채권추심비용을 항목별로 명시한 서류("비용명세서")의 교부를 요청할 수 있다(채권추심법13의2①).

채무자 또는 관계인은 채권추심자가 사업자가 아닌 경우에도 청구되는 채권추심비용을 항목별로 명시한 서류("비용명세서")의 교부를 요청할 수 있다(동법 시행령3①). 이에 따라 비용명세서의 교부를 요청받은 채권추심자는 정당한 사유가

없는 한 이에 따라야 하고, 채무자 또는 관계인에게 그 교부에 따른 비용을 청구해서는 아니 된다(동법 시행령3②).

이에 따라 비용명세서의 교부를 요청받은 채권추심자는 정당한 사유가 없으면 지체 없이 이를 교부하여야 하고, 채무자 또는 관계인에게 그 교부에 따른 비용을 청구해서는 아니 된다(채권추심법13의2②).

(2) 과태료

법 제13조의2 제2항을 위반하여 비용명세서를 교부하지 아니한 자에게는 1천만원 이하의 과태료를 부과한다(채권추심법17②(6)).

Ⅳ. 제재

1. 민사책임

채권추심자가 대부업법을 위반하여 채무자 또는 관계인에게 손해를 입힌 경우에는 그 손해를 배상하여야 한다(채권추심법14 본문). 다만, 채권추심자가 사업자(제2조 제1호 가목 및 라목에 규정된 자 및 그 자를 위하여 고용, 도급, 위임 등에 따라 채권추심을 하는 자)인 경우에는 사업자가 자신에게 고의 또는 과실이 없음을 입증한 때에는 그러하지 아니하다(채권추심법14 단서).

2. 형사제재

(1) 벌칙

(가) 5년 이하의 징역 또는 5천만원 이하의 벌금

법 제9조 제1호를 위반하여 채무자 또는 관계인을 폭행·협박·체포 또는 감금하거나 그에게 위계나 위력을 사용하여 채권추심행위를 한 자는 5년 이하의 징역 또는 5천만원 이하의 벌금에 처한다(채권추심법15①).

(나) 3년 이하의 징역 또는 3천만원 이하의 벌금

다음의 어느 하나에 해당하는 자는 3년 이하의 징역 또는 3천만원 이하의 벌금에 처한다(채권추심법15②).

1. 법 제8조의4를 위반하여 변호사가 아니면서 채권추심과 관련하여 소송행위를 한 자
2. 법 제9조 제2호부터 제7호까지를 위반한 자

3. 법 제10조 제1항을 위반하여 채무자 또는 관계인의 신용정보나 개인정보를 누설하거나 채권추심의 목적 외로 이용한 자
4. 법 제11조 제1호를 위반하여 채권을 추심하는 의사를 표시한 자

(다) 1년 이하의 징역 또는 1천만원 이하의 벌금

다음의 어느 하나에 해당하는 자는 1년 이하의 징역 또는 1천만원 이하의 벌금에 처한다(채권추심법15③).

1. 법 제8조의3 제1항을 위반한 자
2. 법 제11조 제2호를 위반하여 말·글·음향·영상·물건, 그 밖의 표지를 사용한 자

(2) 양벌규정

법인의 대표자나 법인 또는 개인의 대리인, 사용인, 그 밖의 종업원이 그 법인 또는 개인의 업무에 관하여 제15조의 위반행위를 하면 그 행위자를 벌하는 외에 그 법인 또는 개인에게도 해당 조문의 벌금형을 과(科)한다(채권추심법16 본문). 다만, 법인 또는 개인이 그 위반행위를 방지하기 위하여 해당 업무에 관하여 상당한 주의와 감독을 게을리하지 아니한 경우에는 그러하지 아니하다(채권추심법16 단서).

3. 과태료

(1) 과태료 금액

(가) 2천만원 이하의 과태료

다음의 어느 하나에 해당하는 자에게는 2천만원 이하의 과태료를 부과한다(채권추심법17①).

1. 법 제5조 제1항을 위반하여 채무확인서의 교부요청에 응하지 아니한 자
2. 법 제8조의2를 위반하여 채무자를 방문하거나 채무자에게 말·글·음향·영상 또는 물건을 도달하게 한 자
3. 법 제12조 제1호 및 제2호를 위반한 자

(나) 1천만원 이하의 과태료

다음의 어느 하나에 해당하는 자에게는 1천만원 이하의 과태료를 부과한다(채권추심법17②).

1. 법 제6조를 위반하여 채권자로부터 채권추심을 위임받은 사실을 서면(전자문서법 제2조 제1호의 전자문서를 포함)으로 통지하지 아니한 자
2. 법 제7조를 위반하여 동일 채권에 대하여 2인 이상의 자에게 채권추심을 위임한 자
3. 법 제8조를 위반하여 채무의 존재를 다투는 소송이 진행 중임에도 채무불이행자로 등록하거나 소송이 진행 중임을 알면서도 30일 이내에 채무불이행자 등록을 삭제하지 아니한 자
4. 법 제8조의3 제2항을 위반한 자
5. 법 제11조 제3호부터 제5호까지를 위반한 자
6. 법 제13조를 위반하여 채권추심비용을 청구한 자
7. 법 제13조의2 제2항을 위반하여 비용명세서를 교부하지 아니한 자

(다) 500만원 이하의 과태료

법 제12조 제3호·제3호의2·제4호 또는 제5호를 위반한 자에게는 500만원 이하의 과태료를 부과한다(채권추심법17③).

(라) 필요적 감경

법 제17조 제1항 제3호, 제2항 제2호·제5호 및 제6호, 제3항에 해당하는 자가 사업자가 아닌 경우에는 해당 규정이 정하는 과태료를 그 다액의 2분의 1로 감경한다(채권추심법17④).

(2) 과태료의 부과·징수

(가) 부과권자

대부업법에 따른 과태료는 대통령령으로 정하는 바에 따라 과태료 대상자에 대하여 다른 법률에 따른 인가·허가·등록 등을 한 감독기관이 있는 경우에는 그 감독기관이, 그 외의 경우에는 특별시장·광역시장·도지사 또는 특별자치도지사가 부과·징수한다(채권추심법18①).

(나) 권한의 위임

감독기관은 과태료의 부과·징수에 관한 권한의 일부를 대통령령으로 정하

는 바에 따라 시장·군수 또는 구청장에게 위임할 수 있다(채권추심법18②).

(다) 과태료의 부과기준

법 제17조에 따른 과태료의 부과기준은 [별표]와 같다(동법 시행령4①).

[별표] 과태료의 부과기준(제4조 관련)

1. 일반 기준

가. 위반행위의 횟수에 따른 과태료의 부과기준은 최근 1년간 같은 위반행위로 과태료 부과처분을 받은 경우에 적용한다. 이 경우 기준 적용일은 위반행위에 대한 처분일과 그 처분 후에 한 위반행위가 다시 적발된 날을 기준으로 하고, 적발된 위반행위에 대해서는 위반행위 직전 처분의 다음 차수에 따른 처분을 한다.

나. 과태료 금액란 중 괄호 안의 금액은 과태료 대상자가 법 제13조의2 제1항의 사업자에 해당하지 않는 경우의 부과기준을 말한다(법 제17조 제4항 관련).

2. 개별 기준

(단위: 만원)

위반행위	근거 법조문	과태료 금액		
		1차 위반	2차 위반	3차 이상 위반
가. 법 제5조 제1항을 위반하여 채무확인서의 교부요청에 응하지 않은 경우(법 제2조 제1호 가목에 규정된 자만 해당한다)	법 제17조 제1항제 1호	300	600	1,400
나. 법 제6조를 위반하여 채권자로부터 채권추심을 위임받은 사실을 서면(전자문서법 제2조 제1호의 전자문서 포함)으로 통지하지 않은 경우(법 제2조 제1호 라목에 규정된 자와 그 자를 위하여 채권추심을 하는 자만 해당)	법 제17조 제2항 제1호	150	300	700
다. 법 제7조를 위반하여 동일 채권에 대하여 2인 이상의 자에게 채권추심을 위임한 경우	법 제17조 제2항 제2호	150 (70)	300 (150)	600 (300)
라. 법 제8조를 위반하여 채무의 존재를 다투는 소송이 진행 중임에도 채무불이행자로 등록하거나 소송이 진행 중임을 알면서도 30일 이내에 채무불이행자 등록을 삭	법 제17조 제2항 제3호	150	300	700

제하지 않은 경우(법 제2조 제1호 가목 및 라목에 규정된 자와 그 자를 위하여 채권추심을 하는 자만 해당한다)				
마. 법 제8조의2를 위반하여 채무자가 변호사법에 따른 변호사·법무법인·법무법인(유한) 또는 법무조합을 채권추심에 응하기 위한 대리인으로 선임하고 이를 서면으로 통지하였음에도 채무와 관련하여 채무자를 방문하거나 채무자에게 말·글·음향·영상 또는 물건을 도달하게 한 경우	법 제17조 제1항 제2호	200	500	1,000
바. 법 제8조의3제2항을 위반하여 채권추심자가 관계인을 방문하거나 관계인에게 말·글·음향·영상 또는 물건을 도달하게 하는 경우 채권추심자의 성명·명칭 및 연락처(채권추심자가 법인인 경우에는 업무담당자의 성명 및 연락처를 포함한다), 채권자의 성명·명칭 및 방문 또는 말·글·음향·영상·물건을 도달하게 하는 목적을 관계인에게 밝혀지 아니하거나 관계인이 채무자의 채무 내용 또는 신용에 관한 사실을 알게 한 경우	법 제17조 제2항 제4호	150	300	600
사. 법 제11조 제3호를 위반하여 채권추심에 관한 법률적 권한이나 지위를 거짓으로 표시한 경우	법 제17조 제2항 제5호	150 (70)	300 (150)	600 (300)
아. 법 제11조 제4호를 위반하여 채권추심에 관한 민사상 또는 형사상 법적인 절차가 진행되고 있지 아니함에도 그러한 절차가 진행되고 있다고 거짓으로 표시한 경우	법 제17조 제2항 제5호	150 (70)	300 (150)	600 (300)
자. 법 제11조 제5호를 위반하여 채권추심을 위하여 다른 사람이나 단체의 명칭을 무단으로 사용한 경우	법 제17조 제2항 제5호	150 (70)	300 (150)	600 (300)
차. 법 제12조 제1호를 위반하여 혼인, 장례 등 채무자가 채권추심에 응하기 곤란한 사정을 이용하여 채무자 또는 관계인에게 채권추심의 의사를 공개적으로 표시한 경우	법 제17조 제1항 제3호	300 (150)	600 (300)	1,400 (700)
카. 법 제12조 제2호를 위반하여 채무자의 연락두절 등 소재파악이 곤란한 경우가 아님에도 채무자의 관계인에게 채무자의 소재, 연락처 또는 소재를 알 수 있는 방법 등을 문의한 경우	법 제17조 제1항 제3호	200 (100)	500 (250)	1,000 (500)
타. 법 제12조 제3호를 위반하여 정당한 사유 없이 수화자부담전화료 등 통신비용을 채무자에게 발생하게 한 경우	법 제17조 제3항	100 (50)	200 (100)	400 (200)
파. 법 제12조 제3호의2를 위반하여 채무자회생법 제593조제1항 제4호 또는 제600조 제1항 제3호에 따라 개인회생채권에 대한 변제를 받거나 변제를 요구하는 일	법 제17조 제3항	100 (50)	200 (100)	400 (200)

체의 행위가 중지 또는 금지되었음을 알면서 법령으로 정한 절차 외에서 반복적으로 채무변제를 요구한 경우				
하. 법 제12조 제4호를 위반하여 채무자회생법에 따른 회생절차, 파산절차 또는 개인회생절차에 따라 전부 또는 일부 면책되었음을 알면서 법령으로 정한 절차 외에서 반복적으로 채무변제를 요구한 경우	법 제17조 제3항	100 (50)	200 (100)	400 (200)
거. 법 제12조 제5호를 위반하여 엽서에 의한 채무변제 요구 등 채무자 외의 자가 채무사실을 알 수 있게 한 경우(법 제9조 제7호에 해당하는 경우는 제외한다)	법 제17조 제3항	100 (50)	200 (100)	400 (200)
너. 법 제13조를 위반하여 채무자 또는 관계인에게 지급할 의무가 없는 채권추심비용을 청구하거나 실제로 사용된 금액을 초과한 채권추심비용을 청구한 경우	법 제17조 제2항 제6호	150 (70)	300 (150)	600 (300)
더. 법 제13조의2 제2항을 위반하여 채무자 또는 관계인으로부터 비용명세서의 교부를 요청받고 정당한 사유가 없음에도 지체 없이 이를 교부하지 아니한 경우(법 제2조 제1호가목 및 라목에 따른 자 및 그 자를 위하여 채권추심을 하는 자만 해당)	법 제17조 제2항 제7호	150	300	600

(라) 가중 또는 감경

법 제18조에 따른 과태료 부과권자는 위반행위의 정도, 횟수 및 그 동기와 결과 등을 고려하여 [별표]에 따른 과태료 금액의 2분의 1의 범위에서 가중하거나 경감할 수 있다(동법 시행령4② 전단). 이 경우 가중하여 부과하는 때에도 다음의 구분에 따른 금액(법 제17조 제4항이 적용되는 경우에는 해당 금액을 2분의 1로 감경한 금액)을 초과할 수 없다(동법 시행령4② 후단).

1. 법 제17조 제1항의 경우: 2천만원
2. 법 제17조 제2항의 경우: 1천만원
3. 법 제17조 제3항의 경우: 500만원

제4절 개인채무자보호법

2024년 1월 16일 법률 제20054호로 제정되어 2024년 10월 17일부터 시행되는 개인금융채권의 관리 및 개인금융채무자의 보호에 관한 법률(“개인채무자보호법”)의 주요 내용을 소개한다.

Ⅰ. 목적

개인채무자보호법(“법”)은 채권금융회사 등과 개인금융채무자 사이의 개인금융채권·채무 내용의 변동에 따른 개인금융채권의 관리 및 추심·조정(調停)에 필요한 채권금융회사 등의 준수사항을 규정함으로써 개인금융채무자의 권익을 보호하고 개인금융채권·채무와 관련된 금융업의 건전한 발전에 이바지함을 목적으로 한다(개인채무자보호법1).

Ⅱ. 개인채무자보호법상 개념의 정리

개인채무자보호법에서 사용하는 용어의 뜻은 다음과 같다(개인채무자보호법2).

1. 개인금융채권

“개인금융채권”이란 채권금융회사등이 ⅰ) 금전의 대부(가목), ⅱ) 대위변제(나목), ⅲ) 가목 또는 나목의 행위로 발생한 채권의 양수(다목), ⅳ) 그 밖에 어음할인 등 대통령령으로 정하는 행위(라목)를 행위를 원인으로 보유하게 된 개인금융채무자에 대한 금전채권을 말한다(개인채무자보호법2(1)).

2. 채권금융회사등

“채권금융회사등”이란 개인금융채권을 보유하고 있는 ⅰ) 은행법 등 대통령령으로 정하는 법률에 따라 인가·허가·등록·승인 등을 받아 금전의 대부를 업(業)으로 하는 자(가목), ⅱ) 공공기관운영법에 따른 공공기관 중 개인금융채권을 보유할 수 있는 기관으로서 대통령령으로 정하는 기관(나목), ⅲ) 그 밖에 개인채무자보호법 또는 다른 법률에 따라 개인금융채권을 보유할 수 있는 자로서 대통령령으로 정하는 자(다목)를 말한다(개인채무자보호법2(2)).

3. 개인금융채무자

“개인금융채무자”란 앞의 제1호 각 목의 행위를 원인으로 채권금융회사등에 채무를 변제할 의무가 있는 사람(보증인 및 채무인수인 포함)을 말한다(개인채무자보호법2(3)).

4. 추심

"추심"이란 변제하기로 약정한 날까지 채무를 변제하지 아니한 개인금융채무자를 대상으로 소재 파악, 재산 조사, 변제 촉구 또는 변제금 수령 등 채권의 만족을 얻기 위하여 하는 모든 행위를 말한다(개인채무자보호법2(4)).

5. 채권추심자

"채권추심자"란 개인금융채권을 추심하는 자로서 i) 채권금융회사등(가목), ii) 신용정보법 제2조 제10호의2에 따른 채권추심회사("채권추심회사")(나목), iii) 신용정보법 제27조 제2항 제2호에 따른 위임직채권추심인("위임직채권추심인")(다목), iv) 대부업법 제2조 제1호에 따른 대부채권매입추심을 업으로 하는 자로서 같은 법 제3조에 따른 대부업의 등록을 한 자("대부채권매입추심업자")(라목), v) 그 밖에 다른 법률에 따라 개인금융채권을 추심할 수 있는 자로서 대통령령으로 정하는 자(마목)를 말한다(개인채무자보호법2(5)).

6. 채무조정

"채무조정"이란 채권금융회사등이 보유한 개인금융채권에 대하여 i) 원리금 감면 또는 이자율 조정(가목), ii) 새로운 대출을 통한 기존 채무의 변제(나목), iii) 분할 변제(다목), iv) 변제기간 연장(라목), v) 그 밖에 채무의 내용을 변경하는 것으로서 금융위원회가 정하여 고시하는 방법(바목)으로 그 채무의 내용을 변경하는 것을 말한다(개인채무자보호법2(6)).

Ⅲ. 적용범위

1. 장래 이자채권의 면제 규정 등 적용 제외

다음의 권리, 즉 i) 유치권(제1호), ii) 질권(제2호), iii) 저당권(제3호), iv) 그 밖에 양도담보권 등 대통령령으로 정하는 권리(제4호)로 담보된 개인금융채권에 대하여는 제6조(기한의 이익 상실 예정의 통지) 제5항, 제9조(장래 이자채권의 면제) 및 제10조(양도의 제한) 제1항을 적용하지 아니한다(개인채무자보호법3①).

2. 연체이자의 제한 등 규적 적용 제외

개인금융채권의 원금이 5천만원 이상의 범위에서 대통령령으로 정하는 금액 이상인 경우에는 제7조를(연체이자의 제한 등) 적용하지 아니한다(개인채무자보호법3②).

3. 기한의 이익 상실 예정의 통지 등 적용 제외

개인금융채권의 원금이 3천만원 이상의 범위에서 대통령령으로 정하는 금액 이상인 경우에는 제6조(기한의 이익 상실 예정의 통지), 제9조부터 제13조까지 및 제31조부터 제40조까지를 적용하지 아니한다(개인채무자보호법3③).

Ⅳ. 다른 법률과의 관계

채권금융회사등과 개인금융채무자 사이의 개인금융채권의 연체 관리에 관하여는 개인채무자보호법을 우선하여 적용한다(개인채무자보호법5① 본문). 다만, 다른 법률을 적용하는 것이 개인금융채무자에게 유리한 경우에는 그 법률을 적용한다(개인채무자보호법5① 단서).

개인금융채권의 추심 시 준수사항에 관하여는 개인채무자보호법을 우선하여 적용하며, 개인채무자보호법에서 정하지 아니한 사항은 채권추심법을 적용한다(개인채무자보호법5②).

Ⅴ. 개인금융채권의 연체 관리

1. 기한의 이익 상실 예정의 통지

(1) 통지사항

채권금융회사등은 개인금융채권의 연체 등 대통령령으로 정하는 사유로 개인금융채무자의 기한의 이익이 상실되는 경우에는 대통령령으로 정하는 바에 따라 제1호의 기한의 이익 상실 예정일의 10영업일 전까지 ⅰ) 기한의 이익 상실 예정일(제1호), ⅱ) 기한의 이익 상실 원인(제2호), ⅲ) 기한의 이익 상실 효과(제3호), ⅳ) 채무조정의 요건과 요청 절차·방법(제4호), ⅴ) 그 밖에 기한의 이익과 관련하여 개인금융채무자의 보호에 필요한 사항으로서 대통령령으로 정하는 사항(제5호)을 개인금융채무자에게 통지하여야 한다(개인채무자보호법6①).

(2) 기한의 이익 상실일

기한의 이익 상실일은 다음의 구분에 따른 날, 즉 i) 통지가 기한의 이익 상실 예정일의 10영업일 전까지 개인금융채무자에게 도달한 경우: 기한의 이익 상실 예정일(제1호), ii) 통지가 기한의 이익 상실 예정일의 10영업일 전까지 개인금융채무자에게 도달하지 아니한 경우: 그 통지가 도달한 날부터 10영업일이 지난 날(제2호)로 한다(개인채무자보호법6②).

(3) 대체 통지 갈음

채권금융회사등은 통지가 2회 이상 반송되는 등 대통령령으로 정하는 불가피한 사유로 통지사항을 통지할 수 없는 경우에는 채권금융회사등의 인터넷 홈페이지에 게재하는 등 대통령령으로 정하는 방법으로 그 통지를 갈음할 수 있다(개인채무자보호법6③).

(4) 대체 통지와 기한의 이익 상실일 의제

채권금융회사등이 대체 통지의 방법으로 통지를 갈음한 경우에는 채권금융회사등의 인터넷 홈페이지에 게재 등을 한 날부터 10영업일이 지난 날을 기한의 이익 상실일로 본다(개인채무자보호법6④).

(5) 개인금융채무자의 채무조정 요청과 기한의 이익 유지

개인금융채무자가 다음의 구분에 따른 날까지 제35조에 따라 채무조정을 요청한 경우에는 그 채무조정의 절차가 끝나기 전까지 기한의 이익이 상실되지 아니한 것으로 본다(개인채무자보호법6⑤ 본문). 다만, 다른 채권자가 해당 개인금융채무자에 대하여 민사집행법에 따른 강제집행을 진행하는 등 대통령령으로 정하는 사유가 발생한 경우에는 그 사유가 발생한 날에 기한의 이익이 상실된 것으로 본다(개인채무자보호법6⑤ 단서).

1. 제2항 제1호에 해당하는 경우: 제1항 제1호의 기한의 이익 상실 예정일 전일
2. 제2항 제2호에 해당하는 경우: 제1항에 따른 통지가 도달한 날부터 10영업일이 되는 날
3. 제4항에 해당하는 경우: 채권금융회사등의 인터넷 홈페이지에 게재 등을 한 날부터 10영업일이 되는 날

2. 연체이자의 제한 등

(1) 채무이행의 기한 미도래와 연체이자의 제한

채권금융회사등은 개인금융채권에 연체가 발생하여 기한의 이익이 상실된 경우에도 개인금융채무자와의 기존 약정에 따를 때 기한의 이익이 상실되지 아니하였다면 채무이행의 기한이 도래하지 아니한 부분에 대하여는 기한의 이익이 상실되어 변제기가 도래하더라도 이에 대한 연체이자를 받을 수 없다(개인채무자보호법7①).

(2) 연체이자 제한 위반 약정 부분의 무효

앞의 제1항을 위반하는 내용의 약정을 체결한 경우 채무이행의 기한이 도래하지 아니한 부분에 대하여 연체이자를 받도록 하는 약정 부분은 무효로 한다(개인채무자보호법7②).

(3) 실비의 수령

채권금융회사등은 연체된 개인금융채권의 관리 또는 회수 과정에서 실제로 발생한 비용으로서 대통령령으로 정하는 비용은 별도로 받을 수 있다(개인채무자보호법7③).

(4) 위반시 제재

법 제7조 제1항을 위반하여 채무이행의 기한이 도래하지 아니한 부분에 대하여 연체이자를 받은 자에게는 3천만원 이하의 과태료를 부과한다(개인채무자보호법52②(1)).

3. 주택 경매 예정의 통지

(1) 통지사항

채권금융회사등은 민사집행법에 따른 강제집행이나 담보권의 실행을 위하여 개인금융채무자가 거주하고 있는 주택으로서 대통령령으로 정하는 주택의 경매를 법원에 신청하려는 경우에는 대통령령으로 정하는 바에 따라 제2호의 경매신청 예정일의 10영업일 전까지 i) 경매신청 대상 주택(제1호), ii) 경매신청 예정일(제2호), iii) 채무조정의 요건과 요청 절차·방법(제3호), iv) 그 밖에 주택의 경매에 필요한 사항으로서 대통령령으로 정하는 사항(제4호)을 개인금융채무자에게 통지하여야 한다(개인채무자보호법8①).

(2) 경매신청 예정일

경매신청 예정일은 법원에 주택의 경매를 신청할 수 있는 사유가 발생한 날부터 1개월 이상의 범위에서 대통령령으로 정하는 기간이 지난 날 이후여야 한다(개인채무자보호법8②).

(3) 경매신청 예정일 전의 경매 신청

채권금융회사등은 통지를 받은 개인금융채무자가 경매신청 예정일 전에 경매 절차의 시작을 희망하는 의사를 채권금융회사등에 표시한 경우에는 경매신청 예정일 전에 경매를 신청할 수 있다(개인채무자보호법8③).

(4) 통지 미도달시의 경매 신청

채권금융회사등은 통지가 경매신청 예정일의 10영업일 전까지 개인금융채무자에게 도달하지 아니한 경우에는 그 통지가 도달한 날부터 10영업일이 지난 날 이후에 주택의 경매를 신청할 수 있다(개인채무자보호법8④).

(5) 대체 통지

채권금융회사등은 통지가 2회 이상 반송되는 등 대통령령으로 정하는 불가피한 사유로 통지사항을 통지할 수 없는 경우에는 채권금융회사등의 인터넷 홈페이지에 게재하는 등 대통령령으로 정하는 방법으로 그 통지를 갈음할 수 있다(개인채무자보호법8⑤).

(6) 대체 통지와 경매 신청

채권금융회사등이 대체 통지 방법으로 통지를 갈음한 경우에는 채권금융회사등의 인터넷 홈페이지에 게재 등을 한 날부터 10영업일이 지난 날 이후에 주택의 경매를 신청할 수 있다(개인채무자보호법8⑥).

(7) 개인금융채무자의 채무조정 요청과 경매 신청 제한

채권금융회사등은 개인금융채무자가 다음의 구분에 따른 날까지 법 제35조에 따라 채무조정을 요청한 경우에는 그 채무조정의 절차가 끝나기 전까지 경매를 신청하여서는 아니 된다(개인채무자보호법8⑦ 본문). 다만, 다른 채권자가 해당 주택에 대하여 민사집행법에 따른 강제집행을 진행하는 등 대통령령으로 정하는 사유가 발생한 경우에는 그 사유가 발생한 날부터 경매를 신청할 수 있다(개인채무자보호법8⑦ 단서).

1. 제1항에 해당하는 경우: 같은 항 제2호의 경매신청 예정일 전일

2. 제4항에 해당하는 경우: 제1항에 따른 통지가 도달한 날부터 10영업일이 되는 날
3. 제6항에 해당하는 경우: 채권금융회사등의 인터넷 홈페이지에 게재 등을 한 날부터 10영업일이 되는 날

(8) 위반시 제재

법 제8조 제1항 또는 제5항에 따른 주택 경매 예정의 통지(통지를 갈음하는 방법을 포함한다)를 하지 아니하고 경매를 신청한 자(제1호), 법 제8조 제4항·제6항 또는 제7항을 위반하여 경매를 신청한 자(제2호)에게는 2천만원 이하의 과태료를 부과한다(개인채무자보호법52③).

4. 장래 이자채권의 면제

(1) 장래 이자채권의 면제와 양도계약 포함

채권금융회사등은 법인세법 제19조의2 제1항에 따라 손금에 산입한 개인금융채권 등 회수할 수 없거나 회수할 가능성이 현저히 낮은 개인금융채권으로서 대통령령으로 정하는 개인금융채권을 양도하려는 경우에는 해당 개인금융채권을 양도하기 전에 장래에 발생할 이자채권을 면제하여야 하고, 양도계약을 체결할 때 그 면제 사실을 양도계약서에 포함시켜야 한다(개인채무자보호법9①).

(2) 양도계약 체결과 면제 사실의 통지

개인금융채권의 양도계약을 체결한 채권금융회사등은 장래에 발생할 이자채권의 면제 사실을 개인금융채무자에게 지체 없이 통지하여야 한다(개인채무자보호법9②).

5. 양도의 제한

(1) 양도제한 개인금융채권

채권금융회사등은 i) 채무조정의 절차가 끝나지 아니한 개인금융채권(제1호), ii) 서민금융법 제72조에 따른 채무조정의 절차가 끝나지 아니한 개인금융채권(제2호), iii) 채권금융회사등이 개인금융채무자의 사망 사실을 알고 있는 개인금융채권으로서 그 채권의 상속 여부가 확정되지 아니한 개인금융채권(제3호), iv) 채권의 존재 여부나 범위에 대한 소송이 계속 중인 개인금융채권(제4호), v)

그 밖에 개인금융채권의 양도가 이루어질 경우 개인금융채무자의 권익 보호에 중대한 영향을 미칠 수 있는 개인금융채권으로서 대통령령으로 정하는 개인금융채권(제5호)을 양도하여서는 아니 된다(개인채무자보호법10①).

(2) 개인금융채권의 양수자

채권금융회사등은 i) 국가(제1호), ii) 지방자치단체(제2호), iii) 채권금융회사등(제3호), iv) 대부채권매입추심업자(제4호), v) 그 밖에 서민금융법 제56조에 따른 신용회복위원회 등 금융위원회가 정하여 고시하는 자(제5호)에게만 개인금융채권을 양도할 수 있다(개인채무자보호법10② 본문). 다만, 경영상 긴급히 처리할 필요가 있다고 인정되는 경우로서 대통령령으로 정하는 경우에는 앞의 각 호의 자 외의 자에게도 양도할 수 있다(개인채무자보호법10② 단서).

(3) 위반시 제재

(가) 벌칙

법 제10조 제2항을 위반하여 같은 항 각 호의 자 외의 자에게 개인금융채권을 양도한 자는 3년 이하의 징역 또는 3천만원 이하의 벌금에 처한다(개인채무자보호법49(1)).

(나) 과태료

법 제10조 제1항을 위반하여 같은 항 각 호의 개인금융채권을 양도한 자에게는 3천만원 이하의 과태료를 부과한다(개인채무자보호법52②(2)).

6. 양도 예정의 통지

(1) 통지 기한과 통지사항

채권금융회사등은 기한의 이익이 상실된 개인금융채권이나 그 밖에 대통령령으로 정하는 개인금융채권을 양도하려는 경우에는 대통령령으로 정하는 바에 따라 제2호의 개인금융채권 양도 예정일의 10영업일 전까지 i) 양도대상 개인금융채권에 관한 사항(제1호), ii) 개인금융채권 양도 예정일(제2호), iii) 양수 예정인(제3호), iv) 채무조정의 요건과 요청 절차·방법(제4호), v) 그 밖에 개인금융채권의 양도에 필요한 사항으로서 대통령령으로 정하는 사항(제5호)을 개인금융채무자에게 통지하여야 한다(개인채무자보호법11① 본문). 다만, 해당 개인금융채권을 제2조 제1호 가목(=금전의 대부)의 행위를 원인으로 보유하였던 채권금융회사등에 환매하거나 자산관리공사법에 따른 한국자산관리공사에 양도하는 등 대통령령으로 정하는 사유에 해당하는 경우에는 제2호의 개인금융채권 양도 예정일 전까지 통지할 수 있다(개인채무자보호법11① 단서).

(2) 통지 미도달시의 양도

채권금융회사등은 통지가 개인금융채권 양도 예정일의 10영업일 전까지 개인금융채무자에게 도달하지 아니한 경우에는 그 통지가 도달한 날부터 10영업일이 지난 날 이후에 개인금융채권을 양도할 수 있다(개인채무자보호법11②).

(3) 통지 반송 등과 통지 갈음

채권금융회사등은 통지가 2회 이상 반송되는 등 대통령령으로 정하는 불가피한 사유로 통지사항을 통지할 수 없는 경우에는 채권금융회사등의 인터넷 홈페이지에 게재하는 등 대통령령으로 정하는 방법으로 그 통지를 갈음할 수 있다(개인채무자보호법11③).

(4) 통지 갈음과 양도

채권금융회사등이 통지에 갈음하는 방법으로 통지를 갈음한 경우에는 채권금융회사등의 인터넷 홈페이지에 게재 등을 한 날부터 10영업일이 지난 날 이후에 개인금융채권을 양도할 수 있다(개인채무자보호법11④).

(5) 위반시 제재

법 제11조 제1항 또는 제3항에 따른 개인금융채권 양도 예정의 통지(통지를 갈음하는 방법을 포함)를 하지 아니하거나 거짓으로 통지(통지를 갈음하는 방법을 포함)한 자(제3호), 법 제11조 제2항 또는 제4항을 위반하여 개인금융채권 양도 예정의 통지가 도달한 날부터 또는 채권금융회사등의 인터넷 홈페이지에 게재 등을 한 날부터 10영업일이 지나기 전에 개인금융채권을 양도한 자(제4호)에게는 2천만원 이하의 과태료를 부과한다(개인채무자보호법52③).

7. 양수인에 대한 평가

(1) 평가 사항

채권금융회사등은 1개월 이상의 범위에서 대통령령으로 정하는 기간 이상 연체된 개인금융채권을 양도하려는 경우에는 다음의 사항에 대하여 양수인을 평가하여야 한다(개인채무자보호법12①).

1. 추심 인력의 규모 및 전문성에 관한 사항

2. 추심 관련 민원의 주요내용·발생빈도 및 처리체계
3. 법 제13조에 따른 채권양도내부기준의 내용 및 양수한 채권의 양도 현황에 관한 사항
4. 법 제22조 제1항에 따른 이용자보호기준의 내용에 관한 사항(양수인이 대부채권매입추심업자인 경우로 한정)
5. 법 제24조 제1항에 따른 담보조달비율 등 양수하려는 개인금융채권의 대금(代金) 조달 방법 등에 관한 사항
6. 법 제30조에 따른 채권추심위탁내부기준의 내용 및 추심 위탁 현황에 관한 사항(양수인이 추심을 위탁의 방법으로 수행하는 경우로 한정)
7. 법 제34조에 따른 채무조정내부기준의 내용 및 채무조정 실적에 관한 사항
8. 이 법, 채권추심법 및 대통령령으로 정하는 채권 추심 관련 법령을 위반한 사실에 관한 사항
9. 그 밖에 양수인의 개인금융채권과 관련된 업무 수행 능력 및 개인금융채무자의 보호 정도를 판단할 수 있는 내용으로서 대통령령으로 정하는 사항

(2) 평가 제외 양도

다음의 사유로 개인금융채권을 양도하는 경우에는 평가를 하지 아니할 수 있다(개인채무자보호법12②).

1. 국가 또는 지방자치단체에 양도하는 경우
2. 대통령령으로 정하는 공공기관에 양도하는 경우
3. 개인금융채권을 제2조 제1호 가목의 행위를 원인으로 보유하였던 채권금융회사등에 환매하는 경우

8. 채권양도내부기준

(1) 채권금융회사등의 마련·시행의무

채권금융회사등은 대통령령으로 정하는 바에 따라 그 임원·직원이 개인금융채권의 양도업무를 수행할 때 관계 법령의 준수 및 개인금융채무자의 보호를 위하여 따라야 할 기본적인 절차 및 기준("채권양도내부기준")을 마련·시행하여야 한다(개인채무자보호법13①).

(2) 채권양도내부기준 포함사항

채권양도내부기준에는 다음의 사항이 포함되어야 한다(개인채무자보호법13②).

1. 채권양도내부기준의 운영을 위한 전담조직 및 전담인력에 관한 사항
2. 임원·직원의 업무 수행 시 준수사항
3. 제12조에 따른 양수인에 대한 평가 사항
4. 채권양도내부기준의 준수 여부에 대한 점검·조치·평가 사항
5. 채권양도내부기준의 제정·변경 절차에 관한 사항
6. 업무 수행에 대한 보상체계 및 책임확보 방안에 관한 사항
7. 그 밖에 개인금융채권 양도업무의 수행에 필요한 사항으로서 대통령령으로 정하는 사항

VI. 개인금융채권의 추심 시 준수사항

1. 추심의 제한

(1) 추심 제한 개인금융채권

채권추심자는 다음의 개인금융채권을 추심하여서는 아니 된다(개인채무자보호법14).

1. 법 제10조 제1항 제1호부터 제5호까지에 따른 개인금융채권. 다만, 같은 항 제1호의 경우 개인금융채무자가 같은 채무에 대한 채무조정을 2회 이상 요청한 경우는 제외한다.
2. 개인금융채무자가 채권추심법 제5조에 따른 채무확인서의 교부를 요청하였음에도 불구하고 그 교부가 이루어지지 아니한 개인금융채권
3. 신용정보법 제39조의2 제1항[20]을 위반하여 채권자변동정보가 종합신용정보집중기관에 제공되지 아니한 개인금융채권
4. 그 밖에 추심을 허용할 경우 개인금융채무자의 보호 및 건전한 신용질서를 해칠 우려가 있다고 인정되는 개인금융채권으로서 대통령령으로 정하는 개인금융채권

---

20) 제39조의2(채권자변동정보의 열람 등) ① 대통령령으로 정하는 신용정보제공·이용자는 개인인 신용정보주체와의 금융거래로서 대통령령으로 정하는 금융거래로 인하여 발생한 채권을 취득하거나 제3자에게 양도하는 경우 해당 채권의 취득·양도·양수 사실에 관한 정보, 그 밖에 신용정보주체의 보호를 위하여 필요한 정보로서 대통령령으로 정하는 정보("채권자변동정보")를 종합신용정보집중기관에 제공하여야 한다.

(2) 위반시 제재

법 제14조를 위반하여 같은 조 각 호의 개인금융채권을 추심한 자에게는 3천만원 이하의 과태료를 부과한다(개인채무자보호법52②(3)).

2. 추심의 착수 통지

(1) 통지 사항

채권추심자는 개인금융채권의 추심에 착수하려는 경우(채권금융회사등이 제2조 제1호 가목, 즉 금전의 대부를 원인으로 보유하게 된 개인금융채권의 추심에 직접 착수하려는 경우는 제외)에는 대통령령으로 정하는 바에 따라 제2호의 추심 착수 예정일의 3영업일 전까지 다음의 사항을 개인금융채무자에게 통지하여야 한다(개인채무자보호법15).

1. 채권자, 채무금액, 연체금액 및 연체기간 등 추심 대상 개인금융채권에 관한 사항
2. 추심 착수 예정일
3. 채권추심자의 성명·명칭 및 연락처(채권추심자가 법인인 경우에는 추심업무를 담당하는 사람의 성명 및 연락처를 포함한다)
4. 연락·독촉 등 수행하려는 추심업무의 방법
5. 불법추심이나 소멸시효 완성채권의 추심에 대한 대응요령 등 대통령령으로 정하는 개인금융채무자의 방어권 행사 방법
6. 그 밖에 개인금융채무자가 추심에 대응하기 위하여 필요한 사항으로서 대통령령으로 정하는 사항

(2) 위반시 제재

법 제15조를 위반하여 추심의 착수에 관한 같은 조 각 호의 사항을 개인금융채무자에게 통지하지 아니한 자에게는 1천만원 이하의 과태료를 부과한다(개인채무자보호법52④(1)).

3. 추심연락의 횟수 제한

(1) 채권별 7일에 7회 추심연락 금지

채권추심자는 각 채권별로 7일에 7회를 초과하여 개인금융채권의 추심을

위한 연락(개인금융채무자를 방문하거나 개인금융채무자에게 말·글·음향·영상 또는 물건 등을 도달하게 하는 행위를 말한다. 이하 "추심연락"이라 한다)을 하여서는 아니 된다(개인채무자보호법16①).

(2) 추심연락의 구체적인 기준과 그 횟수의 계산방법

추심연락의 구체적인 기준과 그 횟수의 계산방법 등에 관하여 필요한 사항은 대통령령으로 정한다(개인채무자보호법16②).

(3) 위반시 제재

법 제16조 제1항을 위반하여 추심연락을 한 자에게는 2천만원 이하의 과태료를 부과한다(개인채무자보호법52③(5)).

4. 추심연락의 유예

(1) 유예 사유

채권추심자는 개인금융채무자가 다음의 어느 하나에 해당한다고 인정되는 사실을 그 개인금융채무자로부터 확인한 경우에는 그 확인한 날부터 대통령령으로 정하는 기간까지는 추심연락을 하여서는 아니 된다(개인채무자보호법17 본문). 다만, 정당한 사유 없이 추심을 현저하게 지체하거나 방해할 목적이 있는 경우로서 대통령령으로 정하는 경우에는 추심연락을 할 수 있다(개인채무자보호법17 단서).

1. 대통령령으로 정하는 중대한 재난상황에 처한 경우
2. 사고 등으로 즉각적인 변제가 곤란한 경우로서 대통령령으로 정하는 경우
3. 그 밖에 추심연락을 받기 어려운 경우로서 대통령령으로 정하는 경우

(2) 위반시 제재

법 제17조를 위반하여 추심연락을 한 자에게는 2천만원 이하의 과태료를 부과한다(개인채무자보호법52③(5)).

5. 추심연락 유형의 제한 요청

(1) 특정 시간대 또는 특정 수단을 통한 추심연락 제한 요청

개인금융채무자는 대통령령으로 정하는 바에 따라 채권추심자에게 특정한 시간대 또는 특정한 수단을 통하여 추심연락을 하지 아니하도록 요청할 수 있다

(개인채무자보호법18①).

(2) 채권추심자의 응할 의무

요청을 받은 채권추심자는 정당한 사유 없이 추심을 현저하게 지체하거나 방해할 목적이 있는 경우로서 대통령령으로 정하는 경우를 제외하고는 그 요청에 따라야 한다(개인채무자보호법18②).

(3) 위반시 제재

법 제18조 제2항을 위반하여 개인금융채무자의 요청에 따르지 아니한 자에게는 2천만원 이하의 과태료를 부과한다(개인채무자보호법52③(5)).

6. 추심연락 시 고지 의무

(1) 소속 등 고지와 증표제시

채권추심자(채권추심자가 법인인 경우에는 추심업무를 담당하는 사람)는 개인금융채무자나 그의 관계인(채권추심법에 따른 관계인)에게 추심연락을 하는 경우에는 그 소속, 성명 및 연락처를 밝히고, 추심업무에 대한 정당한 권한이 있음을 나타내는 증표(온라인으로 제시할 수 있는 증표를 포함)를 제시하여야 한다(개인채무자보호법19①).

(2) 정보원 등의 명칭 사용 금지

채권추심자는 추심연락을 하면서 자신의 소속 및 성명을 밝힐 때 정보원, 탐정, 그 밖에 이와 비슷한 명칭을 사용하여서는 아니 된다(개인채무자보호법19②).

(3) 위반시 제재

(가) 벌칙

법 제19조 제2항을 위반하여 정보원, 탐정, 그 밖에 이와 비슷한 명칭을 사용한 자는 3년 이하의 징역 또는 3천만원 이하의 벌금에 처한다(개인채무자보호법49(2)).

(나) 과태료

법 제19조 제1항을 위반하여 소속, 성명 또는 연락처를 밝히지 아니하거나 증표를 제시하지 아니한 자에게는 1천만원 이하의 과태료를 부과한다(개인채무자보호법49④(2)).

7. 채권추심내부기준

(1) 채권추심내부기준의 마련·시행의무

채권추심자(위임직채권추심인은 제외)는 대통령령으로 정하는 바에 따라 그 임원·직원이 개인금융채권의 추심업무를 수행할 때 따라야 할 절차 및 기준("채권추심내부기준")을 마련·시행하여야 한다(개인채무자보호법20①).

(2) 채권추심내부기준의 필요적 포함사항

채권추심내부기준에는 다음의 사항이 포함되어야 한다(개인채무자보호법20②).

1. 채권추심내부기준의 운영을 위한 전담조직 및 전담인력에 관한 사항
2. 임원·직원의 업무 수행 시 준수사항
3. 법 제27조 및 제29조에 따른 채권추심회사의 평가 및 관리에 필요한 사항
4. 채권추심내부기준의 준수 여부에 대한 점검·조치·평가 사항
5. 채권추심내부기준의 제정·변경 절차에 관한 사항
6. 업무 수행에 대한 보상체계 및 책임확보 방안에 관한 사항
7. 그 밖에 개인금융채권 추심업무의 수행에 필요한 사항으로서 대통령령으로 정하는 사항

8. 채권추심회사의 이용자보호기준 및 보호감시인

(1) 이용자보호기준의 마련·시행의무

채권추심회사는 대통령령으로 정하는 바에 따라 그 임원·직원이 추심업무를 수행할 때 개인금융채무자의 보호를 위하여 따라야 할 기본적인 절차 및 기준("이용자보호기준")을 마련·시행하여야 한다(개인채무자보호법21①).

(2) 보호감시인의 설치의무

채권추심회사(총자산규모 또는 영업수익이 대통령령으로 정하는 금액 미만인 채권추심회사는 제외)는 이용자보호기준의 준수 여부를 점검하고, 이용자보호기준의 위반 사항을 조사하여 감사(監査)하는 자("보호감시인")를 1명 이상 두어야 한다(개인채무자보호법21②).

(3) 보호감시인의 자격

보호감시인은 다음의 요건을 모두 갖춘 사람이어야 한다(개인채무자보호법21③).

1. 다음 각 목의 어느 하나에 해당하는 경력이 있을 것
   가. 한국은행 또는 금융위원회법 제38조에 따른 검사 대상 기관(이에 상당하는 외국금융회사 등을 포함)에서 10년 이상 근무한 경력
   나. 금융 또는 법학 분야에서 석사 이상의 학위를 취득한 사람으로서 공인된 연구기관이나 고등교육법 제2조 각 호의 학교에서 연구원 또는 조교수 이상으로 5년 이상 근무한 경력(학위를 취득하기 전 경력을 포함)
   다. 변호사 자격을 취득한 후 해당 자격과 관련된 업무에 5년 이상 종사한 경력
   라. 기획재정부, 금융위원회, 증권선물위원회 또는 금융감독원에서 5년 이상 근무한 경력
   마. 그 밖에 가목부터 라목까지에서 규정한 경력에 준하는 것으로서 대통령령으로 정하는 경력
2. 신용정보법 제27조 제1항 각 호[21]의 어느 하나에 해당하는 사람이 아닐 것
3. 최근 5년간 이 법이나 금융관계법령(금융사지배구조법에 따른 금융관계법령[22]을 말한다)을 위반하여 금융위원회나 금융감독원장으로부터 주의 또는

---

21) 1. 미성년자. 다만, 금융위원회가 정하여 고시하는 업무에 채용하거나 고용하는 경우는 제외한다.
2. 피성년후견인 또는 피한정후견인
3. 파산선고를 받고 복권되지 아니한 자
4. 금고 이상의 실형을 선고받고 그 집행이 끝나거나(집행이 끝난 것으로 보는 경우를 포함) 집행이 면제된 날부터 3년이 지나지 아니한 자
5. 금고 이상의 형의 집행유예를 선고받고 그 유예기간 중에 있는 자
6. 신용정보법 또는 그 밖의 법령에 따라 해임되거나 면직된 후 5년이 지나지 아니한 자
7. 신용정보법 또는 그 밖의 법령에 따라 영업의 허가·인가 등이 취소된 법인이나 회사의 임직원이었던 자(그 취소사유의 발생에 직접 또는 이에 상응하는 책임이 있는 자로서 대통령령으로 정하는 자만 해당)로서 그 법인 또는 회사에 대한 취소가 있은 날부터 5년이 지나지 아니한 자
8. 위임직채권추심인이었던 자로서 등록이 취소된 지 5년이 지나지 아니한 자
9. 재임 또는 재직 중이었더라면 신용정보법 또는 그 밖의 법령에 따라 해임권고(해임요구를 포함) 또는 면직요구의 조치를 받았을 것으로 통보된 퇴임한 임원 또는 퇴직한 직원으로서 그 통보가 있었던 날부터 5년(통보가 있었던 날부터 5년이 퇴임 또는 퇴직한 날부터 7년을 초과한 경우에는 퇴임 또는 퇴직한 날부터 7년으로 한다)이 지나지 아니한 사람

22) 금융사지배구조법에서 "금융관계법령"이란 "대통령령으로 정하는 금융 관계 법령" 및 이에 상당하는 외국의 금융 관계 법령을 말한다(법2(7)). 여기서 "대통령령으로 정하는 금융 관계 법령"이란 법, 이 영 및 다음의 법령("금융관련법령")을 말한다(영5). 즉 공인회계사법, 퇴직급여법, 금융산업구조개선법, 금융소비자보호법, 금융실명법, 금융위원회법, 금융지주회사법, 금융혁신지원 특별법, 자산관리공사법, 기술보증기금법, 농수산식품투자조합법, 농업협동조합법, 담보부사채신탁법, 대부업법, 문화산업법, 벤처투자법, 보험업법, 감

주의 요구 이상의 조치를 받은 사실이 없을 것
4. 제1호 라목의 경력이 있는 사람의 경우에는 해당 기관에서 퇴임하거나 퇴직한 후 5년이 지난 사람일 것

(4) 보호감시인의 임면

보호감시인을 임면하는 경우에는 이사회의 의결을 거쳐야 한다(개인채무자보호법21④ 본문). 다만, 이사회가 없는 경우에는 대표자의 서명날인 또는 기명날인으로 이사회의 의결을 갈음할 수 있다(개인채무자보호법21④ 단서).

(5) 보호감시인의 자격 상실

보호감시인은 제3항 제2호 또는 제3호에 해당하게 된 경우에는 그 직을 잃는다(개인채무자보호법21⑤).

(6) 보호감시인의 업무·임면 등

보호감시인의 업무·임면 등에 필요한 사항은 대통령령으로 정한다(개인채무자보호법21⑥).

9. 대부채권매입추심업자의 이용자보호기준 및 보호감시인

(1) 이용자보호기준의 마련·시행의무

대부채권매입추심업자는 대통령령으로 정하는 바에 따라 이용자보호기준을 마련·시행하여야 한다(개인채무자보호법22①).

(2) 보호감시인의 설치의무

대부채권매입추심업자(총자산규모 또는 영업수익이 대통령령으로 정하는 금액 미만인 대부채권매입추심업자는 제외한다. 이하 제3항에서 같다)는 보호감시인을 1명 이상 두어야 한다(개인채무자보호법22②).

(3) 보호감시인의 자격 등

대부채권매입추심업자의 보호감시인에 관하여는 법 제21조 제3항부터 제6

정평가법, 부동산투자회사법, 민간투자법, 산업발전법, 상호저축은행법, 새마을금고법, 선박투자회사법, 소재부품장비산업법, 수산업협동조합법, 신용보증기금법, 신용정보법, 신용협동조합법, 여신전문금융업법, 예금자보호법, 온라인투자연계금융업법, 외국인투자법, 외국환거래법, 유사수신행위법, 은행법, 자본시장법, 자산유동화법, 전자금융거래법, 전자증권법, 외부감사법, 주택법, 중소기업은행법, 채권추심법, 특정금융정보법, 한국산업은행법, 한국수출입은행법, 한국은행법, 한국주택금융공사법, 한국투자공사법, 해외자원개발법을 말한다(영(5)).

항까지를 준용한다. 이 경우 "채권추심회사"는 "대부채권매입추심업자"로 본다(개인채무자보호법22③).

10. 등록취소 등에 따른 추심의 종결

(1) 대부채권매입추심업자 의제

대부채권매입추심업자가 다음의 어느 하나에 해당하여 대부채권매입추심업자의 지위를 상실하는 경우에도 대부업법 제3조에 따른 대부업의 등록을 한 날부터 각 호에 해당하게 된 날까지 양수한 개인금융채권을 추심하는 범위에서는 대부채권매입추심업자로 본다(개인채무자보호법23①).

1. 대부업법 제3조 제6항에 따른 등록의 유효기간이 만료된 경우
2. 대부업법 제5조 제2항에 따라 폐업신고를 한 경우
3. 법 제42조 제5항 또는 대부업법 제13조 제2항에 따라 등록취소처분을 받은 경우

(2) 추심 방법의 제한

대부채권매입추심업자로 보는 자가 개인금융채권을 추심할 때에는 채권추심회사에 위탁하는 방법으로만 할 수 있다(개인채무자보호법23②).

(3) 개인금융채권의 처분

대부채권매입추심업자로 보는 자는 개인금융채권을 제1항 각 호에 해당하게 된 날부터 6개월 이내에 대통령령으로 정하는 바에 따라 처분하여야 한다(개인채무자보호법23③). 그러나 개인금융채무자에게 미치는 영향이 경미한 경우로서 대통령령으로 정하는 경우에는 금융위원회에 신고하고 해당 개인금융채권을 처분하지 아니할 수 있다(개인채무자보호법23④).

(4) 위반시 제재

법 제23조 제2항을 위반하여 개인금융채권을 추심한 자에게는 3천만원 이하의 과태료를 부과한다(개인채무자보호법52②(4)).

11. 담보조달비율

(1) 담보조달비율의 제한

대부채권매입추심업자가 매입하려는 채권의 대금 중 매입하려는 채권을 담보로 조달한 자금의 비율("담보조달비율")은 75% 이하의 범위에서 대통령령으로 정하는 비율을 초과하여서는 아니 된다(개인채무자보호법24①).

(2) 담보조달비율 해당 금액 초과 대부 금지

채권금융회사등은 대부채권매입추심업자에게 해당 대부채권매입추심업자가 매입하려는 채권을 담보로 금전을 대부하려는 경우에는 그 채권의 담보조달비율에 해당하는 금액을 초과하여 대부하여서는 아니 된다(개인채무자보호법24②).

Ⅶ. 채권금융회사등의 추심 위탁 시 준수사항

1. 추심 위탁의 통지

(1) 통지 기한

채권금융회사등은 개인금융채권의 추심을 위탁하려는 경우에는 대통령령으로 정하는 바에 따라 추심 위탁 예정일의 5영업일 전까지 그 사실을 개인금융채무자에게 통지하여야 한다(개인채무자보호법25).

(2) 위반시 제재

법 제25조에 따른 추심 위탁의 통지를 하지 아니하거나 거짓으로 통지한 자에게는 2천만원 이하의 과태료를 부과한다(개인채무자보호법52③(7)).

2. 추심 위탁의 제한

(1) 채권추심회사에만 위탁

채권금융회사등은 개인금융채권의 추심을 채권추심회사에만 위탁하여야 한다(개인채무자보호법26).

(2) 위반시 제재

법 제26조를 위반하여 채권추심회사 외의 자에게 개인금융채권의 추심을 위탁한 자는 5년 이하의 징역 또는 5천만원 이하의 벌금에 처한다(개인채무자보호법48).

3. 채권추심회사에 대한 평가

채권금융회사등은 개인금융채권의 추심을 위탁하기 위하여 채권추심회사를 선정하려는 경우에는 채권추심회사에 대한 다음의 사항을 평가하여야 한다(개인채무자보호법27).

1. 법 제12조 제1항 제1호·제2호 및 제8[23]호의 사항
2. 이용자보호기준의 내용에 관한 사항
3. 과거 추심 과정에서의 채무조정 실적에 관한 사항
4. 그 밖에 채권추심회사의 업무 수행 능력 및 개인금융채무자의 보호 정도를 판단할 수 있는 내용으로서 금융위원회가 정하여 고시하는 사항

4. 추심 위탁 계약서

채권금융회사등이 체결하는 개인금융채권의 추심 위탁 계약서에는 다음의 사항이 포함되어야 한다(개인채무자보호법28).

1. 위탁하는 추심업무의 내용 및 범위
2. 위탁 비용
3. 위탁 기간
4. 수탁자의 의무
5. 계약의 변경 및 해지 사유·절차·방법
6. 그 밖에 개인금융채권의 추심 위탁 계약에 필요한 사항으로서 대통령령으로 정하는 사항

5. 추심 위탁에 따른 관리 책임

(1) 채권금융회사등의 지도·감독

채권금융회사등은 추심업무를 위탁받은 채권추심회사가 개인채무자보호법이나 채권추심법을 위반하지 아니하도록 지도·감독하여야 한다(개인채무자보호법29①).

---

23) 1. 추심 인력의 규모 및 전문성에 관한 사항,
2. 추심 관련 민원의 주요내용·발생빈도 및 처리체계
8. 이 법, 채권추심법 및 대통령령으로 정하는 채권 추심 관련 법령을 위반한 사실에 관한 사항

(2) 위법행위의 보고와 조치

채권금융회사등은 채권추심회사의 위법행위를 발견한 경우에는 대통령령으로 정하는 바에 따라 그 내용을 금융위원회에 보고하고 필요한 조치를 하여야 한다(개인채무자보호법29②).

(3) 업무 처리 위한 조직과 인력 운영

채권금융회사등은 i) 지도·감독(제1호), ii) 추심을 위탁한 개인금융채권의 개인금융채무자가 제기하는 민원의 처리(제2호)의 업무를 수행하기 위한 조직과 인력을 운영하여야 한다(개인채무자보호법29③).

6. 채권추심위탁내부기준

(1) 채권추심위탁내부기준의 마련·시행의무

채권금융회사등은 개인금융채권의 추심을 위탁하려는 경우에는 그 임원·직원이 추심 위탁 업무를 수행할 때 따라야 할 기본적인 절차 및 기준("채권추심위탁내부기준")을 마련·시행하여야 한다(개인채무자보호법30①).

(2) 채권추심위탁내부기준의 포함사항 등

채권추심위탁내부기준에 포함되어야 할 사항 및 채권추심위탁내부기준의 운영에 필요한 사항은 대통령령으로 정한다(개인채무자보호법30②).

Ⅷ. 채무조정

1. 채무조정 당사자의 책임

(1) 채권금융회사등의 채무조정 요청 부당 거절 또는 처리 지연 금지

채권금융회사등은 개인금융채무자의 채무조정 요청을 부당하게 거절하거나 그 처리를 지연하여서는 아니 된다(개인채무자보호법31①).

(2) 개인금융채무자의 정보와 자료 제공의무

개인금융채무자는 채권금융회사등에 자신의 변제능력에 관한 정보와 채무조정에 필요한 자료를 성실히 제공하여야 한다(개인채무자보호법31②).

2. 채무조정의 안내

(1) 채무조정 정보의 공개

채권금융회사등은 채무조정에 필요한 정보로서 대통령령으로 정하는 정보

를 채권금융회사등의 게시판과 인터넷 홈페이지에 공개하여야 한다(개인채무자보호법32①).

(2) 채무조정 요청 사실의 통지

채권금융회사등은 개인금융채권의 연체정보를 신용정보법 제2조 제5호 가목에 따른 개인신용평가회사 등 제3자에게 제공하려는 경우에는 개인금융채무자에게 채무조정을 요청할 수 있다는 사실을 통지하여야 한다(개인채무자보호법32②).

(3) 채무조정 정보의 공개 절차 등

채무조정에 필요한 정보의 공개 절차 등 채무조정의 안내에 필요한 사항은 대통령령으로 정한다(개인채무자보호법32③).

(4) 위반시 제재

법 제32조 제2항을 위반하여 개인금융채무자에게 채무조정을 요청할 수 있다는 사실을 통지하지 아니한 자에게는 2천만원 이하의 과태료를 부과한다(개인채무자보호법52③(8)).

법 제32조 제1항을 위반하여 채권금융회사등의 게시판과 인터넷 홈페이지에 채무조정에 필요한 정보를 공개하지 아니한 자에게는 1천만원 이하의 과태료를 부과한다(개인채무자보호법52④(3)).

3. 채무조정 시 고려사항

채권금융회사등은 채무조정을 하는 경우에는 다음의 사항을 충분히 고려하여야 한다(개인채무자보호법33①).

1. 개인금융채무자의 자산, 부채, 소득 및 생활여건 등을 고려한 변제능력
2. 개인금융채권의 회수 가능성 및 비용
3. 채권금융회사등의 재무 건전성에 미치는 영향
4. 그 밖에 채무조정에 영향을 미치는 사항으로서 금융위원회가 정하여 고시하는 사항

4. 채무조정내부기준

(1) 채무조정내부기준의 마련·시행의무

채권금융회사등은 대통령령으로 정하는 바에 따라 그 임원·직원이 개인금

융채권의 채무조정 업무를 수행할 때 따라야 할 절차 및 기준("채무조정내부기준")을 마련·시행하여야 한다(개인채무자보호법34①).

(2) 채무조정내부기준의 필요적 포함사항

채무조정내부기준에는 다음의 사항이 포함되어야 한다(개인채무자보호법34②).

1. 채무조정내부기준의 운영을 위한 전담조직 및 전담인력에 관한 사항
2. 임원·직원의 업무 수행 시 준수사항
3. 법 제32조에 따른 채무조정의 안내에 필요한 사항
4. 법 제37조에 따라 채무조정을 처리하는 데에 필요한 기준·방법 등에 관한 사항
5. 채무조정내부기준의 준수 여부에 대한 점검·조치·평가 사항
6. 업무 수행에 대한 보상체계 및 책임확보 방안에 관한 사항
7. 그 밖에 개인금융채권 채무조정 업무의 수행에 필요한 사항으로서 대통령령으로 정하는 사항

(3) 이사회 의결

채무조정내부기준을 마련하거나 개정하는 경우에는 이사회의 의결을 거쳐야 한다(개인채무자보호법34③ 본문). 다만, 이사회가 없는 경우에는 대표자의 서명날인 또는 기명날인으로 이사회의 의결을 갈음할 수 있다(개인채무자보호법34③ 단서).

5. 채무조정의 요청

(1) 요청 사유

개인금융채무자는 개인금융채권을 연체한 경우에는 대통령령으로 정하는 바에 따라 채권금융회사등에 채무조정을 요청할 수 있다(개인채무자보호법35① 본문). 다만, 다음 각 호의 경우에는 채무조정을 요청할 수 없다(개인채무자보호법35① 단서).

1. 법 제40조에 따라 채무조정의 합의가 해제된 후 1개월 이상의 범위에서 대통령령으로 정하는 기간이 지나지 아니한 경우
2. 개인금융채권의 존재 여부나 범위에 대하여 소송, 조정, 중재 또는 이에 준하

는 절차가 진행 중인 경우

3. 서민금융법 제72조에 따른 채무조정의 절차가 진행 중인 경우
4. 서민금융법 제74조 제1항에 따른 채무조정의 합의가 성립된 후 합의의 효력이 상실되지 아니한 경우
5. 채무자회생법에 따른 회생·간이회생·개인회생 또는 파산·면책 절차가 진행 중인 경우
6. 채무자회생법에 따라 회생계획을 인가받은 후 회생절차폐지·간이회생절차폐지 또는 개인회생절차폐지의 결정이 확정되지 아니한 경우

(2) 제출 서류

개인금융채무자는 채무조정을 요청하려는 경우에는 i) 채무조정 요청서(제1호), ii) 채무조정안(제2호), iii) 개인금융채무자의 변제능력에 관한 자료(제3호), iv) 그 밖에 채무조정에 필요한 서류로서 대통령령으로 정하는 서류(제4호)를 채권금융회사등에 제출하여야 한다(개인채무자보호법35② 본문). 다만, 제2호의 서류를 작성하기 곤란한 경우에는 그 서류를 제출하지 아니할 수 있다(개인채무자보호법35② 단서).

(3) 제출 서류의 미비와 수정·보완 요청

채권금융회사등은 제출받은 서류에 미비한 사항이 있을 때에는 기간을 정하여 그 수정·보완을 요청할 수 있다(개인채무자보호법35③).

6. 채무조정의 거절

(1) 거절 사유

채권금융회사등은 다음의 경우에는 제35조에 따른 채무조정의 요청을 제37조에 따라 처리하지 아니하고 거절할 수 있다(개인채무자보호법36①).

1. 법 제35조 제1항 각 호의 경우
2. 개인금융채무자가 법 제35조 제3항에 따른 채권금융회사등의 수정·보완 요청에 3회 이상 따르지 아니한 경우
3. 개인금융채무자의 변제능력에 현저한 변동이 없음에도 불구하고 법 제39조에 따라 채무조정의 절차가 끝난 개인금융채권에 대하여 채무조정을 다시 요청하는 경우

4. 그 밖에 채무조정을 거절할 필요가 있는 경우로서 대통령령으로 정하는 경우

(2) 채무조정안 제안

채권금융회사등은 채무조정의 요청을 거절할 수 있는 경우에도 채무조정을 하는 것이 개인금융채권의 회수 가능성 등을 고려할 때 더욱 유리하다고 판단되는 경우에는 채무조정안을 제안할 수 있다(개인채무자보호법36②).

(3) 위반시 제재

법 제36조 제1항 각 호 외의 사유로 채무조정의 요청을 거절한 자에게는 3천만원 이하의 과태료를 부과한다(개인채무자보호법52②(5)).

7. 채무조정의 처리

(1) 채무조정내부기준에 따른 처리

채권금융회사등은 채무조정의 요청을 받은 경우에는 채무조정내부기준에 따라 처리하여야 한다(개인채무자보호법37①).

(2) 자료·의견의 제출 요청

채권금융회사등은 효율적인 채무조정을 위하여 필요하다고 인정되는 경우에는 관계 기관·법인·단체의 장이나 전문가 등에게 자료·의견의 제출을 요청할 수 있다(개인채무자보호법37②).

(3) 채무조정 여부에 관한 결정 내용의 통지

채권금융회사등은 채무조정의 요청을 받은 날부터 10영업일 이내에 그 채무조정 여부에 관한 결정 내용을 개인금융채무자에게 통지하여야 한다(개인채무자보호법37③ 전단). 이 경우 채무조정을 결정한 경우에는 채무조정에 따른 변제계획이 포함된 채무조정안을 작성하여 첨부하여야 한다(개인채무자보호법37③ 후단).

(4) 통지 기한의 산정

통지 기한을 산정하는 경우에는 수정·보완 기간은 제외하고 산정한다(개인채무자보호법37④).

(5) 채무조정의 처리 절차 및 기한 등

채무조정의 처리 절차 및 기한 등에 관하여 필요한 사항은 대통령령으로 정한다(개인채무자보호법37⑤).

(6) 위반시 제재

법 제37조 제3항 전단을 위반하여 채무조정 여부에 관한 결정 내용을 통지하지 아니하거나 거짓으로 통지한 자에게는 2천만원 이하의 과태료를 부과한다(개인채무자보호법52③(9)).

8. 채무조정의 효력

(1) 채무조정안 동의와 조정서 작성

채권금융회사등은 개인금융채무자가 법 36조 제2항 또는 제37조 제3항 후단에 따른 채무조정안에 동의하였을 때에는 조정서를 작성하여야 하며, 채무조정의 당사자는 그 조정서에 서명날인 또는 기명날인하여야 한다(개인채무자보호법38①).

(2) 동의 여부의 결정 기간

개인금융채무자는 동의 여부를 채무조정안을 제안받은 날 또는 통지를 받은 날부터 10영업일 이상의 범위에서 대통령령으로 정하는 기간 이내에 결정하여야 한다(개인채무자보호법38②).

(3) 합의 성립 의제

개인금융채무자가 채무조정안에 동의하였을 때에는 채권금융회사등과 개인금융채무자 사이에 조정서와 같은 내용으로 채무조정의 합의가 성립된 것으로 본다(개인채무자보호법38③).

(4) 제3자 양도와 채무조정의 효력

채무조정의 효력은 채무조정의 합의가 성립된 개인금융채권을 제3자에게 양도하는 경우 그 양수인에게도 미친다(개인채무자보호법38④).

9. 채무조정 절차의 종료

다음의 경우에는 그 채무조정의 절차가 끝난 것으로 본다(개인채무자보호법39).

1. 법 제36조 제1항에 따라 채권금융회사등이 채무조정 요청을 거절한 경우
2. 법 제36조 제2항에 따라 채권금융회사등이 제안하거나 법 제37조 제3항 후단에 따라 채권금융회사등이 첨부한 채무조정안에 대하여 개인금융채무자가 동의하지 아니한 경우

3. 법 제37조 제3항 전단에 따라 채권금융회사등이 채무조정을 하지 아니하기로 결정하여 그 사실을 개인금융채무자에게 통지한 경우
4. 법 제38조 제2항에 따른 기간 내에 개인금융채무자가 동의 여부를 결정하지 아니한 경우

10. 채무조정 합의의 해제

채권금융회사등은 개인금융채무자가 대통령령으로 정하는 바에 따라 채무조정에 따른 변제계획을 이행하지 아니하거나 그 밖에 대통령령으로 정하는 경우에는 법 제38조 제3항에 따른 합의를 해제할 수 있다(개인채무자보호법40).

제4장 분쟁조정

제1절 시·도지사에게 등록된 대부업자등과 거래상대방 간의 분쟁조정

Ⅰ. 분쟁조정위원회의 설치

시·도지사에게 등록된 대부업자등과 거래상대방 간의 분쟁을 해결하기 위하여 해당 영업소를 관할하는 시·도지사 소속으로 분쟁조정위원회를 둔다(법18①).

Ⅱ. 분쟁조정위원회의 구성 및 운영

분쟁조정위원회의 구성·운영과 분쟁조정의 절차·방법 등 분쟁조정에 관하여 필요한 사항은 대통령령으로 정한다(법18③).

1. 위원의 자격

분쟁조정위원회는 다음의 어느 하나에 해당하는 사람으로서 시·도지사가 임명하거나 위촉하는 5명의 위원으로 구성한다(영11①).

1. 금융기관에서 3년 이상 근무한 경력이 있는 사람
2. 변호사 또는 공인회계사

3. 소비자단체에서 3년 이상 근무한 경력이 있는 사람
4. 금융·대부업 또는 소비자보호 분야에서 3년 이상 근무한 경력이 있는 공무원
5. 금융 또는 법학을 전공하여 대학에서 조교수 이상의 직(職)에 3년 이상 재직한 경력이 있는 사람

2. 위원장과 위원의 임기

위원장은 위원 중에서 호선(互選)하며, 위원장 및 위원의 임기는 1년으로 하되 연임할 수 있다(영11②).

3. 위원의 해임 또는 해촉

시·도지사는 위원이 다음의 어느 하나에 해당하는 경우에는 해당 위원을 해임(解任)하거나 해촉(解囑)할 수 있다(영11③).

1. 심신장애로 인하여 직무를 수행할 수 없게 된 경우
2. 직무와 관련된 비위사실이 있는 경우
3. 직무태만, 품위손상이나 그 밖의 사유로 인하여 위원으로 적합하지 아니하다고 인정하는 경우
4. 위원 스스로 직무를 수행하는 것이 곤란하다고 의사를 밝히는 경우

4. 의결 및 조정안 수락 권고

분쟁조정위원회는 재적위원 3분의 2의 찬성으로 분쟁에 대한 조정안을 의결하며, 분쟁당사자에게 그 조정안의 수락을 권고할 수 있다(영11④).

5. 세부사항

시행령 제11조 제1항부터 제4항까지에서 규정한 사항 외에 분쟁조정위원회의 효율적인 운영에 필요한 세부사항은 분쟁조정위원회가 정한다(영11⑤).

Ⅲ. 소비자분쟁조정위원회에 분쟁조정 신청

시·도지사에게 등록된 대부업자등과 거래상대방은 분쟁조정위원회에서 분쟁이 해결되지 아니하는 경우에는 소비자기본법 제60조[24]에 따른 소비자분쟁조

정위원회에 분쟁조정을 신청할 수 있다(법18②).

제2절 금융위원회에 등록된 대부업자등과 거래상대방 간의 분쟁조정

금융위원회에 등록된 대부업자등과 거래상대방 간의 분쟁조정에 관하여는 금융소비자보호법 제33조부터 제43조까지의 규정을 준용한다(법18④). 여기서는 준용규정을 살펴본다.

Ⅰ. 분쟁조정기구설치

1. 금융분쟁조정위원회 설치

조정대상기관, 금융소비자 및 그 밖의 이해관계인 사이에 발생하는 금융 관련 분쟁의 조정에 관한 사항을 심의·의결하기 위하여 금융감독원에 금융분쟁조정위원회("조정위원회")를 둔다(금융소비자보호법33).

2. 용어의 정의

(1) 신청인과 피신청인, 당사자

신청인이라 함은 금융감독원장("원장")에게 금융관련분쟁의 조정을 신청한 자를 말하고(금융분쟁조정세칙3(1)), 피신청인이라 함은 신청인의 상대방을 말한다(금융분쟁조정세칙3(2)). 당사자라 함은 당사자 일방(신청인 또는 피신청인) 또는 당사자 쌍방(신청인 및 피신청인)을 말한다(금융분쟁조정세칙3(3)).

(2) 조정대상기관

조정대상기관이라 함은 금융감독원의 검사를 받는 검사대상기관(금융위원회법38)을 말한다(금융분쟁조정세칙3(4)). 따라서 조정대상기관은 은행, 금융투자업자, 증권금융회사, 종합금융회사 및 명의개서대행회사, 보험회사, 상호저축은행

24) 제60조(소비자분쟁조정위원회의 설치) ① 소비자와 사업자 사이에 발생한 분쟁을 조정하기 위하여 한국소비자원에 소비자분쟁조정위원회("조정위원회")를 둔다.
② 조정위원회는 다음의 사항을 심의·의결한다.
1. 소비자분쟁에 대한 조정결정
2. 조정위원회의 의사(議事)에 관한 규칙의 제정 및 개정·폐지
3. 그 밖에 조정위원회의 위원장이 토의에 부치는 사항
③ 조정위원회의 운영 및 조정절차 등에 관하여 필요한 사항은 대통령령으로 정한다.

과 그 중앙회, 신용협동조합 및 그 중앙회, 여신전문금융회사 및 겸영여신업자, 농협은행, 수협은행, 다른 법령에서 금융감독원이 검사를 하도록 규정한 기관을 말한다(금융위원회법38).

(3) 금융분쟁

금융분쟁이라 함은 조정대상기관, 금융소비자 및 그 밖의 이해관계인이 조정대상기관의 금융업무 등과 관련하여 권리의무 또는 이해관계가 발생함에 따라 조정대상기관을 상대로 제기하는 분쟁을 말한다(금융분쟁조정세칙3(5)).

Ⅱ. 조정위원회의 구성 및 위원의 지명철회·위촉해제

1. 조정위원회의 구성

(1) 위원장과 위원

금융분쟁조정위원회("조정위원회")는 위원장 1명을 포함하여 35명 이내의 위원으로 구성한다(금융소비자보호법34①). 조정위원회 위원장은 금융감독원장이 소속 부원장 중에서 지명한다(금융소비자보호법34②). 위원장이 부득이한 사유로 직무를 수행할 수 없을 때에는 금융감독원장이 지명하는 조정위원회 위원이 직무를 대행한다(금융소비자보호법34⑤). 조정위원회의 위원 중 공무원이 아닌 위원은 형법 제129조부터 제132[25])조까지의 규정을 적용할 때에는 공무원으로 본다(금융소비자보호법34⑥). 위원의 임기는 2년으로 한다(금융소비자보호법34④).

(2) 위원의 자격

(가) 자격요건

조정위원회 위원은 금융감독원장이 소속 부원장보 중에서 지명하는 사람 및 i) 판사·검사 또는 변호사 자격이 있는 사람(제1호), ii) 소비자기본법에 따른 한국소비자원 및 소비자기본법에 따라 등록한 소비자단체의 임원, 임원으로 재직하였던 사람 또는 15년 이상 근무한 경력이 있는 사람(제2호), iii) 조정대상기관 또는 금융 관계 기관·단체에서 15년 이상 근무한 경력이 있는 사람(제3호), iv) 금융 또는 소비자 분야에 관한 학식과 경험이 있는 사람(제4호), v) 전문의(專門醫) 자격이 있는 의사(제5호), vi) 그 밖에 분쟁조정과 관련하여 금융감독원장이 필요하다고 인정하는 사람(제6호) 중에서 성별을 고려하여 금융감독원장이

25) 제129조(수뢰, 사전수뢰), 제130조(제삼자뇌물제공), 제131조(수뢰후부정처사, 사후수뢰), 제132조(알선수뢰).

위촉한 사람으로 한다(금융소비자보호법34③).

(나) 위원의 추천

금융감독원장은 조정위원회의 위원(위 제6호의 위원은 제외)을 위촉하려는 경우 다음의 구분에 따른 기관·단체의 장으로부터 위촉하려는 인원의 2배수 이상을 추천받아야 한다(동법 시행령32①). 즉 i) 판사·검사 또는 변호사 자격이 있는 사람(제1호)은 법무부, 법원행정처, 대한법률구조공단, 대한변호사협회, ii) 소비자기본법에 따른 한국소비자원 및 같은 법에 따라 등록한 소비자단체의 임원, 임원으로 재직하였던 사람 또는 15년 이상 근무한 경력이 있는 사람(제2호)은 서민금융진흥원 또는 신용회복위원회, 한국소비자원, 소비자기본법에 따라 공정거래위원회에 등록된 전국적 규모의 소비자단체, iii 조정대상기관 또는 금융 관계기관·단체에서 15년 이상 근무한 경력이 있는 사람(제3호)은 협회등, iv) 금융 또는 소비자 분야에 관한 학식과 경험이 있는 사람(제4호)은 한국소비자원, 협회등, v) 전문의(專門醫) 자격이 있는 의사(제5호)는 의사회, 대한민국의학한림원으로부터 위촉하려는 인원의 2배수 이상을 추천받아야 한다(동법 시행령32①).

2. 위원의 지명철회·위촉해제

금융감독원장은 조정위원회 위원이 i) 심신장애로 인하여 직무를 수행할 수 없게 된 경우(제1호), ii) 직무와 관련된 비위사실이 있는 경우(제2호), iii) 직무태만, 품위손상이나 그 밖의 사유로 위원에 적합하지 아니하다고 인정되는 경우(제3호), iv) 제척사유 중 어느 하나에 해당함에도 불구하고 회피하지 아니한 경우(제4호), v) 위원 스스로 직무를 수행하기 어렵다는 의사를 밝히는 경우(제5호)에는 해당 위원의 지명을 철회하거나 해당 위원의 위촉을 해제할 수 있다(금융소비자보호법35).

3. 위원의 제척·기피 및 회피

(1) 제척

조정위원회 위원은 i) 위원이나 그 배우자 또는 배우자였던 사람이 해당 사건의 당사자(당사자가 법인·단체 등인 경우에는 그 임원을 포함)가 되거나 그 사건의 당사자와 공동권리자 또는 공동의무자인 경우, ii) 위원이 해당 사건의 당사자(당사자가 법인·단체 등인 경우에는 그 임원을 포함)와 친족이거나 친족이었던 경우, iii) 위원이 해당 사건의 당사자인 법인 또는 단체(계열회사등을 포함)에 속하거나 조정신청일 전 최근 5년 이내에 속하였던 경우, iv) 위원 또는 위원이 속한 법인 또는 단체, 사무소가 해당 사건에 관하여 증언·법률자문 또는 손해사정 등을 한 경우, v) 위원 또는 위원이 속한 법인 또는 단체, 사무소가 해당 사건에 관하여 당사자의 대리인으로서 관여하거나 관여하였던 경우에는 그 분쟁조정신청사건("사건")의 심의·의결에서 제척된다(금융소비자보호법38①).

(2) 기피

당사자는 위원에게 공정한 심의·의결을 기대하기 어려운 사정이 있는 경우에는 조정위원회 위원장에게 기피신청을 할 수 있으며, 조정위원회 위원장은 기피신청이 타당하다고 인정할 때에는 기피의 결정을 한다(금융소비자보호법38②).

(3) 회피

위원이 제척 사유에 해당하는 경우에는 스스로 그 사건의 심의·의결에서 회피하여야 한다(금융소비자보호법38③).

Ⅲ. 분쟁의 조정

1. 분쟁조정의 신청 등

(1) 분쟁조정신청

(가) 조정신청서 제출

조정대상기관, 금융소비자 및 그 밖의 이해관계인은 금융과 관련하여 분쟁이 있는 때에는 원장에게 분쟁의 조정을 신청("조정신청")할 수 있으며(금융소비자보호법36①) 원장에게 조정신청을 하고자 하는 자는 i) 조정신청의 원인 및 사실을 증명하는 서류, ii) 대리인이 조정신청서를 제출하는 경우에는 그 위임장, iii) 기타 분쟁조정에 필요한 증거서류 또는 자료를 첨부한 분쟁조정신청서("조정신청서")를 원장에게 제출하여야 한다(금융분쟁조정세칙11①).

(나) 조정신청서 기재사항

조정신청서에는 i) 신청인과 상대방의 성명 및 주소(당사자가 법인인 경우에는 법인의 명칭 및 주된 사무소의 소재지와 그 대표자의 성명 및 주소), ii) 대리인이 있는 경우에는 그 성명 및 주소, iii) 신청의 취지, iv) 신청의 이유를 기재하여야 한다(금융분쟁조정세칙11②).

(다) 진정서 등 민원서류의 조정신청 처리

원장은 감독원에 접수된 진정서, 탄원서 기타 민원서류 중 그 내용이 금융분쟁조정세칙에 의한 조정절차에 의하여 처리함이 타당하다고 인정되는 민원서류는 그 명칭 및 형식의 여하에 불구하고 이를 조정신청이 있는 것으로 처리할 수 있다(금융분쟁조정세칙11③).

(라) 조정신청 접수사실의 통지

분쟁처리 담당자는 분쟁조정신청을 접수하는 즉시, 처리부서, 담당자 직성명, 전화번호 등을 유선, 전자우편, 문서 등 연락 가능한 방법으로 접수사실을 통지하여야 한다(금융분쟁조정세칙11④).

(2) 자율조정절차 등

(가) 신청인과 조정대상기관의 자율조정

원장은 신청인이 분쟁조정을 신청한 경우 그 사건의 처리에 앞서 신청인과 조정대상기관이 자율적인 조정절차를 거치도록 할 수 있다(금융분쟁조정세칙11의2①).

(나) 별도 기관의 자율조정 검토

원장은 분쟁조정사건의 내용·성격 등이 금융·보험거래와 무관하거나 금융감독원이 직접처리하기 어렵다고 판단되는 경우 원장이 별도로 정하는 기관 등에서 자율조정에 대한 검토를 거치도록 할 수 있다(금융분쟁조정세칙11의2②).

(3) 대표자의 선정

(가) 공동 분쟁조정 신청

다수의 신청인이 공동으로 분쟁조정을 신청하는 경우에는 신청인 중 3명 이내의 대표자를 선정할 수 있다(동법 시행령33①, 금융분쟁조정세칙12①).

(나) 대표자 선정 권고

신청인이 대표자를 선정하지 아니한 경우에 원장은 필요하다고 인정되는 때에는 신청인에게 대표자를 선정할 것을 권고할 수 있다(금융분쟁조정세칙12②).

(다) 대표자 변경의 통지

신청인은 대표자를 변경한 때에는 그 사실을 지체 없이 원장에게 통지하여야 한다(금융분쟁조정세칙12③).

(라) 대표자 선임사실의 증명

다수인이 공동으로 신청한 분쟁조정에 있어 대표자를 선정한 경우에는 그 선임사실을 서면으로 증명하여야 한다(금융분쟁조정세칙12④).

(마) 선정 대표자의 권한

선정된 대표자는 이를 선임한 신청인들을 위하여 사건에 관한 모든 행위를 할 수 있다(금융분쟁조정세칙12⑤ 본문). 다만, 조정신청의 취하, 피신청인과 합의 또는 조정결정서의 수락은 다른 신청인의 동의를 얻어야 하며, 이 경우 동의를 얻은 사실을 서면으로 증명하여야 한다(금융분쟁조정세칙12⑤ 단서).

(4) 대리인의 선임

당사자는 변호사, 기타 제3자를 대리인으로 선임할 수 있다(금융분쟁조정세칙13 전단). 이 경우 그 선임사실을 서면으로 증명하여야 한다(금융분쟁조정세칙13 후단).

(5) 조정신청의 중간회신

(가) 지연사유 등의 통지

감독원에 접수된 조정신청 중 사실조사 또는 조정위원회의 회부 등의 사유로 처리가 지연되는 경우 원장은 지연사유 등을 신청인에게 통지하여야 한다(금융분쟁조정세칙14①).

(나) 조정기록부에 조정신청의 접수 등 기록

조정신청이 접수된 때에는 소관 부서장은 금융분쟁조정기록부에 조정신청의 접수, 보완, 사실조사 및 처리결과 등에 대한 기록을 유지하여야 한다(금융분쟁조정세칙14②).

(6) 조정신청의 보완

(가) 자료의 보완 요구

원장은 조정신청에 대하여 관련 자료 등 보완이 필요하다고 인정될 때에는 상당한 기간을 정하여 구술·전화·문서·우편·전신·모사전송(FAX) 또는 인터넷 등으로 보완을 요구할 수 있다(금융분쟁조정세칙15①).

(나) 자료의 재보완 요구

원장은 신청인이 상당한 기간 내에 보완을 하지 아니하는 때에는 7일 이내의 기간을 정하여 다시 보완을 요구할 수 있다(금융분쟁조정세칙15②).

(7) 사실조사 등

(가) 사실조사 및 자료제출 요구 등

원장은 사건의 조사를 위하여 필요하다고 인정되는 경우에는 감독원 직원으로 하여금 사건에 대한 사실조사 및 조회 또는 관련자의 출석 등의 방법으로 조사를 하게 하거나 당사자에 대하여 사실의 확인 또는 자료의 제출 등을 요구할 수 있다(금융분쟁조정세칙16①).

(나) 감정, 조회 등 의뢰

원장은 사건의 조사를 위하여 관계기관에 감정, 조회 기타 필요한 검사 등을 의뢰할 수 있다(금융분쟁조정세칙16②).

(다) 사실조사의 관할

조정대상기관에 대한 금융분쟁에 관련된 사실조사는 분쟁조정업무를 담당하는 소관 부서장이 관할한다(금융분쟁조정세칙16③ 본문). 다만, 소관부서장은 필요하다고 인정되는 경우 소관 검사국장에게 검사를 의뢰할 수 있다(금융분쟁조정세칙16③ 단서).

(라) 법령 등 준용

검사 및 그 처리 등에 관한 사항은 관련법령 및 감독원의 규정을 준용한다(금융분쟁조정세칙16④).

(마) 사실조사의 내용 및 기간 등의 사전통지

원장은 사실조사가 필요한 경우 조사목적, 조사내용, 조사기간 등을 조사출장 3일 전까지 유선, 전자우편, 문서 등 연락 가능한 방법으로 사전통지하여야 한다(금융분쟁조정세칙16⑥ 본문). 다만 긴급을 요하거나 증거인멸 등이 우려되는 경우 이를 생략할 수 있다(금융분쟁조정세칙16⑥ 단서).

(바) 위법·위규사항이 발견 등의 관련 부서 통보

분쟁조정업무 담당부서는 분쟁조정절차 진행 중 금융기관의 위법·위규사항이 발견되거나 제도개선이 필요한 경우 관련 부서에 이를 통보하여야 한다(금융분쟁조정세칙16⑦ 전단). 이 경우 통보를 받은 관련 부서에서는 이에 대한 적절한 조치를 취하여야 한다(금융분쟁조정세칙16⑦ 후단).

(사) 피신청인에 대한 조정신청서사본을 송달 등

원장은 분쟁조정을 위해 필요한 경우 피신청인에게 조정신청서사본을 송달하거나 상당한 기일을 정하여 조정신청에 대한 의견서 또는 답변서와 관련 자료의 제출을 요구할 수 있다(금융분쟁조정세칙16⑧).

2. 분쟁조정의 절차

(1) 신청내용 통지와 합의권고

(가) 합의권고

금융감독원장은 분쟁조정 신청을 받았을 때에는 관계 당사자에게 그 내용을 통지하고 합의를 권고할 수 있다(금융소비자보호법36② 본문).

금융감독원장은 합의 권고를 할 것인지를 결정할 때에는 합의권고절차를 거쳐 조정절차를 진행하는 것이 분쟁의 신속하고 원활한 해결을 위해 필요한지를 고려해야 한다(동법 시행령33②).

(나) 의견진술 또는 자료제출요구

금융감독원장은 합의를 권고하기 위해 필요하다고 인정하는 경우에는 당사자(대리인 포함)에게 의견의 진술 또는 자료의 제출을 요구할 수 있다(동법 시행령33③).

(2) 합의 미권고 및 조정위원회 미회부 사유

분쟁조정의 신청내용이 i) 신청한 내용이 분쟁조정대상으로서 적합하지 아니하다고 금융감독원장이 인정하는 경우, ii) 신청한 내용이 관련 법령 또는 객관적인 증명자료 등에 따라 합의권고절차 또는 조정절차를 진행할 실익이 없는 경우, iii) 조정위원회에 회부되기 전에 소가 제기된 경우, iv) 신청내용의 보완을 2회 이상 요구하였으나 이에 응하지 않은 경우, v) 신청 내용이 신청인과 직접적인 이해관계가 없는 경우에는 합의를 권고하지 아니하거나 조정위원회에의 회부를 하지 아니할 수 있다(금융소비자보호법36② 단서, 동법 시행령33④).

(3) 합의 미권고 및 조정위원회 미회부의 통지

금융감독원장은 합의권고를 하지 아니하거나 조정위원회에 회부하지 아니할 때에는 그 사실을 관계 당사자에게 서면으로 통지하여야 한다(금융소비자보호법36③). 통지하는 경우에는 합의권고를 하지 않거나 조정위원회에 회부하지 않는 사유를 함께 통지해야 한다(동법 시행령33⑤).

(4) 합의 불성립과 조정위원회 회부

금융감독원장은 분쟁조정 신청을 받은 날부터 30일 이내에 합의가 이루어지지 아니할 때에는 지체 없이 조정위원회에 회부하여야 한다(금융소비자보호법36④).

(5) 조정안 작성

조정위원회는 조정을 회부받았을 때에는 이를 심의하여 조정안을 60일 이내에 작성하여야 한다(금융소비자보호법36⑤). 분쟁조정 신청을 받은 금융감독원장이 합의 권고를 하지 않고 조정위원회에 회부하는 경우의 조정위원회 조정안 작성 기한은 60일 이내이다(동법 시행령33⑥).

(6) 조정안 수락 권고 및 조정조서 작성

금융감독원장은 조정위원회가 조정안을 작성하였을 때에는 신청인과 관계 당사자에게 제시하고 수락을 권고할 수 있다(금융소비자보호법36⑥). 조정위원회는 당사자가 수락을 한 경우에는 조정에 참가한 위원과 분쟁당사자가 기명날인하거나 서명한 조정조서를 작성한다(동법 시행령33⑦).

(7) 조정안 수락 거부 의제

신청인과 관계 당사자가 조정안을 제시받은 날부터 20일 이내에 조정안을 수락하지 아니한 경우에는 조정안을 수락하지 아니한 것으로 본다(금융소비자보호법36⑦).

3. 조정위원회의 회의

(1) 회의 구성

(가) 회의 소집과 위원 지명

조정위원회의 회의는 조정위원회 위원장과 조정위원회 위원장이 회의마다 지명하는 6명 이상 10명 이하의 조정위원회 위원으로 구성하며, 회의는 조정위원회 위원장이 소집한다(금융소비자보호법37①).

조정위원회 위원장("위원장")은 조정위원회의 회의를 구성하는 경우 i) 법 제34조 제3항 제2호의 위촉위원과 같은 항 제3호의 위촉위원을 각각 1명 이상의 같은 수로 지명하고, ii) 조정위원회의 독립성과 조정위원회 회의의 공정성이 확보될 수 있도록 법 제34조 제3항 각 호의 위촉위원을 지명하며, iii) 분쟁조정 신청내용과 관련된 금융상품 분야의 위원을 지명하여야 한다(동법 시행령34①).

(나) 지명 위원에 대한 회의의 일시·장소 및 안건 통지

조정위원회는 지명된 위원에게 회의 개최일 1주일 전까지 회의의 일시·장소 및 안건을 문서로 알려야 한다(동법 시행령34② 본문). 다만, 위원장이 긴급하다고 인정하는 경우에는 회의 개최 전날까지 알릴 수 있다(동법 시행령34② 단서).

(2) 의결

조정위원회는 구성원 과반수의 출석과 출석위원 과반수의 찬성으로 의결한다(금융소비자보호법37②).

(3) 당사자 진술기회 부여

조정위원회는 특별한 사유가 없는 한 당사자가 회의에 참석하여 진술을 할 수 있도록 해야 한다(동법 시행령34③).

Ⅳ. 조정의 효력 등

1. 조정의 효력

양 당사자가 조정안을 수락한 경우 해당 조정안은 재판상 화해와 동일한 효력을 갖는다(금융소비자보호법39).

2. 시효중단

(1) 시효중단의 효력

분쟁조정의 신청은 시효중단의 효력이 있다(금융소비자보호법40① 본문). 다만 합의권고를 하지 아니하거나 조정위원회에 회부하지 아니할 때에는 그러하지 아니하다(금융소비자보호법40① 단서). 이 경우에 1개월 이내에 재판상의 청구, 파산절차참가, 압류 또는 가압류, 가처분을 한 때에는 시효는 최초의 분쟁조정의 신청으로 인하여 중단된 것으로 본다(금융소비자보호법40②).

(2) 시효의 진행

중단된 시효는 i) 양 당사자가 조정안을 수락한 경우, ii) 분쟁조정이 이루어지지 아니하고 조정절차가 종료된 경우에 해당하는 때부터 새로이 진행한다(금융소비자보호법40③).

3. 소송과의 관계

(1) 소송절차 중지

조정이 신청된 사건에 대하여 신청 전 또는 신청 후 소가 제기되어 소송이 진행 중일 때에는 수소법원은 조정이 있을 때까지 소송절차를 중지할 수 있다(금융소비자보호법41①).

(2) 조정절차 중지

조정위원회는 소송절차가 중지되지 아니하는 경우에는 해당 사건의 조정절차를 중지하여야 한다(금융소비자보호법40②). 조정위원회는 조정이 신청된 사건과 동일한 원인으로 다수인이 관련되는 동종·유사 사건에 대한 소송이 진행 중인 경우에는 조정위원회의 결정으로 조정절차를 중지할 수 있다(금융소비자보호법40③).

4. 소 제기사실의 통지 등

(1) 소 제기사실의 통지

당사자는 조정위원회에 회부되기 전에 소가 제기된 경우 지체 없이 그 사실을 금융감독원장에게 알려야 한다(동법 시행령35①).

(2) 소송절차 중지의 통지

당사자는 수소법원이 소송절차를 중지한 경우 지체 없이 그 사실을 금융감독원장에게 알려야 한다(동법 시행령35②).

(3) 조정절차 중지의 통지

금융감독원장은 조정위원회가 조정절차를 중지한 경우 지체 없이 그 사실을 당사자에 알려야 한다(동법 시행령35③).

5. 소액분쟁사건에 관한 특례

(1) 조정대상기관의 조정절차 개시 후 제소금지

일반금융소비자가 조정을 신청한 사건이 조정을 통하여 주장하는 권리나 이익의 가액이 2천만원 이내의 소액분쟁사건의 경우 분쟁조정절차가 완료되기 전까지는 은행, 보험회사 등 조정대상기관이 법원에 소송을 제기할 수 없도록 하여(금융소비자보호법42 본문, 동법 시행령36). 금융소비자의 권리구제 관련 부담을 경감하고 있다.

(2) 제소금지의 예외

합의권고를 하지 아니하거나 조정위원회에 회부하지 아니한다는 사실을 서면으로 통지받거나 60일 내에 조정안을 제시받지 못한 경우에는 소를 제기할 수 있다(금융소비자보호법42 단서).

제5장 대부업정책협의회의 설치 등

제1절 대부업정책협의회 등의 설치

Ⅰ. 대부업정책협의회

1. 설치

대부업등 관련 정책을 종합적인 관점에서 일관성 있게 수립·추진하고, 관계 행정기관 간의 협의가 필요한 사항을 효율적으로 협의·조정하기 위하여 금융위원회에 대부업정책협의회("협의회")를 둔다(법15의2①).

2. 업무

협의회는 다음의 사항을 협의·조정한다(대부업정책협의회 등의 구성 및 운영에 관한 규정2②), 이하 "협의회규정").

1. 대부업등 관련 정책의 총괄 및 조정
2. 대부업등 관련 법령·지침 및 제도의 마련과 개선
3. 대부업등 관련 정책의 추진상황 점검 및 평가
4. 그 밖에 대부업등 관련 정책을 효율적으로 수립·추진하기 위하여 필요한 사항

3. 구성

협의회의 위원은 금융위원회위원장·기획재정부차관·법무부차관·행정안전부차관 및 공정거래위원회부위원장이 된다(협의회규정2③). 협의회의 의장은 금융위원회위원장이 된다(협의회규정2④). 협의회의 사무를 처리하기 위하여 간사 1명을 두되, 간사는 금융위원회 사무처장이 된다(협의회규정2⑤).

4. 운영

(1) 의장

협의회의 의장은 회의에 상정할 안건을 선정하여 회의를 소집하고, 그 회의

를 주재한다(협의회규정3①).

협의회의 의장이 부득이한 사유로 직무를 수행할 수 없을 때에는 의장이 미리 지명한 위원이 그 직무를 대행한다(협의회규정3②).

(2) 회의

회의는 정례회의와 수시회의로 구분한다(협의회규정3③). 정례회의는 매분기 1회 개최하는 것을 원칙으로 하고, 수시회의는 필요에 따라 개최한다(협의회규정3④).

(3) 개의 및 의결 정족수

협의회는 재적위원 과반수의 출석으로 개의하고, 출석위원 과반수의 찬성으로 의결한다(협의회규정3⑤).

(4) 직무대행

협의회의 위원이 회의에 출석하지 못하는 경우에는 그 바로 하위직에 있는 자가 대리로 출석하여 그 직무를 대행할 수 있다(협의회규정3⑥).

(5) 기타 운영 사항

그 밖에 협의회의 운영에 필요한 사항은 협의회의 의결을 거쳐 의장이 정한다(협의회규정3⑦).

5. 의안 제출

협의회의 회의에 안건을 상정하려는 자는 회의 개최 3일 전까지 금융위원회에 안건을 제출하여야 한다(협의회규정4 본문). 다만, 긴급한 안건의 경우에는 그러하지 아니하다(협의회규정4 단서).

Ⅱ. 대부업정책실무협의회

1. 설치

대부업정책협의회("협의회")는 회의의 효율적 운영을 위하여 대부업정책실무협의회를 둘 수 있다(법15의2②). 이에 따라 협의회의 협의사항을 미리 연구·검토하고, 협의회에서 위임하는 사항을 처리하기 위하여 협의회에 대부업정책실무협의회("실무협의회")를 둔다(협의회규정5①).

2. 구성

실무협의회의 위원은 다음의 자가 된다(협의회규정5②).

1. 금융위원회 사무처장
2. 법무부에 소속된 검사 중 법무부장관이 지명하는 자 1명
3. 기획재정부·행정안전부·공정거래위원회·경찰청 및 국세청의 고위공무원단에 속하는 공무원(이에 상당하는 특정직 공무원 포함) 중 해당 기관의 장이 지명하는 자 각 1명
4. 금융감독원의 부원장보 중 금융감독원장이 지명하는 자 1명

3. 운영

(1) 의장

실무협의회의 의장은 금융위원회 사무처장이 된다(협의회규정5③). 실무협의회의 의장은 회의에 상정할 안건을 선정하여 회의를 소집하고, 그 회의를 주재한다(협의회규정5④, 협의회규정3①).

실무협의회의 의장이 부득이한 사유로 직무를 수행할 수 없을 때에는 의장이 미리 지명한 위원이 그 직무를 대행한다(협의회규정5④, 협의회규정3②).

(2) 개의 및 의결 정족수

실무협의회는 재적위원 과반수의 출석으로 개의하고, 출석위원 과반수의 찬성으로 의결한다(협의회규정5④, 협의회규정3⑤).

(3) 기타 운영 사항

그 밖에 실무협의회의 운영에 필요한 사항은 실무협의회의 의결을 거쳐 의장이 정한다(협의회규정5⑤).

Ⅲ. 대부업관계기관협의회

1. 설치

대부업등 관련 업무의 효율적 수행과 위법행위의 효과적 예방·단속에 관한 사항을 협의하기 위하여 시·도에 대부업관계기관협의회를 둔다(법15의2③). 이에 따라 대부업등 관련 업무의 효율적 수행과 위법행위의 효과적 예방·단속에 관한 사항을 협의하기 위하여 특별시·광역시·도 및 특별자치도(“시·도”)에 대부업관

계기관협의회("시·도협의회")를 둔다(협의회규정6①).

2. 업무

시·도협의회는 다음의 사항을 협의한다(협의회규정6②).

1. 대부업등의 등록·관리 및 감독업무와 관련된 관계 기관 간 협력방안
2. 대부업등 관련 위법행위의 효과적 단속 및 예방을 위한 관계 기관 간 협력방안
3. 대부업등 관련 법령·지침 및 제도의 개선 건의에 관한 사항
4. 그 밖에 대부업등 관련 업무를 효율적으로 수행하기 위하여 필요한 사항

3. 구성

시·도협의회의 위원은 다음의 자가 된다(협의회규정6③).

1. 다음 각 목의 자
   가. 해당 시·도의 대부업등 관련 업무를 담당하는 부시장 또는 부지사
   나. 해당 시·도를 관할하는 시·도경찰청·지방국세청 소속 4급 이상 국가공무원 또는 고위공무원단에 속하는 공무원(이에 상당하는 특정직 공무원 포함) 중 해당 기관의 장이 지명하는 자 각 1명
   다. 해당 시·도를 관할하는 지방공정거래사무소의 소장. 다만, 서울지방공정거래사무소가 관할하는 시·도의 경우에는 서울지방공정거래사무소 소속 4급 이상 국가공무원 중 서울지방공정거래사무소의 소장이 지명하는 자 1명으로 한다.
2. 해당 시·도 소속 3급 이상 지방공무원 중 특별시장·광역시장·도지사 또는 특별자치도지사가 지명하는 자 1명(시·도협의회의 의장이 필요하다고 인정하는 경우에 한한다)
3. 금융감독원(지원 또는 출장소를 둔 경우에는 해당 시·도를 관할하는 지원 또는 출장소) 소속 집행간부 또는 직원 중 금융감독원장(지원 또는 출장소를 둔 경우에는 해당 시·도를 관할하는 지원장 또는 출장소장)이 지명하는 자 1명

4. 운영

(1) 의장

시·도협의회의 의장은 위의 제3항 제1호 가목의 자가 된다(협의회규정6④). 시·도협의회의 의장은 회의에 상정할 안건을 선정하여 회의를 소집하고, 그 회의를 주재한다(협의회규정6⑤, 협의회규정3①).

시·도협의회의 의장이 부득이한 사유로 직무를 수행할 수 없을 때에는 의장이 미리 지명한 위원이 그 직무를 대행한다(협의회규정6⑤, 협의회규정3②).

(2) 개의 및 의결 정족수

시·도협의회는 재적위원 과반수의 출석으로 개의하고, 출석위원 과반수의 찬성으로 의결한다(협의회규정6⑤, 협의회규정3⑤).

(3) 기타 운영 사항

그 밖에 시·도협의회의 운영에 필요한 사항은 시·도협의회의 의결을 거쳐 의장이 정한다(협의회규정6⑥).

Ⅳ. 관계 기관 등에 대한 협조요청

협의회·실무협의회 또는 시·도협의회는 업무를 수행하기 위하여 필요한 때에는 전문적인 지식과 경험이 있는 관계 공무원 또는 전문가의 의견을 듣거나 관계 기관·단체 등에 자료 또는 의견의 제출 등 필요한 협조를 요청할 수 있다(협의회규정7).

Ⅴ. 수당

협의회·실무협의회 또는 시·도협의회에 출석한 위원과 관계 공무원 및 전문가에게는 예산의 범위에서 수당과 여비를 지급할 수 있다(협의회규정8 본문). 다만, 공무원이 그 소관 업무와 직접적으로 관련되어 출석하는 경우에는 수당과 여비를 지급하지 아니한다(협의회규정8 단서).

제2절 대부업자의 실태조사 등

Ⅰ. 실태조사의 절차

시·도지사는 수시로 대통령령으로 정하는 방법 및 절차에 따라 대부업자등의 영업실태를 조사하여야 하며 그 결과를 매년 행정안전부장관 및 금융위원회에 제출하여야 한다(법16①). 이에 따라 시·도지사는 대부업자등의 영업실태를 조사하는 경우 법 제12조 제9항 각 호[26]의 구분에 따른 사항을 매년 6월 30일 및 12월 31일을 기준으로 조사하여야 한다(영9의2①).

시·도지사는 실태조사의 결과를 행정안전부장관과 금융위원회에 제출하는 경우 금융감독원장이 지정하는 전산정보시스템을 통하여 전자문서로 제출할 수 있다(영9의2②).

Ⅱ. 자료제공의 요청과 협조의무

행정안전부장관과 금융위원회는 시·도지사, 관계 행정기관 또는 공공단체의 장에게 대부업자등의 현황 파악과 제도 조사를 위하여 필요한 자료의 제공을 요청할 수 있다(법16② 전단). 이 경우 시·도지사, 관계 행정기관 또는 공공단체의 장은 특별한 사유가 없으면 이에 협조하여야 한다(법16② 후단).

Ⅲ. 대부업자등의 현황 및 영업실태 조사결과 등의 작성기준일 및 게재

행정안전부장관과 금융위원회는 대부업자등의 현황 및 영업실태 조사결과 등을 매년 6월 30일과 12월 31일을 기준으로 작성하여 그 기준일부터 6개월 내에 관보 또는 인터넷 홈페이지에 게재하여야 한다(법16③, 영9의2③).

---

26) 1. 대부업자의 경우
가. 대부금액
나. 대부를 받은 거래상대방의 수
다. 그 밖에 영업소의 업무현황을 파악하기 위하여 필요한 사항으로서 대통령령으로 정하는 사항
2. 대부중개업자의 경우
가. 대부를 중개한 금액
나. 대부를 중개한 거래상대방의 수
다. 그 밖에 영업소의 업무현황을 파악하기 위하여 필요한 사항으로서 대통령령으로 정하는 사항

제3절 행정처분 사실 등의 공개

Ⅰ. 공개 대상자

시·도지사등은 금융이용자 보호를 위하여 i) 최근 5년 이내에 제13조에 따른 영업정지 또는 등록취소 처분을 받은 자(제1호), ii) 최근 5년 이내에 제15조 제4항에 따른 시정명령을 받은 자(제2호)의 어느 하나에 해당하는 자에 대한 행정처분 또는 시정명령 사실을 공개하여야 한다(법16의2①).

Ⅱ. 공개 내용

시·도지사등은 행정처분 또는 시정명령 사실을 공개하는 경우 다음의 사항이 포함되도록 하여야 한다(법16의2②, 영9의3①).

1. 행정처분 또는 시정명령 사실의 공개임을 알 수 있는 제목
2. 상호, 소재지 및 성명(법인의 경우 대표자 성명)
3. 대부업등 등록번호(여신금융기관의 경우 사업자등록번호)
4. 위반행위
5. 위반행위에 대한 행정처분 또는 시정명령의 내용
6. 행정처분일·시정명령일 및 그 기간

Ⅲ. 공개 방법

공개는 시·도지사등이 해당 행정처분 또는 시정명령을 한 후 지체 없이 시·도등의 인터넷 홈페이지에 게재하는 방법으로 한다(법16의2②, 영9의3②).

시·도지사등은 위반행위에 대한 행정처분 또는 시정명령이 취소된 경우에는 그 취소된 사실을 해당 행정처분 또는 시정명령 사실이 게재된 기간 이상 시·도등의 인터넷 홈페이지에 게재하는 방법으로 공개하여야 한다(법16의2②, 영9의3③).

제4절 등록 및 검사 수수료

Ⅰ. 등록수수료

등록을 하려는 자는 대통령령으로 정하는 바에 따라 수수료를 내야 한다(법17①). 이에 따라 대부업등의 등록을 하려는 자는 각각의 사업에 대하여 영업소당 10만원의 수수료를 내야 한다(영10① 본문). 다만, 10만원 이내에서 시·도의 조례로 그 금액을 다르게 정할 수 있다(영10① 단서).

Ⅱ. 검사수수료

검사를 받는 대부업자등은 대통령령으로 정하는 검사수수료를 시·도지사나 금융감독원장에게 내야 한다(법17②). 여기서 "대통령령으로 정하는 검사수수료"란 검사일을 기준으로 연평균 대부금액 잔액의 1천분의 1 이내에서 금융위원회가 정하는 금액을 말한다(영10② 본문). 다만, 시·도지사가 받는 검사수수료의 경우에는 연평균 대부금액 잔액의 1천분의 1 이내에서 시·도의 조례로 그 금액을 다르게 정할 수 있다(영10② 단서).

제5절 대부업 및 대부중개업 협회

Ⅰ. 설립

1. 목적과 설립

대부업등의 업무질서를 유지하고, 대부업등의 건전한 발전과 이용자 보호를 위하여 대부업 및 대부중개업 협회("협회")를 설립한다(법18의2①). 협회는 법인으로 한다(법18의2②).

2. 사무소와 지회

협회는 정관으로 정하는 바에 따라 주된 사무소를 두고 필요한 곳에 지회를 둘 수 있다(법18의2③).

3. 설립등기

협회는 주된 사무소의 소재지에서 설립등기를 함으로써 성립한다(법18의2④).

(1) 등기 기간

협회는 정관을 작성하여 금융위원회의 인가를 받은 날부터 2주일 이내에 주된 사무소의 소재지에서 설립등기를 하여야 한다(영11의2①).

(2) 등기사항

설립등기에는 목적, 명칭, 주된 사무소 및 지회의 소재지, 임원의 성명 및 주소, 공고의 방법이 포함되어야 한다(영11의2②).

(3) 첨부서류

설립등기의 신청서에는 정관과 정관인가서 사본를 첨부하여야 한다(영11의2③).

4. 협회 아닌 자의 협회 또는 유사 명칭 사용 제한

대부업법에 따른 협회가 아닌 자는 대부업 및 대부중개업 협회 또는 이와 비슷한 명칭을 사용하지 못한다(법18의2⑤).

Ⅱ. 업무

1. 업무 내용

협회는 i) 대부업법 또는 관계 법령을 준수하도록 하기 위한 회원에 대한 지도와 권고(제1호), ii) 대부업등의 이용자 보호를 위한 회원에 대한 업무방식 개선·권고(제2호), iii) 대부업등의 이용자 민원의 상담·처리(제3호), iv) 그 밖에 협회의 목적을 달성하기 위하여 대통령령으로 정하는 업무(제4호)를 한다(법18의3①).

위 제4호에서 "대통령령으로 정하는 업무"란 다음의 업무를 말한다(영11의2④).

1. 대부업자등의 임직원에 대한 교육
2. 대부업등의 발전을 위한 조사·연구
3. 대부업자등의 광고에 대한 자율심의
4. 대부업자등, 법 제3조에 따라 등록을 하지 아니하고 사실상 대부업등을 하는 자의 법령위반사항 등에 대한 자율감시
5. 법 제11조의4에 따른 대부업자등의 손해배상책임을 보장하기 위한 보증금

예탁 및 공제 업무
6. 대부업자등의 건전한 영업질서 유지를 위한 업무방법 표준화 및 지도 등 자율규제 업무
7. 대부업자등의 공동이익을 위한 사업
8. 그 밖에 협회의 목적을 달성하기 위하여 필요한 업무

2. 업무규정 제정·변경 또는 폐지의 보고

협회는 업무에 관한 규정을 제정·변경하거나 폐지한 경우에는 지체 없이 금융위원회에 이를 보고하여야 한다(법18의3②).

Ⅲ. 정관

1. 금융위원회의 인가

협회의 정관은 창립총회에서 작성한 후 금융위원회의 인가를 받아야 한다(법18의4① 전단). 이를 변경하려는 경우에도 또한 같다(법18의4① 후단).

2. 정관의 필수적 포함사항

협회의 정관에는 i) 목적, 명칭 및 주된 사무소의 소재지(제1호), ii) 임직원에 관한 사항(제2호), iii) 임원의 선출에 관한 사항(제3호), iv) 회원의 권리와 의무에 관한 사항(제4호), v) 업무와 그 집행에 관한 사항(제5호), vi) 회비의 분담과 예산 및 회계에 관한 사항(제6호), vii) 회의에 관한 사항(제7호), viii) 그 밖에 협회의 운영에 관한 사항(제8호)이 포함되어야 한다(법18의4②).

Ⅳ. 가입과 회비

1. 대부업자등의 가입

대부업자등은 협회에 가입할 수 있다(법18의5① 본문). 다만, 금융위원회에 등록된 대부업자등, 그 밖에 대통령령으로 정하는 자는 협회에 가입하여야 한다(법18의5① 단서). 여기서 "대통령령으로 정하는 자"란 등록한 법인인 대부업자등을 말한다(영11의2⑤).

2. 가입 거부 또는 부당한 조건 부과 제한

협회는 대부업자등이 협회에 가입하려는 경우 정당한 사유 없이 그 가입을 거부하거나 가입에 부당한 조건을 부과하여서는 아니 된다(법18의5②).

3. 회비 징수

협회는 회원에게 정관으로 정하는 바에 따라 회비를 징수할 수 있다(법18의5③).

V. 민법의 준용

협회에 대하여 대부업법에 특별한 규정이 없으면 민법 중 사단법인에 관한 규정을 준용한다(법18의6).

제 2 편

진입규제: 대부업등의 등록

대부업 등록기관은 시·도지사와 금융위원회(금융감독원)로 이원화되어 있다. 금융위원회 등록은 금융감독원에 위탁되어 있다. 시·도지사 등록은 대부업법 제3조 제1항에 따라 금전대부업 또는 대부중개업을 영위하려는 자는 영업소(본점과 지점 모두 포함)별로 해당 영업소를 관할하는 시·도지사에 등록하여야 하고, 금융위원회(금융감독원) 등록은 대부업법 제3조 제2항에 따라 대부업을 영위하려는 자[2개 이상 시·도 영업, 대부채권매입추심업자, 대기업 계열사, 금융기관 계열사, 자산 100억 초과(& 대부잔액 50억 이상)]는 금융위원회(금융감독원)에 등록하여야 한다.

대부업자가 대부업법 제3조 등에 따른 등록기관 변경 사유가 발생한 경우에는 기존 등록기관에 등록기관 변경[금융위원회(금융감독원) ⇄ 시·도지사]을 신청하여야 한다.

제1장 등록

부칙 제4조(등록요건에 관한 경과조치) ① 이 법 시행 당시 종전의 규정에 따라 등록한 대부업자등에 대해서는 제3조 및 제3조의5의 개정규정(2025. 1. 21. 일부개정)에 따라 등록한 것으로 본다. 다만, 이 법 시행 이후 2년 이내에 이 법에 따른 요건을 갖추어야 한다. ② 시·도지사등은 대부업자등이 제1항 단서의 의무를 이행하지 아니한 경우에는 해당 대부업자등의 등록을 취소하여야 한다(시행 2025. 7. 22.).

제1절 시·도지사 등록

Ⅰ. 영업소별 등록

대부업 또는 대부중개업("대부업등")을 하려는 자(여신금융기관 제외)는 영업소별로 해당 영업소를 관할하는 특별시장·광역시장·특별자치시장·도지사 또는 특별자치도지사("시·도지사")에게 등록하여야 한다(법3① 본문).

Ⅱ. 대출모집인의 등록 제외

여신금융기관과 위탁계약 등을 맺고 대부중개업을 하는 자(그 대부중개업을 하는 자가 법인인 경우 그 법인과 직접 위탁계약 등을 맺고 대부를 받으려는 자를 모집하는 개인을 포함하며, 이하 "대출모집인"이라 한다)는 해당 위탁계약 범위에서는 등록하지 않는다(법3① 단서).

제2절 금융위원회 등록

Ⅰ. 등록대상자

대부업등을 하려는 자(여신금융기관 제외)로서 다음의 어느 하나에 해당하는 자는 금융위원회에 등록하여야 한다(법3② 본문).

1. 2 이상의 특별시·광역시·특별자치시·도·특별자치도("시·도")에서 영업소를 설치하려는 자
2. 대부채권매입추심을 업으로 하려는 자
3. 공정거래법 제31조에 따라 지정된 상호출자제한기업집단에 속하는 자
4. 최대주주가 여신금융기관인 자
5. 법인으로서 자산규모 100억원을 초과하는 범위에서 대통령령으로 정하는 기

준[1])에 해당하는 자
6. 전자적 장치·시스템 등을 통한 대통령령으로 정하는 방식("대부중개시스템")을 활용하여 대부중개업을 하려는 자
7. 그 밖에 제1호부터 제5호까지의 규정에 준하는 등 대통령령으로 정하는 자

위 제6호는 2025년 1월 개정된 규정으로 위 제6호에서 "전자적 장치·시스템 등을 통한 대통령령으로 정하는 방식"이란 대부중개를 목적으로 정보통신망법 제2조 제1항 제9호[2])에 따른 게시판을 설치·운영하여 ⅰ) 대부업을 이용하려는 자의 개인정보(제1호), ⅱ) 대부업자등의 전화번호 등 연락처(제2호)를 대부업자 또는 대부중개업자("대부업자등")나 대부업을 이용하려는 자에게 공개 또는 제공하는 방식을 말한다(영2의4).

법 제3조 제2항 제6호를 신설한 이유는 대부중개시스템을 활용하여 대부중개업을 하려는 자는 금융위원회에 등록하도록 하여 관리·감독을 강화하기 위한 것이다.

Ⅱ. 대출모집인의 등록 제외

대출모집인은 해당 위탁계약 범위에서는 등록하지 않는다(법3② 단서).

*** 관련 판례: 대법원 2009. 6. 11. 선고 2009다12399 판결**

대부업 등록을 하지 않고 사실상 대부업을 영위하는 자에 대하여 이자제한법 제2조 제1항에 정한 최고이자율이 적용되는지 여부(적극): 이자제한법 제2조 제1항, "이자제한법 제2조 제1항의 최고이자율에 관한 규정"에 의하면 금전대차에 관한 계약상의 최고이자율은 연 30%로 제한되고, 구 이자제한법(2009. 1. 21. 법률 제9344호로 개정되기 전의 것) 제7조는 다른 법률에 따라 인가·허가·등록을 마친 금융업 및 대부업에는 이자제한법을 적용하지 아니한다고 규정하고 있는바, 위 규정의 문언 내용, 국민경제생활의 안정과 경제정의의 실현을 목적으로 하는

1) "대통령령으로 정하는 기준"이란 다음의 기준을 모두 충족하는 것을 말한다(영2의6③).
   1. 직전 사업연도말을 기준으로 자산규모가 100억원을 초과할 것
   2. 제1호에 따른 자산 중 대부계약에 따른 채권("대부채권") 잔액이 50억원 이상일 것
2) 9. "게시판"이란 그 명칭과 관계없이 정보통신망을 이용하여 일반에게 공개할 목적으로 부호·문자·음성·음향·화상·동영상 등의 정보를 이용자가 게재할 수 있는 컴퓨터 프로그램이나 기술적 장치를 말한다.

이자제한법의 입법 취지, 미등록 대부업체의 등록을 유도하기 위한 입법 경위 등에 비추어 보면, 구 대부업법(2009. 1. 21. 법률 제9344호로 개정되기 전의 것) 제3조의 규정에 의한 대부업의 등록을 하지 아니하고 사실상 대부업을 영위하는 자에 대하여는 이자제한법이 적용되어 이러한 대부업자가 대부를 하는 경우의 최고이자율은 연 30%로 제한된다.

Ⅲ. 서민금융 우수 대부업자 신청 및 보고

대부업자 중 서민금융 우수 대부업자로 선정을 받고자 하는 자가 감독규정 [별표 1]에 따라 서민금융 우수 대부업자 신청서를 금융감독원장에게 제출할 때에는 [별지 제9호 서식]에 따른다(감독규정 시행세칙10①).

서민금융 우수대부업자가 감독규정 [별표 1]에 따라 제출하는 유지요건 확인서는 [별지 제10호 서식]에 따른다(감독규정 시행세칙10②).

[별표 1] 서민금융 우수 대부업자 기준 및 선정 절차(제10조 제1항 관련)

1. 서민금융 우수 대부업자는 법 제3조 제2항에 따라 금융위원회에 등록한 대부업자 중 다음 각목의 요건을 모두 충족한 자를 말한다.
   가. 최근 3년간 이 법 또는 영 제2조의12 각 호의 어느 하나에 해당하는 법률을 위반하여 벌금형 이상을 선고받은 사실 또는 법 제13조 또는 금융소비자보호법 제51조에 따라 영업정지 이상의 처분을 받은 사실이 없을 것
   나. 개인신용평점이 하위 10%(신용점수제 이전 신용등급제의 경우 신용등급 7등급 이하)에 해당하는 금융소비자(개인으로 한정)에 대한 대출(담보 또는 보증이 없는 대출을 말한다. 이하 "저신용자 개인신용대출"이라 한다)의 잔액이 다음의 어느 하나에 해당할 것
      1) 전체 대출 잔액에서 차지하는 비중("저신용자 개인신용대출 비율")이 70% 이상일 것
      2) 잔액이 100억원 이상일 것
   다. 최근 1년간 서민금융 우수 대부업자 선정이 취소된 사실이 없을 것
2. 서민금융 우수 대부업자는 선정 후 그 영업을 영위함에 있어서 제1호 가목의 요건 및 다음 각 목의 요건을 유지하여야 한다. 다만, 선정시 제1호

의 나목의 1)과 2)를 동시에 충족한 경우에는 선정 후 가목 또는 나목의 어느 하나만 충족하여도 가목 및 나목을 모두 충족한 것으로 본다.

가. 선정 당시 저신용자 개인신용대출 비율이 70% 이상이었던 법인은 해당 비율을 60% 이상으로 유지할 것

나. 선정 당시 저신용자 개인신용대출 잔액이 100억원 이상이었던 법인은 해당 잔액을 선정시점 저신용자 개인신용대출 잔액의 90%와 직전 반기 저신용자 개인신용대출 잔액의 80% 중 최대값 이상으로 유지할 것

다. 저신용자 개인신용대출 차주의 만기연장 신청시 승인율을 선정 직전 반기 대비 90% 이상으로 유지할 것

3. 제2호 각목의 요건을 산정시 저신용층 지원 정책에 따라 채무조정 또는 채권매각 등이 발생하는 등 부득이한 사유가 있다고 금융감독원장이 인정하는 경우에는 해당금액을 포함하여 저신용자 개인신용대출 잔액 및 비율을 산정할 수 있다.
4. 금융감독원장은 서민금융 우수 대부업자가 제1호가목의 요건을 충족하지 못하거나, 반기별 보고서 기준으로 2회 연속하여 제2호 각목의 요건을 어느 하나라도 충족하지 못한 경우에는 그 선정을 취소할 수 있다.
5. 금융감독원장은 제4호에도 불구하고 금융환경 및 제도 변화 등 불가피한 사유로 인하여 서민금융 우수 대부업자가 제2호의 요건을 충족하지 못하고, 이로 인하여 저신용자 신용공급에 심각한 차질 발생이 우려되는 경우 또는 이에 준하는 사유가 있다고 금융감독원장이 인정하는 경우에는 연속하여 최대 2회까지 선정취소 조치를 유예할 수 있다.
6. 서민금융 우수 대부업자의 선정 및 취소 절차는 다음과 같다.

가. 법 제3조 제2항에 따라 금융위원회에 등록한 대부업자 중 서민금융 우수 대부업자로 선정을 받고자 하는 자는 법 제12조 제9항에 따른 보고서 제출기한(1월 31일 또는 7월 31일)부터 다음달 15일(“제출기한”)까지 금융감독원장이 정하는 바에 따른 신청서 및 구비서류를 금융감독원장에게 제출하여야 한다.

나. 서민금융 우수 대부업자는 선정된 이후, 금융감독원장이 정하는 바에 따른 유지요건 확인서를 반기별로 제출기한 내에 금융감독원장에

게 제출하여야 한다.

다. 금융감독원장은 제1호 각 목의 요건을 모두 충족하는 자가 서민금융 우수 대부업자 선정을 신청하는 경우 특별한 사유가 없는 한 제출기한으로부터 30일 이내에 선정을 해야 한다. 다만, 자료보완 등 필요한 경우에는 그 기간을 연장할 수 있다.

라. 금융감독원장은 서민금융 우수 대부업자 선정여부 및 취소 등에 관하여 인터넷 홈페이지에 게재한다.

마. 금융감독원장은 서민금융 우수 대부업자의 선정(취소)여부 등을 판단하는 경우 선정일(취소일) 직전 법 제12조 제9항에 따라 제출한 보고서를 기준으로 판단하며, 필요한 경우 관계자 면담, 실사 또는 필요한 자료 등을 요청할 수 있다.

바. 다목은 금융감독원장이 제4호에 따른 선정의 취소 또는 제5호에 따른 취소유예조치를 하는 경우에 준용한다.

제3절 등록절차

Ⅰ. 의의

1. 등록신청서 기재사항

등록을 하려는 자는 다음의 사항을 적은 신청서와 대통령령으로 정하는 서류[3]를 첨부하여 시·도지사 또는 금융위원회("시·도지사등")에 제출하여야 한다(법3③).

1. 명칭 또는 성명과 주소
2. 등록신청인이 법인인 경우에는 주주 또는 출자자(영2의5=발행주식총수 또

3) "대통령령으로 정하는 서류"란 다음의 서류를 말한다(영2의6④).
1. 법 제3조의5 제1항 제1호 또는 같은 조 제2항 제2호에 따른 자기자본(법인이 아닌 경우에는 순자산액)을 갖추었음을 증명하는 서류
2. 법 제11조의4 제2항에 따라 보증금을 예탁하거나 보험 또는 공제에 가입하였음을 증명하는 서류
3. 그 밖에 법 또는 이 영에 따른 등록요건을 심사하기 위하여 필요한 서류로서 금융위원회가 정하여 고시하는 서류

는 출자총액의 1% 이하의 주식 또는 출자지분을 소유하는 자는 제외)의 명칭 또는 성명, 주소와 그 지 분율 및 임원의 성명과 주소
3. 등록신청인이 영업소의 업무를 총괄하는 사용인("업무총괄 사용인")을 두는 경우에는 업무 총괄 사용인의 성명과 주소
4. 영업소의 명칭 및 소재지
5. 경영하려는 대부업등의 구체적 내용 및 방법
6. 법 제9조 제2항 또는 제3항에 따른 표시 또는 광고에 사용되는 전화번호(홈페이지가 있으면 그 주소 포함)
7. 자기자본(법인이 아닌 경우에는 순자산액)
8. 법 제11조의4 제2항에 따른 보증금, 보험 또는 공제

2. 등록신청서와 첨부서류

법 제3조 제1항 또는 제2항에 따라 대부업 또는 대부중개업("대부업등")을 등록하려는 자는 금융위원회가 정하여 고시하는 대부업등 등록신청서에 법 제3조 제3항 제4호에 따른 영업소의 소재지를 증명할 수 있는 서류(등기부등본 또는 임대차 등의 계약서 사본에 한정), 제2조의8 제5항에 따른 교육이수증 사본("교육이수증 사본")과 그 밖에 금융위원회가 정하여 고시하는 서류를 첨부하여 영업소의 소재지를 관할하는 특별시장·광역시장·특별자치시장·도지사 또는 특별자치도지사("시·도지사") 또는 금융위원회에 제출하여야 한다(영2의6① 본문). 다만, 법 제3조의4 제1항 단서에 해당되어 교육을 받은 경우에는 교육을 받은 날부터 1주일 이내에 교육이수증 사본을 제출하여야 한다(영2의6① 단서).

제출하는 교육이수증 사본은 등록신청일 전 6개월 이내의 교육에 대한 교육이수증[등록하려는 시·도지사 또는 금융위원회("시·도지사등")가 교부한 것에 한정되지 아니한다] 사본이어야 한다(영2의6②).

등록신청서와 첨부서류에 관하여는 시·도지사 등록과 금융위원회 등록으로 구분하여 아래서 살펴본다.

II. 시·도지사 등록

1. 등록신청서 제출

대부업등을 영위하기 위하여 시·도지사에 등록을 하려는 자는 [별지 제1-1호 서식]에 따른 대부업등 등록신청서를 해당 영업소를 관할하는 시·도지사에

제출하여야 한다(감독규정3①).

2. 첨부서류

등록신청서에는 다음의 서류를 첨부하여야 한다(감독규정3②).

1. 대부업등 교육이수증 사본
2. 영업소 소재지 증명서류(신청인 소유인 경우 부동산등기사항전부증명서, 임대차 등의 경우 임대차 등의 계약서 사본에 한정)
3. 주민등록표등본(개인의 경우), 법인등기사항전부증명서(법인의 경우)
4. 가족관계등록부 기본증명서(업무총괄 사용인, 개인의 경우 대표자, 법인의 경우 각 임원)
5. 인감증명서(개인의 경우 대표자 인감증명서 또는 서명확인법에 따른 본인서명사실확인서(전자본인서명확인서 포함), 법인의 경우 법인인감증명서)
6. 대리인 신청 위임장(대리등록신청의 경우)
7. 법 제3조의5 제1항 제1호에 따른 자기자본(법인이 아닌 경우 순자산액)을 갖추었음을 증명하는 서류
8. 법 제11조의4 제2항에 따라 보증금을 예탁하거나 보험 또는 공제에 가입하였음을 증명하는 서류
9. 법 제18조의5 제1항에 따라 협회에 가입하였음을 증명하는 서류(같은 항 단서에 따라 협회에 가입하여야 하는 자의 경우)

Ⅲ. 금융위원회 등록

1. 등록신청서 제출

대부업등을 영위하기 위하여 금융위원회에 등록을 하려는 자는 금융감독원장("감독원장")이 정하는 바에 따른 신청서의 서식을 감독원장에게 제출하여야 한다(감독규정3③). 이에 따라 대부업자등이 대부업등 등록신청서를 감독원장에게 제출할 때에는 [별지 제4호 서식]에 따른다(감독규정 시행세칙5①).

2. 첨부서류

등록신청서에는 다음의 서류를 첨부하여야 한다(감독규정 시행세칙5②).

1. 대부업등 교육이수증 사본

2. 영업소 소재지 증명서류(신청인 소유인 경우 부동산등기사항전부증명서, 임대차 등의 경우 임대차 등의 계약서 사본에 한정)

2의2. 영업소 소재지 건축물대장

3. 법인등기사항전부증명서

4. 가족관계등록부 기본증명서(업무총괄사용인, 각 임원 및 출자자)

5. 법인인감증명서

6. 대리인 신청 위임장(대리등록신청의 경우)

7. 법 제3조의5 제2항 제2호에 따른 자기자본을 갖추었음을 증명하는 서류(다만, 대부중개업만을 영위하려는 자는 제외)

8. 법 제11조의4 제2항에 따라 보증금을 예탁하거나 보험 또는 공제에 가입하였음을 증명하는 서류

9. 정관

10. 재무제표와 그 부속서류

11. 임원의 이력서 및 경력증명서

12. 주주(사원)명부

13. 법 제18조의5 제1항에 따라 협회에 가입하였음을 증명하는 서류

14. 한국신용정보원 신용정보조회서(신청법인 및 출자자)

Ⅳ. 등록의 실시와 통보

시·도지사 또는 감독원장은 감독규정 제3조의 규정에 의하여 등록신청서를 제출한 자가 법 제3조의5(등록요건 등)의 규정에 위배되지 아니하는 경우에는 지체 없이 등록을 하고 그 사실을 신청인에게 통보하여야 한다(감독규정4①).

제4절 등록기관 변경

Ⅰ. 의의

시·도지사에게 등록한 대부업자 또는 대부중개업자("대부업자등")가 법 제3조 제2항 각 호에 해당하게 되어 등록기관이 금융위원회로 변경되거나 금융위원회에 등록한 대부업자등이 법 제3조 제2항 각 호에 해당하지 않게 되어 등록기관이 시·도지사로 변경되는 경우 해당 대부업자등은 그 변경 사유의 발생일부터

15일 이내에 현재 등록되어 있는 시·도지사 또는 금융위원회에 금융위원회가 정하여 고시하는 변경신청과 관련된 서류를 제출해야 한다(영2의6⑤).

Ⅱ. 등록기관 변경신청서 제출

등록기관 변경을 신청하고자 하는 자는 [별지 제3호 서식]에 따른 등록기관 변경신청서를 현재 등록 중인 시·도지사 또는 금융감독원장에게 제출하여야 한다(감독규정5①).

Ⅲ. 증명서류 첨부

등록기관 변경신청서에는 다음의 증명서류를 첨부하여야 한다(감독규정5②).

1. 등록기관이 시·도지사에서 금융위원회로 변경되는 경우: 법 제3조 제2항 각 호의 사항 중 어느 하나에 해당함을 증명하는 서류로서 감독원장이 정하는 서류
2. 등록기관이 금융위원회에서 시·도지사로 변경되는 경우: 법 제3조 제2항 각 호의 사항 중 어느 하나에도 해당하지 아니함을 증명하는 서류

이에 따라 대부업자등이 등록기관 변경신청서에 첨부하여야 하는 서류는 [별지 제5호 서식]에 따른다(감독규정 시행세칙6).

Ⅳ. 등록기관 변경사유 해당과 변경신청서 및 증명서류 송부

등록기관 변경신청서를 제출받은 현재 등록 중인 시·도지사 또는 금융감독원장은 등록기관 변경사유에 해당한다고 인정하는 경우에는 지체 없이 등록기관 변경신청서 및 증명서류를 등록기관 변경업무를 처리해야 하는 시·도지사 또는 금융감독원장에게 송부하여야 한다(감독규정5③).

Ⅴ. 시·도지사 또는 금융감독원장의 등록기관 변경업무 처리 기한 등

등록기관 변경신청서를 송부 받은 시·도지사 또는 금융감독원장은 등록기관 변경신청서를 송부 받은 날로부터 15일 내에 등록기관 변경업무를 처리하여야 한다(감독규정5④ 본문). 다만, 시·도지사 또는 금융감독원장은 변경신청서에

기재된 사항이 사실과 부합하는지 여부를 확인하기 위해 필요한 경우 30일 이내의 기한을 정하여 처리 기한을 연장할 수 있다(감독규정5④ 단서).

Ⅵ. 등록기관 변경사유 미해당과 등록기관 변경 거부

시·도지사 또는 금융감독원장은 등록기관 변경신청서 및 증명서류를 검토한 결과, 등록기관 변경사유에 해당하지 않는 경우에는 등록기관 변경을 거부하여야 한다(감독규정5⑤).

Ⅶ. 등록의 효력 상실

등록기관 변경업무가 완료된 경우 종전의 대부업등 등록은 그 효력을 잃는다(감독규정5⑥).

제5절 시·도지사등의 등록증 교부

Ⅰ. 등록요건 구비와 확인 사항

등록신청을 받은 시·도지사 또는 금융위원회("시·도지사등")는 신청인이 제3조의5(등록요건 등)의 요건을 갖춘 경우에는 다음의 사항을 확인한 후 등록부에 법 제3조 제3항 각 호에 규정된 사항과 등록일자·등록번호를 등록부에 적고 지체 없이 신청인에게 등록증을 교부하여야 한다(법3④).

1. 신청서에 적힌 사항이 사실과 부합하는지 여부. 이 경우 신청서에 적힌 사항이 사실과 다르면 30일 이내의 기한을 정하여 등록증 교부 전에 신청인에게 신청서의 수정·보완을 요청할 수 있으며, 그 수정·보완 기간은 처리기간에 산입하지 아니한다.
2. 사용하려는 상호가 해당 시·도 또는 금융위원회에 이미 등록된 상호인지 여부. 이 경우 이미 등록된 상호이면 다른 상호를 사용할 것을 요청할 수 있다.

Ⅱ. 등록증 서식

등록증의 서식은 금융위원회가 정하여 고시한다(영2의6⑥). 이에 따른 등록증 서식은 [별지 제2호 서식]으로 한다(감독규정4②).

제6절 시·도지사등의 등록부 열람 제공

Ⅰ. 등록부 열람 제공의무

시·도지사등은 등록부를 일반인이 열람할 수 있도록 하여야 한다(법3⑤ 본문).

Ⅱ. 열람 제공 제외 사항

등록부 중 개인에 관한 사항으로서 공개될 경우 개인의 사생활을 침해할 우려가 있는 것으로 대통령령으로 정하는 사항은 제외한다(법3⑤ 단서). 여기서 "대통령령으로 정하는 사항"이란 i) 법 제3조 제3항 제1호에 따른 등록신청인의 주소(제1호), ii) 법 제3조 제3항 제2호에 따른 주주 또는 출자자 및 임원의 주소(제2호), iii) 법 제3조 제3항 제3호에 따른 사용인의 주소(제3호)를 말한다(영2의6⑦).

제7절 등록 유효기간

등록의 유효기간은 등록일부터 3년으로 한다(법3⑥).

제8절 등록증 분실과 신고 및 재교부

Ⅰ. 분실신고와 재교부

대부업자등이 교부받은 등록증을 분실한 경우에는 시·도지사등에게 분실신고를 하고 등록증을 다시 교부받아야 한다(법3⑦).

Ⅱ. 등록증 분실신고서의 제출

등록증을 다시 교부받으려는 자는 금융위원회가 정하여 고시하는 대부업등 등록증 분실신고서를 현재 등록되어 있는 시·도지사등에게 제출하여야 한다(영2의6⑧). 여기서 "대부업등 등록증 분실신고서"는 [별지 제4호 서식]으로 한다(감독규정4③).

제9절 위반시 제재

Ⅰ. 형사제재

법 제3조를 위반하여 등록을 하지 아니하고 대부업등을 한 자(제1호), 속임수나 그 밖의 부정한 방법으로 법 제3조에 따른 등록을 한 자(제2호)는 10년 이하의 징역 또는 5억원 이하의 벌금에 처한다(법19①).

Ⅱ. 과태료

법 제3조 제7항을 위반하여 분실신고를 하지 아니한 자에게는 1천만원 이하의 과태료를 부과한다(법21②(1)).

제2장 등록갱신

제1절 등록갱신 신청

대부업자등이 등록유효기간 이후에도 계속하여 대부업등을 하려는 경우에는 시·도지사등에게 유효기간 만료일 3개월 전부터 1개월 전까지 등록갱신을 신청하여야 한다(법3의2①).

Ⅰ. 의의

법 제3조의2 제1항에 따라 등록갱신을 신청하려는 자는 금융위원회가 정하여 고시하는 대부업등 등록갱신신청서에 법 제3조 제3항 제4호에 따른 영업소의 소재지를 증명할 수 있는 서류(등기부등본 또는 임대차 등의 계약서 사본에 한정), 교육이수증 사본과 그 밖에 금융위원회가 정하여 고시하는 서류를 첨부하여 현재 등록되어 있는 시·도지사등에게 제출하여야 한다(영2의7①).

이 경우 법 제3조의4 제1항 단서에 해당되어 교육을 받은 경우에는 교육을 받은 날부터 1주일 이내에 교육이수증 사본을 제출하여야 한다(영2의7②, 영2의6① 단서). 이에 따라 제출하는 교육이수증 사본은 등록신청일 전 6개월 이내의 교육에 대한 교육이수증[등록하려는 시·도지사 또는 금융위원회("시·도지사등")가 교부한 것에 한정되지 아니한다] 사본이어야 한다(영2의7②, 영2의6②).

Ⅱ. 등록갱신신청서

시행령 제2조의7 제1항의 "금융위원회가 정하여 고시하는 대부업등 등록갱신신청서"는 다음의 구분에 따른다(감독규정6①).

1. 시·도지사 등록

(1) 등록갱신신청서 서식

법 제3조 제1항에 따라 대부업등을 등록갱신하려는 자는 [별지 제5-1호 서식]을 제출하여야 한다(감독규정6①(1)).

(2) 첨부서류

감독규정 제6조 제1항제 1호에 따라 대부업등을 등록갱신하려는 자는 등록갱신신청서에 다음의 서류를 각 1부 첨부하여야 한다(감독규정6②).

1. 대부업등 교육이수증 사본
2. 영업소 소재지 증명서류(신청인 소유인 경우 부동산등기사항전부증명서, 임대차 등의 경우 임대차 등의 계약서 사본에 한정)
3. 주민등록표등본(개인의 경우), 법인등기사항전부증명서(법인의 경우)
4. 가족관계등록부 기본증명서(업무총괄사용인, 개인의 경우 대표자, 법인의 경

우 각 임원)

5. 인감증명서(개인의 경우 대표자 인감증명서 또는 서명확인법에 따른 본인서명사실확인서(전자본인서명확인서 포함), 법인의 경우 법인인감증명서)
6. 대리인 신청 위임장(대리 등록신청의 경우)
7. 법 제3조의5 제1항 제1호에 따른 자기자본(법인이 아닌 경우 순자산액)을 갖추었음을 증명하는 서류
8. 법 제11조의4 제2항에 따라 보증금을 예탁하거나 보험 또는 공제에 가입하였음을 증명하는 서류
9. 대부업등 등록증 원본
10. 사업자등록증 사본
11. 직전 사업연도말 기준 손익계산서(법 제5조의2 제3항에 따라 상호 중에 "대부" 또는 "대부중개"라는 문자를 사용하지 아니하려는 경우)
12. 법 제18조의5 제1항에 따라 협회에 가입하였음을 증명하는 서류(같은 항 단서에 따라 협회에 가입하여야 하는 자의 경우)

2. 금융위원회 등록

법 제3조 제2항에 따라 대부업등을 등록갱신하려는 자는 금융감독원장이 정하는 서식을 제출하여야 한다(감독규정6①(2)).

(1) 등록갱신신청서 서식

대부업자 등이 감독규정 제6조 제1항에 따라 등록갱신신청서를 금융감독원장에게 제출할 때에는 [별지 제6호 서식]에 따른다(감독규정 시행세칙7①).

(2) 첨부서류

등록갱신신청서에는 다음의 서류를 첨부하여야 한다(감독규정 시행세칙7②).

1. 대부업등 교육이수증 사본
2. 영업소 소재지 증명서류(신청인 소유인 경우 부동산등기사항전부증명서, 임대차 등의 경우 임대차 등의 계약서 사본에 한정)

2의2. 영업소 소재지 건축물대장

3. 법인등기사항전부증명서
4. 가족관계등록부 기본증명서(업무총괄사용인, 각 임원 및 출자자)
5. 법인 인감증명서
6. 대리인 신청 위임장(대리 등록신청의 경우)

7. 법 제3조의5 제2항 제2호에 따른 자기자본을 갖추었음을 증명하는 서류
8. 법 제11조의4 제2항에 따라 보증금을 예탁하거나 보험 또는 공제에 가입하였음을 증명하는 서류
9. 대부업등 등록증 원본
10. 사업자등록증 사본
11. 재무제표와 그 부속서류
12. 정관
13. 임원의 이력서 및 경력증명서
14. 주주(사원)명부
15. 법 제18조의5 제1항에 따라 협회에 가입하였음을 증명하는 서류
16. 한국신용정보원 신용정보조회서(신청법인 및 출자자)

제2절 등록요건 구비와 등록부 기재 및 등록증 교부

등록갱신신청을 받은 시·도지사등은 신청인이 제3조의5(등록요건 등)의 요건을 갖춘 경우에는 법 제3조 제4항 제1호의 사항을 확인한 후 등록부에 법 제3조 제3항 각 호에 규정된 사항과 등록갱신일자·등록번호를 적고 지체 없이 신청인에게 등록증을 교부하여야 한다(법3의2②).

제3절 시·도지사등의 갱신 미신청과 유효기간 만료 사실 통지

등록갱신과 관련하여 시·도지사등은 유효기간 만료일 3개월 전까지 해당 대부업자등에게 갱신절차와 기간 내에 갱신을 신청하지 아니하면 유효기간이 만료된다는 사실을 알려야 한다(법3의2③).

제4절 위반시 제재

법 제3조의2를 위반하여 등록갱신을 하지 아니하고 대부업등을 한 자(제1호), 속임수나 그 밖의 부정한 방법으로 제3조의2에 따른 등록갱신을 한 자(제2

호)는 10년 이하의 징역 또는 5억원 이하의 벌금에 처한다(법19①).

제3장 등록증의 반납 등

제1절 폐업 또는 등록취소와 등록증 반납

대부업자등이 폐업(법5②)하거나 등록이 취소(법13②)된 대부업자등은 지체 없이 시·도지사등에게 등록증을 반납하여야 한다(법3의3①).

제2절 영업정지 명령과 등록증 반납

영업정지 명령(법13①)을 받은 대부업자등은 등록증을 반납하여야 하고, 시·도지사등은 그 영업정지기간 동안 이를 보관하여야 한다(법3의3②).

제3절 등록증 분실과 신고

등록증을 반납하여야 하는 대부업자등은 등록증을 분실한 경우 분실신고(법3⑦)를 하여야 한다(법3의3③).

제4절 위반시 제재

법 제3조의3 제1항 또는 제2항을 위반하여 등록증을 반납하지 아니한 자에게는 1천만원 이하의 과태료를 부과한다(법21②(2)).

제4장 대부업등의 교육

제1절 사전 교육 이수 의무

대부업등의 등록을 하려는 자(법3①②), 대부업등의 등록갱신을 신청하려는 자(법3의2①) 및 대표자 또는 업무총괄 사용인에 대한 변경등록을 하려는 자(법5①)는 미리 대부업등의 준수사항 등에 관한 교육을 받아야 한다(법3의4① 본문).

제2절 사후 교육 이수의 예외

"대통령령으로 정하는 부득이한 사유"로 미리 교육을 받을 수 없는 경우에는 대부업등의 등록, 등록갱신 또는 변경등록 후 "대통령령으로 정하는 기간" 내에 교육을 받을 수 있다(법3의4① 단서).

여기서는 사후 교육 이수 사유인 "대통령령으로 정하는 부득이한 사유"와 사후 교육 이수 기간인 "대통령령으로 정하는 기간"을 살펴본다.

Ⅰ. 사후 교육 이수 사유

사후 교육 이수 사유인 "대통령령으로 정하는 부득이한 사유"란 다음의 어느 하나의 사유를 말한다(영2의8①).

1. 천재지변
2. 본인의 질병·사고, 업무상 국외 출장 등 부득이한 사유
3. 교육기관의 인적·물적 사정 등으로 교육을 받기 어려운 경우

Ⅱ. 사후 교육 이수 기간

사후 교육 이수 기간인 "대통령령으로 정하는 기간"이란 1개월을 말한다(영2의8②).

제3절 교육 실시기관과 교육대상

대부업등의 준수사항 등에 관한 교육은 시·도지사등이 다음의 구분에 따른 대부업자등의 임직원을 대상으로 실시한다(법3의4②, 영2의8③).

Ⅰ. 시·도지사 등록 또는 등록갱신

시·도지사에 대부업등의 등록(법3①)을 하거나 해당 등록을 갱신하려는 경우 다음의 구분에 따른 사람을 대상으로 교육을 실시한다(영2의8③(1)).

가. 법인인 대부업자등의 지점: 해당 지점의 업무총괄 사용인
나. 가목 외의 자: 대표자와 업무총괄 사용인

Ⅱ. 금융위원회 등록 또는 등록갱신

금융위원회에 대부업등의 등록(법3②)을 하거나 해당 등록을 갱신하려는 경우 다음의 구분에 따른 사람을 대상으로 교육을 실시한다(영2의8③(2)).

가. 법인인 대부업자등의 지점: 해당 지점의 업무총괄 사용인
나. 가목 외의 자: 다음의 사람
  1) 대표자와 업무총괄 사용인
  2) 임직원 총원(대표자 및 업무총괄 사용인 포함)의 10% 이상에 해당하는 수의 임직원

제4절 교육내용

교육의 내용은 다음과 같다(법3의4②, 영2의8④).

1. 법 제8조에 따른 대부업자의 이자율 제한 및 이자율 계산 방법
2. 법 제12조 제9항에 따른 보고서 작성 방법
3. 채권추심법에 따른 불법적 채권추심행위의 금지
4. 대부업자등의 광고에 관한 방법

5. 그 밖에 대부업자등이 대부업등을 경영하는 데 필요하다고 판단되는 사항

제5절 교육이수증 교부

시·도지사등은 교육을 받은 사람에게 "금융위원회가 정하여 고시하는 교육이수증"을 교부하여야 한다(법3의4②, 영2의8⑤). 여기서 "금융위원회가 정하여 고시하는 교육이수증"은 [별지 제6호 서식]으로 한다(감독규정9).

제5장 등록요건 등

제1절 시·도지사 등록

대부업등을 시·도지사에 등록하려는 자는 다음 각 호의 요건을 갖추어야 하며 등록기간 중 각 호의 요건을 유지하여야 한다(법3의5①).

Ⅰ. 자기자본 구비 요건

대부업등을 시·도지사에 등록하려는 자는 ⅰ) 대부중개업만을 하려는 자는 3천만원(법3의5①(1) 가목, 영2의9①), ⅱ) 그 외의 자인 ㉠ 등록신청인이 법인인 경우 3억원(법3의5①(1) 나목, 영2의9②(1)), ㉡ 등록신청인이 법인이 아닌 경우 1억원(법3의5①(1) 나목, 영2의9②(2)) 이상의 자기자본(법인이 아닌 경우에는 순자산액)을 갖추어야 한다(법3의5①(1), 영2의9①).

자기자본(법인이 아닌 경우에는 순자산액)의 산정방법은 금융위원회가 정하여 고시한다(영2의9⑥).

Ⅱ. 교육 이수 요건

대부업등을 시·도지사에 등록하려는 자는 대부업등의 교육을 이수하여야

한다(법3의5①(2) 본문). 다만, 등록 후 교육을 받는 경우에는 등록 후 교육을 이수하여야 한다(법3의5①(2) 단서).

Ⅲ. 고정사업장, 인력과 전산설비 구비 요건

대부업등을 시·도지사에 등록하려는 자는 "대통령령으로 정하는 고정사업장, 인력과 전산설비 등"을 갖추어야 한다(법3의5①(3)). 여기서 "대통령령으로 정하는 고정사업장, 인력과 전산설비 등"이란 다음의 것을 말한다(영2의10).

1. 건축물대장에 기재된 건물(건축법 제2조 제2항 제1호에 따른 단독주택, 같은 항 제2호에 따른 공동주택 및 같은 항 제15호에 따른 숙박시설은 제외)에 대하여 소유, 임차 또는 사용대차 등의 방법으로 6개월 이상의 사용권을 확보한 장소
2. 다음 각 목의 전산설비와 시스템(법 제3조 제2항 제6호에 따른 대부중개업을 등록하려는 자만 해당)
   가. 컴퓨터 등 정보통신 설비(전자적 업무처리에 필요한 설비, 통신수단 및 사무장비를 포함)
   나. 대부중개업무 관련 자료의 보관 및 손실을 방지하는 설비
   다. 전산설비 등을 안전하게 보호하는 설비
   라. 개인정보 등 전산자료의 안전한 처리·보관 및 전자적 침해사고 대응 등을 위한 시스템
3. 제2호의 전산설비와 시스템을 운용·유지·관리하는 전문인력 1명 이상(법 제3조 제2항 제6호에 따른 대부중개업을 등록하려는 자만 해당)
4. 제2호의 전산설비와 시스템 관리방안(법 제3조 제2항 제6호에 따른 대부중개업을 등록하려는 자만 해당)
5. 그 밖에 금융위원회가 정하여 고시하는 것

Ⅳ. 대표자, 임원, 업무총괄 사용인의 자격 요건

대부업등을 시·도지사에 등록하려는 자는 대표자, 임원, 업무총괄 사용인이 법 제4조(임원 등의 자격) 제1항에 적합하여야 한다(법3의5①(4)).

V. 신청인이 법인인 경우의 요건

대부업등을 시·도지사에 등록하려는 자는 등록신청인이 법인인 경우에는 다음의 요건을 충족하여야 한다(법3의5①(5)).

가. 최근 5년간 법 제4조 제1항 제6호 각 목[4)]의 규정을 위반하여 벌금형 이상을 선고받은 사실이 없을 것
나. 파산선고를 받고 복권되지 아니한 사실이 없을 것
다. 최근 3년간 폐업한 사실이 없을 것(2 이상의 영업소를 설치한 경우에는 영업소 전부를 폐업한 경우)
라. 최근 5년간 등록취소 처분을 받은 사실이나 폐업하지 아니하였다면 등록취소 처분을 받았을 상당한 사유가 없을 것

제2절 금융위원회 등록

대부업등을 금융위원회에 등록하려는 자는 다음 각 호의 요건을 갖추어야 하며 등록기간 중 각 호의 요건을 유지하여야 한다(법3의5②).

Ⅰ. 법인 요건

대부업등을 금융위원회에 등록하려는 자는 신청인이 법인이어야 한다(법3의5②(1)).

Ⅱ. 자기자본 구비 요건

대부업등을 금융위원회에 등록하려는 자는 ⅰ) 법 제3조 제2항 제6호에 따

---

4) 가. 대부업법의 규정
나. 형법 제257조 제1항(상해), 제260조 제1항(폭행), 제276조 제1항(체포 또는 감금), 제283조 제1항(협박), 제319조(주거침입, 퇴거불응), 제350조(공갈) 또는 제366조(재물손괴 등)(각각 채권추심 과 관련된 경우만 해당)
다. 폭력행위처벌법의 규정(채권추심과 관련된 경우만 해당)
라. 신용정보법 제50조(벌칙) 제1항부터 제3항까지의 규정
마. 채권추심법의 규정
바. 개인정보 보호법 제71조(벌칙), 제72조(벌칙) 또는 제73조(벌칙)

라 등록하려는 자 1억원(법3의5②(2) 가목, 영2의9③), ⅱ) 가목 이외에 대부중개업만을 하려는 자 3천만원(법3의5②(2) 나목, 영2의9④), ⅲ) 그 외의 자인 ㉠ 등록신청인이 법 제3조 제2항 제2호에 따라 등록하려는 경우 5억원(법3의5②(2) 다목, 영2의9⑤(1)), ㉡ 그 밖의 경우: 3억원(법3의5②(2) 다목, 영2의9⑤(2)) 이상의 자기자본을 갖추어야 한다(법3의5②(2), 영2의9③④⑤).

자기자본(법인이 아닌 경우에는 순자산액)의 산정방법은 금융위원회가 정하여 고시한다(영2의9⑥).

Ⅲ. 교육 이수, 고정사업장·인력·전산설비, 신청인이 법인인 경우의 요건

대부업등을 금융위원회에 등록하려는 자는 위의 시·도지사 등록 요건 중 교육 이수 요건(법3의5①(2)), 고정사업장, 인력과 전산설비 구비 요건(법3의5①(3)), 신청인이 법인인 경우의 요건(법3의5①(5))을 갖추어야 한다(법3의5②(3)).

Ⅳ. 임원, 업무총괄 사용인이 자격 요건

대부업등을 금융위원회에 등록하려는 자는 임원, 업무총괄 사용인이 제4조(임원 등의 자격) 제1항에 적합하여야 한다(법3의5②(4)).

Ⅴ. 겸업금지업종 요건

대부업등을 금융위원회에 등록하려는 자는 전기통신사업법에 따른 전기통신사업자, 사행산업통합감독위원회법에 따른 사행산업 등 이해상충 가능성이 있거나 대부업 이용자의 권익 및 신용질서를 저해할 우려가 있는 업종으로서 "대통령령으로 정하는 업"을 하지 아니하여야 한다(법3의5②(5)).

위에서 "대통령령으로 정하는 업"이란 다음의 어느 하나에 해당하는 업을 말한다(영2의11①).

1. 전기통신사업법에 따른 전기통신사업 중 다음의 어느 하나에 해당하는 업
   가. 전기통신사업법 제5조 제2항에 따른 기간통신사업
   나. 삭제 [2019.6.25 제29886호(전기통신사업법 시행령)]
   다. 전기통신사업법 제5조 제3항에 따른 부가통신사업 중 이해상충 가능성

이 있거나 대부업 이용자의 권익 및 신용질서를 저해할 우려가 있는 업종으로서 금융위원회가 구체적으로 정하여 고시하는 업[5)]

2. 사행산업통합감독위원회법에 따른 사행산업
3. 식품위생법 시행령에 따른 단란주점영업 및 유흥주점영업
4. 방문판매법에 따른 다단계판매업
5. 그 밖에 이해상충 가능성이 있거나 대부업 이용자의 권익 및 신용질서를 현저히 저해할 우려가 있는 업종으로서 금융위원회가 정하여 고시하는 업[6)]

Ⅵ. 대주주의 사회적 신용 구비 요건

대부업등을 금융위원회에 등록하려는 자는 대주주(최대주주가 법인인 경우에는 그 법인의 주요경영사항에 대하여 사실상 영향력을 행사하고 있는 주주로서 "대통령령으로 정하는 자" 포함)가 "대통령령으로 정하는 사회적 신용을 갖추어야" 한다(법3의5②(6)).

여기서 "대통령령으로 정하는 자" 및 "대통령령으로 정하는 사회적 신용을 갖출 것"은 다음과 같다.

1. 대통령령으로 정하는 자

"대통령령으로 정하는 자"란 다음의 어느 하나에 해당하는 자를 말한다(영2의11② 본문). 다만, 제1호의 경우 법인의 성격 등을 고려하여 금융위원회가 정하여 고시하는 자[7)]는 제외한다(영2의11② 단서).

---

5) "금융위원회가 구체적으로 정하여 고시하는 업"은 전기통신사업법에 따른 부가통신사업 중 다음의 어느 하나에 해당하는 것을 말한다(감독규정10① 본문). 다만, 금융소비자 보호에 관한 감독규정 제22조 제1호 마목 2)에 해당하는 법인이 [별표 1]의 기준에 따른 대부업자("서민금융 우수 대부업자")에게 대부중개를 하는 경우에는 적용하지 아니한다(감독규정10① 단서).
  1. 전기통신사업법 제2조 제14호 나목에 해당하는 특수한 유형의 부가통신사업
  2. 여신전문금융업법 제2조 제8호의2의 신용카드등 부가통신업
  3. 전자금융거래법 제2조 제19호의 전자지급결제대행업

6) "금융위원회가 정하여 고시하는 업"이란 온라인투자연계금융업법에 따른 온라인투자연계금융업을 말한다(감독규정10②).

7) "금융위원회가 정하여 고시하는 자"란 최대주주인 법인이 금융위원회법 제38조에 따른 검사대상기관("금융회사")으로서 설립근거법에 따른 소유한도 유무, 주식소유의 분산 정도 등을 고려하여 그 금융회사를 사실상 지배하고 있지 아니하다고 금융위원회가 인정하는 최대주주를 말한다(감독규정10③).

1. 최대주주인 법인의 최대주주(최대주주인 법인을 사실상 지배하는 자가 그 법인의 최대주주와 다른 경우에는 그 사실상 지배하는 자 포함)
2. 최대주주인 법인의 대표자

2. 대통령령으로 정하는 사회적 신용을 갖출 것

"대통령령으로 정하는 사회적 신용을 갖출 것"이란 다음의 요건을 모두 갖춘 경우를 말한다(영2의11③ 본문). 다만, 다음의 위반 정도 등이 경미하다고 인정되는 경우는 사회적 신용을 갖춘 것으로 본다(영2의11③ 단서).

1. 최근 5년간 법, 이 영, 금융관련법령(영 제2조의12에 따른 금융관련법령), 공정거래법 또는 조세범 처벌법을 위반하여 벌금형 이상에 상당하는 형사처벌을 받은 사실이 없을 것
2. 최근 5년간 신용정보법 제25조 제2항 제1호에 따른 종합신용정보집중기관에 금융질서 문란정보 거래처 또는 약정한 기일 내에 채무를 변제하지 아니한 자로 등록된 사실이 없을 것
3. 금융산업구조개선법에 따라 부실금융기관으로 지정되었거나 법, 이 영 또는 금융관련법령에 따라 영업의 허가·인가·등록 등이 취소된 금융기관의 대주주 또는 그의 특수관계인(부실금융기관으로 지정되거나 영업의 허가 등이 취소될 당시 공정거래법 시행령 제5조 제1항 제2호 가목에 따른 독립경영자에 해당하거나 같은 목에 따라 공정거래위원회로부터 동일인관련자의 범위에서 분리되었다고 인정을 받은 자는 제외)이 아닐 것. 다만, 대주주 또는 그의 특수관계인으로서 법원의 판결에 따라 부실책임이 없다고 인정된 자 또는 부실에 따른 경제적 책임을 부담하는 등 금융위원회가 정하여 고시하는 기준[8]에 해당하는 자는 제외한다.
4. 그 밖에 금융위원회가 정하여 고시하는 건전한 금융거래질서를 해친 사실이 없을 것

8) "금융위원회가 정하여 고시하는 기준"이란 법원의 판결에 따라 부실책임이 없다고 인정되거나 금융위원회가 정하는 「부실금융기관 대주주의 경제적 책임 부담기준」에 따라 경제적 책임부담의무를 이행 또는 면제받은 경우를 말한다(감독규정10④).

Ⅶ. 기타 사회적 신용 요건

대부업등을 금융위원회에 등록하려는 자는 그 밖에 "대통령령으로 정하는 사회적 신용을 갖추어야" 한다(법3의5②).

여기서 "대통령령으로 정하는 사회적 신용을 갖출 것"이란 다음의 요건을 모두 갖춘 경우를 말한다(영2의11③ 본문). 다만, 다음의 위반 정도 등이 경미하다고 인정되는 경우는 사회적 신용을 갖춘 것으로 본다(영2의11③ 단서).

1. 최근 5년간 법, 이 영, 금융관련법령(영 제2조의12에 따른 금융관련법령), 공정거래법 또는 조세범 처벌법을 위반하여 벌금형 이상에 상당하는 형사처벌을 받은 사실이 없을 것
2. 최근 5년간 신용정보법 제25조 제2항 제1호에 따른 종합신용정보집중기관에 금융질서 문란정보 거래처 또는 약정한 기일 내에 채무를 변제하지 아니한 자로 등록된 사실이 없을 것
3. 금융산업구조개선법에 따라 부실금융기관으로 지정되었거나 법, 이 영 또는 금융관련법령에 따라 영업의 허가·인가·등록 등이 취소된 금융기관의 대주주 또는 그의 특수관계인(부실금융기관으로 지정되거나 영업의 허가 등이 취소될 당시 공정거래법 시행령 제5조 제1항 제2호 가목에 따른 독립경영자에 해당하거나 같은 목에 따라 공정거래위원회로부터 동일인관련자의 범위에서 분리되었다고 인정을 받은 자는 제외)이 아닐 것. 다만, 대주주 또는 그의 특수관계인으로서 법원의 판결에 따라 부실책임이 없다고 인정된 자 또는 부실에 따른 경제적 책임을 부담하는 등 금융위원회가 정하여 고시하는 기준[9]에 해당하는 자는 제외한다.
4. 그 밖에 금융위원회가 정하여 고시하는 건전한 금융거래질서를 해친 사실이 없을 것

---

9) "금융위원회가 정하여 고시하는 기준"이란 법원의 판결에 따라 부실책임이 없다고 인정되거나 금융위원회가 정하는 「부실금융기관 대주주의 경제적 책임 부담기준」에 따라 경제적 책임부담의무를 이행 또는 면제받은 경우를 말한다(감독규정10④).

제6장 임원 등의 자격

부칙 제5조(임원 등의 자격에 관한 경과조치) 이 법 시행 당시 대부업자등에 재직 중인 대표자, 임원, 업무총괄 사용인이 이 법 시행 전에 발생한 사유로 인하여 제4조 및 제9조의5 제1항의 개정규정(2025. 1. 21. 일부개정)에 따른 사유에 해당하게 된 경우에는 같은 개정규정에도 불구하고 종전의 규정에 따른다(시행 2025. 7. 22.).

제1절 대부업자등의 임원 등의 자격

다음의 어느 하나에 해당하는 자는 대부업자등의 대표자, 임원 또는 업무총괄 사용인이 될 수 없다(법4① 본문). 다만, 업무총괄 사용인의 경우에는 제1호부터 제6호까지의 어느 하나에 해당하는 경우로 한정한다(법4① 단서).

1. 미성년자·피성년후견인 또는 피한정후견인
2. 파산선고를 받고 복권되지 아니한 자
3. 금고 이상의 실형을 선고받고 그 집행이 끝나거나(집행이 끝난 것으로 보는 경우를 포함) 면제된 날부터 5년이 지나지 아니한 자
4. 금고 이상의 형의 집행유예를 선고받고 그 유예기간 중에 있는 자
5. 금고 이상의 형의 선고유예를 받고 그 유예기간 중에 있는 자
6. 다음의 어느 하나에 해당하는 규정을 위반하여 벌금형을 선고받고 5년이 지나지 아니한 자
   가. 대부업법의 규정
   나. 형법 제257조 제1항(상해), 제260조 제1항(폭행), 제276조 제1항(체포 또는 감금), 제283조 제1항(협박), 제319조(주거침입, 퇴거불응), 제350조(공갈) 또는 제366조(재물손괴 등)(각각 채권추심과 관련된 경우만 해당)
   다. 폭력행위처벌법의 규정(채권추심과 관련된 경우만 해당)
   라. 신용정보법 제50조(벌칙) 제1항부터 제3항까지의 규정
   마. 채권추심법의 규정

바. 개인정보 보호법 제71조(벌칙), 제72조(벌칙) 또는 제73조(벌칙)

6의2. 폐업한 날부터 3년이 지나지 아니한 자(2 이상의 영업소를 설치한 경우에는 등록된 영업소 전부를 폐업한 경우)

7. 등록취소 처분을 받은 후 5년이 지나지 아니한 자 또는 폐업하지 아니하였다면 등록취소 처분을 받았을 상당한 사유가 있는 경우에는 폐업 후 5년이 지나지 아니한 자(등록취소 처분을 받은 자 또는 등록취소 처분을 받았을 상당한 사유가 있는 자가 법인인 경우에는 그 취소 사유 또는 등록취소 처분을 받았을 상당한 사유의 발생에 직접 책임이 있는 임원을 포함)

8. 대통령령으로 정하는 금융관련 법령("금융관련법령")[10]을 위반하여 벌금 이상의 형을 선고받고 그 집행이 끝나거나(집행이 끝난 것으로 보는 경우를 포함) 집행이 면제된 날부터 5년이 지나지 아니한 자

9. 금융관련법령에 따라 영업의 허가·인가·등록 등이 취소된 법인 또는 회사의 임직원이었던 자(그 취소사유의 발생에 관하여 직접 또는 이에 상응하는 책임이 있는 자로서 대통령령으로 정하는 자에 한정)로서 그 법인 또는 회사에 대한 취소가 있은 날부터 5년이 경과되지 아니한 자

10. 이 법 또는 금융관련법령에 따라 해임되거나 면직된 날부터 5년이 지나지 아니한 자

11. 재임 또는 재직 중이었더라면 이 법 또는 금융관련법령에 따라 해임요구 또는 면직요구의 조치를 받았을 것으로 통보된 퇴임한 임원 또는 퇴직한 직원으로서 그 통보된 날부터 5년(통보된 날부터 5년이 퇴임 또는 퇴직한 날부터 7년을 초과하는 경우에는 퇴임 또는 퇴직한 날부터 7년으로 한다)이 경과되

---

10) "대통령령으로 정하는 금융관련법령"이란 다음의 법률을 말한다(영2의12). 1. 삭제, 2. 공인회계사법, 3. 퇴직급여법, 4. 자산관리공사법, 5. 금융산업구조개선법, 5의2. 금융소비자보호법, 6. 금융실명법, 7. 금융위원회법, 8. 금융지주회사법, 9. 기술신용보증기금법, 10. 농업협동조합법, 11. 담보부사채신탁법, 12. 문화산업법, 13. 벤처투자법, 14. 보험업법, 15. 감정평가법, 16. 부동산투자회사법, 17. 민간투자법, 18. 산업발전법, 19. 상호저축은행법, 20. 선박투자회사법, 21. 새마을금고법, 22. 소재부품장비산업법, 23. 수산업협동조합법, 24. 신용보증기금법, 25. 신용정보법, 26. 신용협동조합법, 27. 여신전문금융업법, 28. 예금자보호법, 28의2. 온라인투자연계금융업법, 29. 외국인투자 촉진법, 30. 외국환거래법, 31. 유사수신행위법, 32. 은행법, 33. 이자제한법, 34. 자본시장법, 35. 자산유동화법, 36. 전자금융거래법, 36의2. 전자증권법, 37. 외부감사법, 38. 주택법, 39. 중소기업은행법, 40. 삭제, 41. 채권추심법, 42. 특정금융정보법, 43. 한국산업은행법, 44. 한국수출입은행법, 45. 한국은행법, 46. 한국주택금융공사법, 47. 해외자원개발법, 48. 그 밖에 금융위원회가 정하여 고시하는 법령
위 제48호의 "그 밖에 금융위원회가 정하여 고시하는 법령이란 다음의 법률 및 그 하위 규정을 말한다(감독규정10⑤). 1. 농림수산식품투자조법, 2. 산림조합법, 3. 개인채무자보호법

지 아니한 자

제2절 대부업자등의 임원 등의 자격 제한

대부업자등의 대표자 또는 업무총괄 사용인은 다른 대부업자등의 대표자 또는 업무총괄 사용인을 겸할 수 없다(법4②).

제3절 임원 또는 업무총괄 사용인의 자격 상실

임원 또는 업무총괄 사용인이 된 후에 앞의 법 제4조 제1항 각 호 또는 제2항에 해당하게 된 경우에는 그 직을 잃는다(법4③).

제7장 변경등록

제1절 변경등록

Ⅰ. 등록신청서 기재사항의 변경

1. 의의

대부업자등은 등록신청서의 기재사항(법3③ 각 호)이 변경된 경우에는 그 사유가 발생한 날부터 15일 이내에 대통령령으로 정하는 바에 따라 변경된 내용을 시·도지사등에게 변경등록하여야 한다(법5① 본문).

이에 따라 변경등록을 하려는 대부업자등은 “금융위원회가 정하여 고시하는 대부업등 변경등록신청서”에 변경 사항을 증명하는 서류를 첨부하여 현재 등록되어 있는 시·도지사등에게 제출하여야 한다(영3①).

2. 변경등록신청서 제출

"금융위원회가 정하여 고시하는 대부업등 변경등록신청서"는 다음의 구분에 따른다(감독규정7①).

(1) 시·도지사 변경등록

시·도지사에 대부업등을 변경등록하려는 자는 [별지 제7호 서식]을 제출하여야 한다(감독규정7①(1)).

(2) 금융위원회 변경등록

금융위원회에 대부업등을 변경등록하려는 자는 감독원장이 정하는 서식을 제출하여야 한다(감독규정7①(2)). 이에 따라 대부업자등이 변경등록신청서를 감독원장에게 제출할 때에는 [별지 제7호 서식]에 따른다(감독규정 시행세칙8①).

3. 첨부서류

(1) 시·도지사 변경등록

변경등록신청서에는 다음의 서류를 각 1부 첨부하여야 한다(감독규정7② 본문). 단 제5호의 서류는 영업소 소재지를 변경하는 경우에, 제6호의 서류는 출자자를 변경하는 경우에, 제7호의 서류는 상호 중에 "대부" 또는 "대부중개"라는 문자를 사용하지 않는 경우에, 제8호의 서류는 대표자, 임원 및 업무총괄사용인을 변경하는 경우에, 제12호의 서류는 대표자 및 업무총괄사용인을 변경하는 경우로 한정한다(감독규정7② 단서).

1. 대부업등 등록증 원본
2. 주민등록표등본(개인의 경우), 법인등기사항전부증명서(법인의 경우)
3. 인감증명서(개인의 경우 대표자 인감증명서 또는 서명확인법에 따른 본인서명사실확인서(전자본인서명확인서 포함), 법인의 경우 법인인감증명서)
4. 대리인 신청 위임장(대리 등록신청의 경우)
5. 영업소 소재지 증명서류(신청인 소유인 경우 부동산등기사항전부증명서, 임대차 등의 경우 임대차 등의 계약서 사본에 한정)
6. 주주명부
7. 직전 사업연도말 기준 손익계산서
8. 가족관계등록부 기본증명서
9. 삭제 < 2023. 1. 18.>

10. 보증금 예탁, 보험 또는 공제 사항이 변경되었음을 증명하는 서류
11. 협회에 가입하였음을 증명하는 서류(같은 항 단서에 따라 협회에 가입하여야 하는 자의 경우)
12. 대부업등 교육이수증 사본

(2) 금융위원회 변경등록

변경등록신청서에는 다음의 서류를 첨부하여야 한다(감독규정 시행세칙8② 본문). 단 제5호의 서류는 영업소 소재지를 변경하는 경우에, 제6호의 서류는 출자자를 변경하는 경우에, 제7호의 서류는 상호 중에 "대부" 또는 "대부중개"라는 문자를 사용하지 않는 경우에, 제8호의 서류는 대표자, 임원, 업무총괄사용인 또는 출자자를 변경하는 경우에, 제11호의 서류는 대표자 및 업무총괄사용인을 변경하는 경우에, 제12호의 서류는 출자자를 변경하는 경우로 한정한다(감독규정 시행세칙8② 단서).

1. 대부업등 등록증 원본
2. 법인등기사항전부증명서
3. 법인인감증명서
4. 대리인 신청 위임장(대리 등록신청의 경우)
5. 영업소 소재지 증명서류(신청인 소유인 경우 부동산등기사항전부증명서, 임대차 등의 경우 임대차 등의 계약서 사본에 한정)
6. 주주명부
7. 직전 사업연도말 기준 손익계산서
8. 가족관계등록부 기본증명서(업무총괄사용인, 각 임원 및 출자자)
9. 보증금 예탁, 보험 또는 공제 사항이 변경되었음을 증명하는 서류
10. 협회에 가입하였음을 증명하는 서류(같은 항 단서에 따라 협회에 가입하여야 하는 자의 경우)
11. 대부업등 교육이수증 사본
12. 한국신용정보원 신용정보조회서

II. 경미한 사항의 변경

"대통령령으로 정하는 경미한 사항이 변경된 경우"는 변경된 내용을 시·도지

사등에게 변경등록하지 않아도 된다(법5① 단서). 여기서 "대통령령으로 정하는 경미한 사항이 변경된 경우"란 다음의 어느 하나에 해당하는 경우를 말한다(영3②).

1. 대표자, 임원, 출자자 및 업무총괄 사용인의 주소가 변경된 경우
2. 출자총액이 5% 이하인 출자자의 명칭 또는 성명 및 지분율이 변경된 경우
3. 2 이상의 영업소를 설치한 경우로서 영업소의 명칭 또는 소재지가 변경된 경우(명칭 또는 소재지가 변경된 해당 영업소는 제외)
4. 자기자본(법인이 아닌 경우에는 순자산액)의 변경사항이 법 제12조 제9항에 따른 보고서에 반영되어 제출되는 경우

제2절 폐업신고

대부업자등이 폐업할 때에는 시·도지사등에게 신고하여야 한다(법5②).

Ⅰ. 폐업신고서 제출

폐업하려는 대부업자등은 폐업한 날부터 15일 이내에 "금융위원회가 정하여 고시하는 대부업등 폐업신고서(전자문서법 제2조 제1호에 따른 전자문서 포함)"를 현재 등록되어 있는 시·도지사등에게 제출하여야 한다(영3③). 여기서 "금융위원회가 정하여 고시하는 대부업등 폐업신고서"는 [별지 제8호의 서식]으로 한다(감독규정8①).

Ⅱ. 시·도지사 또는 금융감독원장의 폐업신고 사실의 상호 통지

시·도지사 또는 금융감독원장은 폐업신고를 받은 경우에는 그 사실을 전산정보처리조직 등을 통하여 상호간에 지체없이 알려야 한다(감독규정8②).

제3절 위반시 제재

법 제5조 제1항 또는 제2항을 위반하여 변경등록 또는 폐업신고를 하지 아

니한 자에게는 5천만원 이하의 과태료를 부과한다(법21①(1)).

제8장 상호 등

제1절 상호 중 대부 또는 대부중개 문자 사용

Ⅰ. 대부업자의 대부 문자 사용의무

대부업자(대부중개업을 겸영하는 대부업자 포함)는 그 상호 중에 “대부”라는 문자를 사용하여야 한다(법5의2①).

Ⅱ. 대부중개업자의 대부중개 문자 사용의무

대부중개업만을 하는 대부중개업자는 그 상호 중에 “대부중개”라는 문자를 사용하여야 한다(법5의2②).

Ⅲ. 대부 또는 대부중개 문자 사용의 예외

1. 영업수익 비율이 50% 미만 해당자

대부업등 외의 다른 영업을 겸영하는 대부업자등으로서 총영업수익 중 대부업등에서 생기는 영업수익의 비율이 50% 미만인 경우에 해당하는 자는 그 상호 중에 “대부” 및 “대부중개”라는 문자를 사용하지 아니할 수 있다(법5의2③, 영3의2①).

2. 광고 등의 영업행위시 상호와 대부 또는 대부중개 문자 사용

대부업등에서 생기는 영업수익의 비율이 50% 미만인 경우에 해당하여 상호(商號) 중에 "대부" 또는 “대부중개”라는 문자를 사용하지 아니한 대부업자등이 대부업등과 관련하여 광고 등의 영업행위를 할 때에는 상호와 함께 “대부” 또는 “대부중개”라는 글자를 쉽게 알아볼 수 있도록 적어야 한다(영3의2②).

3. 영업수익 비율의 계산

영업수익의 비율은 직전 사업연도 말 손익계산서를 기준으로 하여 대부업등에서는 이자수익, 대부업등 외의 영업에서는 매출액으로 계산한다(영3의2③ 전단). 이 경우 유가증권에 대한 투자 및 금융회사에의 예치금 등 금융상품의 운용에 따른 수익은 영업수익의 비율 계산에서 제외한다(영3의2③ 후단).

제2절 상호 중 대부, 대부중개 또는 유사상호 금지

대부업법에 따른 대부업자등이 아닌 자는 그 상호 중에 대부, 대부중개 또는 이와 유사한 상호를 사용하지 못한다(법5의2④).

제3절 명의 또는 등록증 대여 금지

누구든지 i) 대부업자등이 타인에게 자기의 명의로 대부업등을 하게 하는 행위(제1호), ii) 대부업자등의 등록증을 양도·양수·대여·유통하는 행위(제2호)를 하여서는 아니 된다(법5의2⑤).

제4절 위반시 제재

I. 형사제재

법 제5조의2 제4항을 위반하여 그 상호 중에 대부, 대부중개 또는 이와 유사한 상호를 사용한 자는 3년 이하의 징역 또는 3천만원 이하의 벌금에 처한다(법19④(1)).

법 제5조의2 제5항 각 호를 위반하여 타인에게 자기의 명의로 대부업등을 하게 하거나 대부업 등록증을 양도·양수·대여·유통한 자는 5년 이하의 징역 또는 2억원 이하의 벌금에 처한다(법19②(1)).

Ⅱ. 과태료

법 제5조의2 제1항 또는 제2항을 위반하여 상호 중에 "대부" 또는 "대부중개"라는 문자를 사용하지 아니한 자(제2호)에게는 5천만원 이하의 과태료를 부과한다(법21①).

제9장 업무총괄 사용인

제1절 업무총괄 사용인 설치

Ⅰ. 영업소별 설치의무

대부업자등은 영업소마다 업무총괄 사용인을 두어야 한다(법5의3① 본문).

Ⅱ. 설치의무의 예외

등록신청인이 개인인 경우로서 단일 영업소를 두고 있는 경우에는 업무총괄 사용인을 두지 아니할 수 있다(법5의3① 단서).

제2절 업무총괄 사용인의 업무범위

업무총괄 사용인의 업무범위는 다음과 같다(법5의3②, 영3의3).

Ⅰ. 대부업자의 업무총괄 사용인

대부업자의 업무총괄 사용인의 업무범위는 i) 대부계약의 체결 및 이행에 관한 업무(가목), ii) 채권추심에 관한 업무(나목), iii) 민원의 상담·처리에 관한 업무(다목), iv) 광고 등을 통한 거래상대방 모집에 관한 업무(라목), v) 그 밖에 거래상대방의 편의를 위하여 대부업자를 갈음하여 행하는 영업에 관한 업무(마목)이다(영3의3(1)).

Ⅱ. 대부중개업자의 업무총괄 사용인

대부중개업자의 업무총괄 사용인의 업무범위는 i) 대부계약의 중개에 관한 업무(가목), ii) 대부업자와의 중개계약 체결 및 이행에 관한 업무(나목), iii) 민원의 상담·처리에 관한 업무(다목), iv) 광고 등을 통한 거래상대방 모집에 관한 업무(라목), v) 그 밖에 거래상대방의 편의를 위하여 대부중개업자를 갈음하여 행하는 영업에 관한 업무(바목)이다(영3의3(2)).

제 3 편

영업행위 규제 및 대부이용자 보호

제1장 대부계약

제1절 대부계약의 체결

Ⅰ. 대부계약서의 기재사항

대부업자가 그의 거래상대방과 대부계약을 체결하는 경우에는 거래상대방이 본인임을 확인하고 i) 대부업자(그 영업소 포함) 및 거래상대방의 명칭 또는 성명 및 주소 또는 소재지(제1호), ii) 계약일자(제2호), iii) 대부금액(제3호), iv) 최고이자율(제3의3호), v) 대부이자율(이자율의 세부내역 및 연 이자율로 환산한 것 포함)(제4호), vi) 변제기간 및 변제방법(제5호), vii) 변제방법이 계좌이체 방식인 경우에는 변제를 받기 위한 대부업자 명의의 계좌번호(제6호), viii) 해당 거래에 관한 모든 부대비용(제7호), ix) 손해배상액 또는 강제집행에 관한 약정이 있는 경우에는 그 내용(제8호), x) 보증계약을 체결한 경우에는 그 내용(제9호), xi) 채무의 조기상환수수료율 등 조기상환조건(제10호), xii) 연체이자율(제11호), xiii) 그 밖에 대부업자의 거래상대방을 보호하기 위하여 필요한 사항으로서 대통령령으로 정하는 사항(제12호)[1]이 적힌 대부계약서를 거래상대방에게 교부하여야 한다

---

1) "대통령령으로 정하는 사항"이란 다음의 사항을 말한다(영4①).
   1. 대부업등 등록번호
   2. 삭제[2010.4.20]
   3. 기한의 이익 상실에 관한 약정이 있는 경우에는 그 내용

(법6①).

Ⅱ. 거래상대방에 대한 기재사항 설명의무

대부업자는 대부계약을 체결하는 경우에는 거래상대방에게 대부계약서 기재사항을 모두 설명하여야 한다(법6②).

Ⅲ. 보증계약서 기재사항과 대부계약서 사본 교부의무

대부업자가 대부계약과 관련하여 보증계약을 체결하는 경우에는 ⅰ) 대부업자(그 영업소 포함)·주채무자 및 보증인의 명칭 또는 성명 및 주소 또는 소재지(제1호), ⅱ) 계약일자(제2호), ⅲ) 보증기간(제3호), ⅳ) 피보증채무의 금액(제4호), ⅴ) 보증의 범위(제5호), ⅵ) 보증인이 주채무자와 연대하여 채무를 부담하는 경우에는 그 내용(제6호), ⅶ) 그 밖에 보증인을 보호하기 위하여 필요한 사항으로서 대통령령으로 정하는 사항(제7호)[2]이 적힌 보증계약서 및 대부계약서 사본을 보증인에게 교부하여야 한다(법6③).

Ⅳ. 보증인에 대한 기재사항 설명의무

대부업자는 대부계약과 관련하여 보증계약을 체결하는 경우에는 보증인에게 보증계약서 기재사항을 모두 설명하여야 한다(법6④).

Ⅴ. 대부업자의 계약서와 계약관계서류 보관의무

대부업자는 대부계약을 체결하거나 보증계약을 체결한 경우에는 그 계약서와 "대통령령으로 정하는 계약관계서류(대부업자의 거래상대방 또는 보증인이 채무를 변제하고 계약서 및 계약관계서류의 반환을 서면으로 요구함에 따라 이를 반환한 경우에는 그 사본 및 반환요구서)"를 대부계약 또는 보증계약을 체결한 날부터 채무변

---

4. 대부원리금의 변제 순서에 관한 약정이 있는 경우에는 그 내용
5. 채무 및 보증채무와 관련된 증명서의 발급비용과 발급기한

2) "대통령령으로 정하는 사항"이란 다음의 사항을 말한다(영4①).
1. 대부업등 등록번호
2. 삭제[2010.4.20]
3. 기한의 이익 상실에 관한 약정이 있는 경우에는 그 내용
4. 대부원리금의 변제 순서에 관한 약정이 있는 경우에는 그 내용
5. 채무 및 보증채무와 관련된 증명서의 발급비용과 발급기한

제일 이후 2년이 되는 날까지 보관하여야 한다(법6⑤).

여기서 “대통령령으로 정하는 계약관계서류”란 다음의 서류를 말한다(영4②).

1. 대부계약대장
2. 채무자와 날짜별로 원리금 및 부대비용을 주고 받은 내역
3. 담보 관련 서류 등 거래상대방(보증인 포함)이 대부계약 또는 그와 관련된 보증계약의 체결과 관련하여 제출한 서류(채무자가 채무를 변제하고 관련 서류의 반환을 서면으로 요구하여 반환한 경우에는 그 반환요구서)

Ⅵ. 계약서와 계약관계서류의 열람 요구 또는 증명서 발급 요구

대부계약 또는 그와 관련된 보증계약을 체결한 자 또는 그 대리인은 대부업자에게 그 계약서와 “대통령령으로 정하는 계약관계서류”의 열람을 요구하거나 채무 및 보증채무와 관련된 증명서의 발급을 요구할 수 있다(법6⑥ 전단). 이 경우 대부업자는 정당한 사유 없이 이를 거부하여서는 아니 된다(법6⑥ 후단).

여기서 “대통령령으로 정하는 계약관계서류”란 다음의 서류를 말한다(영4②).

1. 대부계약대장
2. 채무자와 날짜별로 원리금 및 부대비용을 주고 받은 내역
3. 담보 관련 서류 등 거래상대방(보증인 포함)이 대부계약 또는 그와 관련된 보증계약의 체결과 관련하여 제출한 서류(채무자가 채무를 변제하고 관련 서류의 반환을 서면으로 요구하여 반환한 경우에는 그 반환요구서)

Ⅶ. 위반시 제재

1. 5천만원 이하의 과태료

법 제6조 제1항 또는 제3항을 위반하여 계약서를 교부하지 아니한 자 또는 같은 조 제1항 각 호 또는 같은 조 제3항 각 호에서 정한 내용 중 전부 또는 일부가 적혀 있지 아니한 계약서를 교부하거나 같은 조 제1항 각 호 또는 같은 조 제3항 각 호에서 정한 내용 중 전부 또는 일부를 거짓으로 적어 계약서를 교부한 자(제3호), 법 제6조 제2항 또는 제4항을 위반하여 설명을 하지 아니한 자(제4호)

에게는 5천만원 이하의 과태료를 부과한다(법21①).

2. 1천만원 이하의 과태료

법 제6조 제5항을 위반하여 계약서와 계약관계서류의 보관의무를 이행하지 아니한 자(제4호), 법 제6조 제6항을 위반하여 정당한 사유 없이 계약서 및 계약관계서류의 열람을 거부하거나 관련 증명서의 발급을 거부한 자(제5호)에게는 1천만원 이하의 과태료를 부과한다(법21②).

*** 관련 판례: 대법원 2017. 12. 13. 선고 2016다233576 판결**

[1] 구 보증인보호법(2015. 2. 3. 법률 제13125호로 개정되기 전의 것) 제3조 제1항에서 보증의 의사표시에 보증인의 기명날인 또는 서명이 있는 서면을 요구하는 것은, 보증 의사를 명확하게 표시하게 함으로써 보증 의사의 존부 및 내용에 관하여 분명한 확인수단을 보장하여 분쟁을 예방하는 한편, 보증인으로 하여금 가능한 한 경솔하게 보증에 이르지 아니하고 숙고의 결과로 보증을 하도록 하려는 취지에서 나온 것이다.

일반적으로 서명은 기명날인과 달리 명의자 본인이 자신의 이름을 쓰는 것을 의미한다. 그런데 보증인의 서명에 대해 제3자가 보증인을 대신하여 이름을 쓰는 것이 포함된다면, 보증인이 직접 자신의 의사표시를 표시한다는 서명 고유의 목적은 퇴색되고 사실상 구두를 통한 보증계약 내지 보증인이 보증 내용을 구체적으로 알지 못하는 보증계약의 성립을 폭넓게 인정하는 결과를 초래하게 되며, 이는 경솔한 보증행위로부터 보증인을 보호하고자 하는 구 보증인보호법의 입법 취지를 몰각시키게 된다.

따라서 이러한 구 보증인보호법의 입법 목적과 취지, 규정 내용 등을 종합해 보면, 구 보증인보호법 제3조 제1항에서 정한 "보증인의 서명"은 원칙적으로 보증인이 직접 자신의 이름을 쓰는 것을 의미하며 타인이 보증인의 이름을 대신 쓰는 것은 이에 해당하지 아니한다고 해석함이 타당하다.

[2] 대부업자인 갑 주식회사의 직원이, 을이 채무자로, 병이 연대보증인으로 각 기재되어 있고 을과 병의 이름이 적힌 대부거래계약서 및 연대보증계약서 등을 받은 후 병과 대출 심사를 위한 통화를 하여, 병이 연대보증계약서 등을 자필로 작성하여 팩스로 보낸 것이 맞고 을에 대한 대출에 대하여 연대보증 의사가

있다고 답변하였으며, 이에 갑 회사가 을에게 돈을 대출하였는데, 그 후 갑 회사가 병에게 다시 연대보증계약서의 작성을 요구하였으나 병이 보증 의사가 없다는 이유로 거절한 사안에서, 연대보증계약서가 병의 서명에 의한 보증계약서로서 보증의 효력이 발생하려면, 원칙적으로 병 본인에 의한 서명이어야 하며 타인에 의한 서명으로는 부족하므로, 막연히 연대보증계약서의 연대보증인란에 병의 이름으로 된 서명이 있다는 사실만 가지고 병의 서명이 있다고 판단할 것이 아니라, 그것이 병이 직접 서명한 것인지 아니면 타인이 병의 이름으로 서명한 것인지를 명확히 가려야 하며, 병이 직접 서명하였다는 점에 대하여는 보증의 효력을 주장하는 갑 회사가 증명책임을 지는데, 병이 갑 회사의 직원과의 통화에서 연대보증계약서를 자필로 작성하였다고 답변하였지만, 그 후 병이 대출중개업자의 안내에 따라 응한 것일 뿐이라고 하여 답변 내용을 다투어 왔고 갑 회사 스스로도 위 통화 후 다시 병에게 연대보증계약서의 작성을 요구한 것은 위 연대보증계약서만으로는 병의 서명에 의한 보증계약서로서의 효력이 문제 될 수 있음을 고려한 것으로 보일 뿐 아니라, 실제로 연대보증계약서의 연대보증인란에 적힌 병의 이름이 병의 필체와 다르다고 보이는 사정까지 있음에 비추어 보면, 병이 직접 연대보증계약서에 서명하였다는 점에 대한 증명이 충분하지 않음에도, 연대보증인란에 병의 이름으로 된 서명이 있어 연대보증계약으로서 유효하다고 본 원심판단에 법리오해 등의 잘못이 있다고 한 사례.

제2절 중요 사항의 자필 기재

Ⅰ. 대부계약 체결과 자필 기재사항

대부업자는 그의 거래상대방과 대부계약을 체결하는 경우에는 ⅰ) 대부금액, ⅱ) 대부이자율 ⅲ) 변제기간, ⅳ) 연체이자율을 그 거래상대방이 자필로 기재하게 하여야 한다(법6의2①, 영4의2①).

*** 관련 판례: 대법원 2020. 11. 26. 선고 2020두42262 판결**

대부업법 제6조의2 제1항은 대부업자가 그의 거래상대방과 대부계약을 체결하는 경우에 대부금액, 대부이자율, 변제기간 등의 중요 사항을 거래상대방이 자필로 기재하도록 규정함으로써 자기계약과 쌍방대리를 금지하고 있다. 그러나 이는 대부업법 제2조 제1호 및 제3조에 따라 등록한 대부업자에 한하여 적용될 뿐이고, 그 밖의 금융기관에는 적용되지 않는다. 채무자가 금전대부계약의 체결과 강제집행을 승낙하는 의사표시를 직접 한 이상, "집행증서 작성을 촉탁하는 의사표시"에 관한 대리권을 위임하여 촉탁대리인이 집행증서 작성을 촉탁하는 것은 위 법률 규정에 위배되지 않는다.

Ⅱ. 보증계약 체결과 자필 기재사항

대부업자는 대부계약과 관련하여 보증계약을 체결하는 경우에는 i) 보증기간, ii) 피보증채무의 금액, iii) 보증의 범위, iv) 연체이자율을 그 거래상대방이 자필로 기재하게 하여야 한다(법6의2②, 영4의2①).

Ⅲ. 대부계약 또는 보증계약 체결과 자필 기재 의제

대부계약 또는 이와 관련된 보증계약을 체결할 때 다음의 어느 하나에 해당하는 경우에는 대부업자는 위의 제1항 각 호의 사항(대부계약 체결과 자필 기재사항) 또는 제2항 각 호의 사항(보증계약 체결과 자필 기재사항)을 거래상대방 또는 보증인이 자필로 기재하게 한 것으로 본다(법6의2③).

1. 전자서명법 제2조 제6호[3]에 따른 인증서(서명자의 실지명의를 확인할 수 있는 것)를 이용하여 거래상대방 또는 보증인이 본인인지 여부를 확인하고, 인터넷을 이용하여 제1항 각 호의 사항(대부계약 체결과 자필 기재사항) 또는 제2항 각 호의 사항(보증계약 체결과 자필 기재사항)을 거래상대방 또는 보증인이 직접 입력하게 하는 경우
2. 그 밖에 거래상대방 또는 보증인이 본인인지 여부 및 제1항 각 호의 사항 또는 제2항 각 호의 사항에 대한 거래상대방 또는 보증인의 동의 의사를 "음성 녹음 등 대통령령으로 정하는 방법"[4]으로 확인하는 경우

---

3) 6. "인증서"란 전자서명생성정보가 가입자에게 유일하게 속한다는 사실 등을 확인하고 이를 증명하는 전자적 정보를 말한다.

4) "음성 녹음 등 대통령령으로 정하는 방법"이란 다음의 사항을 모두 충족하는 방법을 말한다(영4의2②).

1. 유무선 통신을 이용하여 거래상대방이 본인인지 여부와 법 제6조의2 제1항 각 호의 사항(대부계약 체결과 자필기재 사항)에 관하여 질문 또는 설명하고 그에 대한 거래상대방의 답변 또는 확인내용을 음성 녹음할 것

Ⅳ. 위반시 제재

법 제6조의2를 위반하여 거래상대방 또는 보증인이 같은 조 제1항 각 호의 사항 또는 같은 조 제2항 각 호의 사항을 자필로 기재하게 하지 아니한 자에게는 5천만원 이하의 과태료를 부과한다(법21①(5)).

*** 관련 판례: 대법원 2018. 3. 29. 선고 2017다257395 판결**

전자문서법 제7조 제2항 제2호는 "수신된 전자문서가 작성자 또는 그 대리인과의 관계에 의하여 수신자가 그것이 작성자 또는 그 대리인의 의사에 기한 것이라고 믿을 만한 정당한 이유가 있는 자에 의하여 송신된 경우"에는 전자문서의 수신자가 전자문서에 포함된 의사표시를 작성자의 것으로 보아 행위할 수 있다고 규정하고 있다. 전자문서법 제11조는, 전자거래 중에서 전자서명에 관한 사항은 전자서명법에서 정하는 바에 따르도록 하고 있는데, 전자서명법 제3조 제2항은 "공인전자서명이 있는 경우에는 당해 전자서명이 서명자의 서명, 서명날인 또는 기명날인이고, 당해 전자문서가 전자서명된 후 그 내용이 변경되지 아니하였다고 추정한다."라고, 제18조의2는 "다른 법률에서 공인인증서를 이용하여 본인임을 확인하는 것을 제한 또는 배제하고 있지 아니한 경우에는 이 법의 규정에 따라 공인인증기관이 발급한 공인인증서에 의하여 본인임을 확인할 수 있다."라고 각 규정하고 있다.

이러한 규정들의 내용과 전자문서 및 전자거래의 안전성과 신뢰성을 확보하고자 하는 그 입법 목적 등을 종합하여 보면, 전자문서에 의한 거래에서 공인인증기관이 발급한 공인인증서에 의하여 본인임이 확인된 자에 의하여 송신된 전자문서는, 설령 본인의 의사에 반하여 작성·송신되었다고 하더라도, 특별한 사정이 없는 한 전자문서법 제7조 제2항 제2호에 규정된 "수신된 전자문서가 작성자 또는 그 대리인과의 관계에 의하여 수신자가 그것이 작성자 또는 그 대리인

---

2. 제1호에 따른 음성 녹음 내용을 다음의 방법 중 거래상대방이 요청하는 방법으로 확인할 수 있도록 할 것. 이 경우 대부업자는 거래상대방에게 서면확인서를 요청할 수 있음을 대부계약 체결 전 에 알려야 한다.
   가. 전화
   나. 인터넷 홈페이지
   다. 서면확인서

의 의사에 기한 것이라고 믿을 만한 정당한 이유가 있는 자에 의하여 송신된 경우”에 해당한다고 봄이 타당하다. 따라서 이러한 경우 그 전자문서의 수신자는 전화 통화나 면담 등의 추가적인 본인확인절차 없이도 전자문서에 포함된 의사표시를 작성자의 것으로 보아 법률행위를 할 수 있다.

나아가 대부업법의 아래와 같은 규정들까지 더하여 보면, 위와 같은 법리는 대부계약에도 그대로 적용된다고 할 것이다. 즉 대부업법은 공인인증서를 이용한 본인 확인을 제한하고 있지 아니할 뿐만 아니라, 제6조의2 제3항 제1호에서 “대부계약 또는 이와 관련된 보증계약을 체결할 때 전자서명법 제2조 제8호에 따른 공인인증서를 이용하여 거래상대방 또는 보증인이 본인인지 여부를 확인하고, 인터넷을 이용하여 대부계약 또는 보증계약상 자필로 기재해야 할 중요사항을 거래상대방 또는 보증인이 직접 입력하게 하는 경우에는, 대부업자는 위 중요사항을 거래상대방 또는 보증인이 자필로 기재하게 한 것으로 본다”고 규정하고 있다.

제3절 과잉 대부의 금지

Ⅰ. 소득 등 증명서류 제출 대상

대부업자는 대부계약을 체결하려는 경우에는 미리 거래상대방으로부터 그 소득·재산 및 부채상황에 관한 것으로서 “대통령령으로 정하는 증명서류”를 제출받아 그 거래상대방의 소득·재산 및 부채상황을 파악하여야 한다(법7① 본문). 여기서 “대통령령으로 정하는 증명서류”란 다음의 구분에 따른 서류를 말한다(영4의3①).

1. 거래상대방이 개인인 경우

거래상대방이 개인인 경우 다음의 증명서류를 제출받아야 거래상대방의 소득·재산 및 부채상황을 파악하여야 한다(영4의3①(1)).

가. 소득세법 제143조에 따른 근로소득 원천징수영수증, 같은 법 제144조에 따른 사업소득원천징수영수증, 소득금액증명원, 급여통장 사본, 연금증서 중 어느 하나의 소득증명서류

나. 법 제6조 제6항 전단에 따른 증명서로서 부채 잔액 증명서[신용정보법에 따른 개인신용평가회사, 개인사업자신용평가회사, 기업신용조회회사(기업정보조회업무만을 하는 기업신용조회회사는 제외) 또는 같은 법 제25조 제2항 제1호에 따른 종합신용정보집중기관을 통한 신용정보조회("신용정보조회") 결과를 제출하지 아니하는 경우만 해당]
다. 부동산 등기권리증, 부동산 임대차계약서 등 재산상 권리관계를 증명할 수 있는 서류(담보대출인 경우만 해당)
라. 신용정보조회 결과(등록한 대부업자가 대부계약을 체결하려는 경우만 해당)
마. 그 밖에 소득, 재산 및 부채상황을 파악할 수 있는 서류

2. 거래상대방이 법인인 경우

거래상대방이 법인인 경우 다음의 증명서류를 제출받아야 거래상대방의 소득·재산 및 부채상황을 파악하여야 한다(영4의3①(2)).

가. 감사보고서(외부감사법 제4조에 따른 외부감사의 대상인 법인만 해당)
나. 부가가치세법 시행령 제11조 제5항에 따른 사업자등록증, 지방세 세목별 과세증명서 및 지방세 납세증명서
다. 앞의 제1호 나목, 다목 및 마목의 서류

Ⅱ. 소득 등 증명서류 제출 대상의 예외

대부금액이 "대통령령으로 정하는 금액" 이하인 경우에는 소득 등의 증명서류를 제출받을 필요가 없다(법7① 단서). 여기서 "대통령령으로 정하는 금액"이란 ⅰ) 거래상대방이 29세 이하이거나 70세 이상인 경우: 100만원(제1호), ⅱ) 앞의 제1호 외의 거래상대방인 경우: 300만원(제2호)의 금액을 말한다(영4의3② 전단). 이 경우 금액은 해당 대부업자가 대부계약을 체결하려는 거래상대방에게 이미 대부한 금액의 잔액과 새로 대부계약을 체결하려는 금액을 합하여 산정한다(영4의3② 후단).

Ⅲ. 변제능력 초과 대부계약 체결의 금지

대부업자는 거래상대방의 소득·재산·부채상황·신용 및 변제계획 등을 고려하여 객관적인 변제능력을 초과하는 대부계약을 체결하여서는 아니 된다(법7②).

Ⅳ. 증명서류의 목적 외 사용 금지

대부업자는 증명서류를 거래상대방의 소득·재산 및 부채상황을 파악하기 위한 용도 외의 목적으로 사용하여서는 아니 된다(법7③).

Ⅴ. 위반시 제재

1. 형사제재

법 제7조 제3항을 위반하여 서류를 해당 용도 외의 목적으로 사용한 자는 3년 이하의 징역 또는 3천만원 이하의 벌금에 처한다(법19④(2)).

2. 과태료

법 제7조 제1항을 위반하여 거래상대방으로부터 소득·재산 및 부채상황에 관한 증명서류를 제출받지 아니한 자에게는 5천만원 이하의 과태료를 부과한다(법21①(6)).

제4절 담보제공 확인의무

Ⅰ. 제3자 명의 담보제공과 확인

대부업자는 대부계약을 체결하고자 하는 자가 제3자의 명의로 된 담보를 제공하는 경우 그 제3자에게 담보제공 여부를 확인하여야 한다(법7의2).

Ⅱ. 위반시 제재

법 제7조의2를 위반하여 제3자에게 담보제공 여부를 확인하지 아니한 자에게는 5천만원 이하의 과태료를 부과한다(법21①(6의2)).

제5절 대부계약의 효력

2025년 1월 21일 개정 법률은 대부계약 과정에서 성적 욕망 또는 수치심을 유발할 수 있는 촬영물·영상물·음성물 또는 그 편집물·합성물·가공물 및 복제물을 요구·수집·제공·유통하는 행위, 인신매매, 신체상해, 폭행·협박 등의 행위가 있거나, 대부이자율이 최고이자율의 3배 이상으로서 대통령령으로 정하는 비율을 초과하는 경우 등의 반사회적 불법대부계약은 원금과 이자를 전부 무효화할 수 있는 근거를 마련하였다(제8조의2 신설).

Ⅰ. 무효 사유

다음의 어느 하나에 해당하는 경우 그 대부계약은 무효로 한다(법8의2① 전단). 이 경우 대부업자, 불법사금융업자또는 여신금융기관("대부제공자")은 제8조, 제11조 및 제15조에도 불구하고 거래상대방에게 그 원본의 반환 및 이자의 변제를 청구하지 못하며, 거래상대방이 대부제공자에게 이미 지급한 원본과 이자가 있으면 이를 반환하여야 한다(법8의2① 후단).

1. 대부계약 과정에서 대부제공자가 다음 각 목의 어느 하나의 행위를 거래상대방에게 하거나 거래상대방이 하도록 요구하는 경우
   가. 성적 욕망 또는 수치심을 유발할 수 있는 촬영물·영상물·음성물 또는 그 편집물·합성물·가공물 및 복제물을 요구·수집·제공·유통하는 행위
   나. 인신매매, 신체의 상해 또는 포기, 장기기증, 강제취업, 강제노동 등 개인의 신체와 자유를 심각하게 침해하거나 기타 사회질서에 반하는 행위를 요구하는 행위
2. 폭행·협박·체포·감금·위계·위력을 사용하거나 채무자의 궁박, 경솔 또는 무경험을 이용하여 부당하게 체결된 대부계약으로서 대부계약의 내용이 거래상대방에게 현저하게 불리한 경우
3. 대부계약에 채권추심법 제8조의3, 제9조, 제10조 및 제12조에 위배되는 내용을 포함한 경우
4. 법 제6조 제1항 제4호에 따른 대부이자율이 법 제8조 제1항에 따른 최고이자율의 3배 이상으로서 대통령령으로 정하는 율[5]을 초과하는 내용으로 체결된 경우

5) "대통령령으로 정하는 율"이란 연 60%를 말한다(영5의2①). 제1항의 율을 월 또는 일 기준으로 적용하는 경우에는 연 60%를 단리로 환산한다(영5의2②). 이는 초고금리 기준을 정함으로써 피해자를 보다 두텁게 구제할 수 있을 것으로 본다.

Ⅱ. 취소 사유

다음의 어느 하나에 해당하는 사유가 있는 경우 대부제공자의 거래상대방은 대부계약을 취소할 수 있다(법8의2②).

1. 대부업법에 따른 여신금융기관 또는 대부업자등의 자격을 사칭하여 대부계약을 체결한 경우
2. 대부업자 또는 불법사금융업자가 법 제6조 제1항 또는 제3항에 따른 대부계약서 또는 보증계약서를 거래상대방에게 교부하지 아니한 경우. 다만, 다른 법령에 따라 대부계약서 또는 보증계약서의 교부가 면제 또는 대체 가능한 경우는 제외한다.
3. 대부계약서 또는 보증계약서에 법 제6조의2 제1항 각 호 또는 제2항 각 호의 사항이 실제와 달리 허위로 기재된 경우

제2장 총자산한도

제1절 금융위원회 등록 대부업자: 자기자본의 10배 초과 제한

금융위원회에 등록한 대부업자는 총자산이 자기자본의 10배의 범위에서 대통령령으로 정하는 배수("총자산한도")에 해당하는 금액을 초과해서는 아니 된다(법7의3①). 여기서 "대통령령으로 정하는 배수"란 10배를 말한다(영4의4①).

제2절 총자산한도의 산정기준

총자산한도의 산정기준 등 세부적인 사항은 대통령령으로 정한다(법7의3②). 이에 따라 여기서 총자산한도는 상법 제30조 제2항[6]에 따른 대차대조표상 자산

6) ② 상인은 영업을 개시한 때와 매년 1회이상 일정시기에, 회사는 성립한 때와 매 결산기

을 기준으로 산정한다(영4의4② 본문).

제3장 대부업자 등의 이자율 제한

제1절 대부업자의 이자율 제한

Ⅰ. 개인 또는 소기업 대부에 대한 이자율 제한

대부업자가 개인이나 중소기업기본법 제2조 제2항에 따른 소기업(小企業)[7]

에 회계장부에 의하여 대차대조표를 작성하고, 작성자가 이에 기명날인 또는 서명하여야 한다.

7) 소기업(小企業)은 중소기업 중 해당 기업이 영위하는 주된 업종별 평균매출액등이 [별표 3]의 기준에 맞는 기업으로 한다(중소기업기본법2②, 동법 시행령8①).

[별표 3] 주된 업종별 평균매출액등의 소기업 규모 기준(제8조 제1항 관련)

해당 기업의 주된 업종	분류기호	규모 기준
1. 식료품 제조업	C10	평균매출액등 120억원 이하
2. 음료 제조업	C11	
3. 의복, 의복액세서리 및 모피제품 제조업	C14	
4. 가죽, 가방 및 신발 제조업	C15	
5. 코크스, 연탄 및 석유정제품 제조업	C19	
6. 화학물질 및 화학제품 제조업(의약품 제조업은 제외한다)	C20	
7. 의료용 물질 및 의약품 제조업	C21	
8. 비금속 광물제품 제조업	C23	
9. 1차 금속 제조업	C24	
10. 금속가공제품 제조업(기계 및 가구 제조업은 제외한다)	C25	
11. 전자부품, 컴퓨터, 영상, 음향 및 통신장비 제조업	C26	
12. 전기장비 제조업	C28	
13. 그 밖의 기계 및 장비 제조업	C29	
14. 자동차 및 트레일러 제조업	C30	
15. 가구 제조업	C32	
16. 전기, 가스, 증기 및 공기조절 공급업	D	
17. 수도업	E36	
18. 농업,임업 및 어업	A	평균매출액등 80억원 이하
19. 광업	B	
20. 담배 제조업	C12	
21. 섬유제품 제조업(의복 제조업은 제외한다)	C13	

에 해당하는 법인에 대부를 하는 경우 그 이자율은 연 20%를 초과할 수 없다(법8①, 영5②). 율을 월 또는 일 기준으로 적용하는 경우에는 연 20%를 단리로 환산한다(영5③).

*** 관련 판례**

① 서울고등법원 2022. 3. 24. 선고 2021나2037299 판결

이 사건 추가합의는 일종의 준소비대차 내지 경개계약에 해당하는데 이러한 경우에도 대부업법상 제한이자율을 초과할 수는 없는 것이고(대법원 1998. 10. 13. 선고 98다17046 판결, 대법원 2015. 1. 15. 선고 2014다223506 판결 등 참조), 이는 이 사건 추가합의서에 복리약정에 해당하는 부분이 있다고 하더라도 마찬가지이다(대법원 1978. 8. 22. 선고 77다1392, 1393 판결 등 참조).

---

22. 목재 및 나무제품 제조업(가구 제조업은 제외한다)	C16	
23. 펄프, 종이 및 종이제품 제조업	C17	
24. 인쇄 및 기록매체 복제업	C18	
25. 고무제품, 및 플라스틱제품 제조업	C22	
26. 의료, 정밀, 광학기기 및 시계 제조업	C27	
27. 그 밖의 운송장비 제조업	C31	
28. 그 밖의 제품 제조업	C33	
29. 건설업	F	
30. 운수 및 창고업	H	
31. 금융 및 보험업	K	
32. 도매 및 소매업	G	평균매출액등 50억원 이하
33. 정보통신업	J	
34. 수도, 하수 및 폐기물 처리, 원료재생업(수도업은 제외한다)	E(E36 제외)	평균매출액등 30억원 이하
35. 부동산업	L	
36. 전문·과학 및 기술 서비스업	M	
37. 사업시설관리, 사업지원 및 임대 서비스업	N	
38. 예술, 스포츠 및 여가 관련 서비스업	R	
39. 산업용 기계 및 장비 수리업	C34	평균매출액등 10억원 이하
40. 숙박 및 음식점업	I	
41. 교육 서비스업	P	
42. 보건업 및 사회복지 서비스업	Q	
43. 수리(修理) 및 기타 개인 서비스업	S	

비고

1. 해당 기업의 주된 업종의 분류 및 분류기호는 「통계법」 제22조에 따라 통계청장이 고시한 한국표준산업분류에 따른다.
2. 위 표 제27호에도 불구하고 철도 차량 부품 및 관련 장치물 제조업(C31202) 중 철도 차량용 의자 제조업, 항공기용 부품 제조업(C31322) 중 항공기용 의자 제조업의 규모 기준은 평균매출액등 120억원 이하로 한다.

② 대법원 2012. 3. 15. 선고 2010도11258 판결

[1] 구 대부업법(2009. 1. 21. 법률 제9344호 대부업법으로 개정되기 전의 것) 제1조, 제8조 제1항, 제2항, 구 대부업법 시행령(2009. 4. 21. 대통령령 제21446호로 개정되기 전의 것) 제5조 제3항, 제4항 등에서 정한 구 대부업법의 입법목적과 관련 법령의 규정 내용을 종합하면, 대부업자가 선이자를 사전에 공제한 후 대부하였는데 선이자 산정의 대상기간 또는 약정 대부기간이 도과하기 전 중도에 대부원금이 상환된 경우 대부업자가 사전에 공제한 선이자가 구 대부업법에서 정한 제한이자율을 초과하는지 여부는, 선이자 공제액을 제외하고 채무자가 실제로 받은 금액을 원본으로 하여 대부일부터 실제 변제일까지 기간에 대한 제한이자율 소정의 이자를 기준으로 판단하여야 하고, 이러한 법리는 금융이용자가 약정 변제기 전에 대부금을 변제하는 경우 그로 인한 대부업자의 손해배상 명목으로 중도상환수수료를 지급하기로 하는 약정이 있는 경우에도 마찬가지이다. 결국 구 대부업법이 적용되는 대부에서는, 중도상환수수료를 포함하여 명목이나 명칭에 불구하고 대부업자가 받은 일체의 금원 중 구 대부업법 시행령 제5조 제4항에 열거된 비용을 제외한 금원을 모두 이자로 보아, 그 금액이 실제 대부기간에 대한 제한이자율 소정의 이율을 초과하게 되면 구 대부업법 제8조 제1항을 위반한 죄에 해당하게 된다.

[2] 피고인들이 甲에게 대부기간을 3개월로 하여 돈을 대부하면서 1개월분 선이자를 공제하였는데 5일 후 약정 대부원금 전액을 변제받고도 선이자로 공제한 금액을 정산하지 않아 제한이자율을 초과하였다고 하여 구 대부업법(2009. 1. 21. 법률 제9344호 대부업법으로 개정되기 전의 것) 위반으로 기소된 사안에서, 피고인들이 사전에 공제한 선이자가 실제 대부기간에 대한 구 대부업법에서 정한 제한이자율에 따른 이자를 초과하였지만 초과 부분은 이자가 아닌 중도상환수수료로 받은 것이어서 제한이자율을 초과한 것으로 볼 수 없다는 취지로 판단한 원심의 조치에 구 대부업법상 중도상환수수료의 간주이자 해당 여부에 관한 법리오해의 위법이 있다고 한 사례.

③ 대법원 2012. 8. 17. 선고 2010도7059 판결

[1] 구 대부업법(2009. 1. 21. 법률 제9344호 대부업법으로 개정되기 전의 것)의 입법 목적 및 구 대부업법 제1조, 제8조 제1항, 제19조 제2항 제2호, 구 대부업법 시행령(2009. 4. 21. 대통령령 제21446호 대부업법 시행령으로 개정되기 전의 것) 제5조

제3항의 내용과 취지 등에 비추어 보면, 대부업을 영위하는 자가 금전을 대부하면서 구 대부업법 제8조 제1항에서 정한 제한이자율(이하 "제한이자율"이라 한다)을 초과하는 이자를 받기로 약정한 경우에, 실제로 상환받은 이자에 관하여 상환 시까지 남아 있는 차용원금과 차용기간에 기초하여 산정되는 이자율이 제한이자율을 초과하는 때에는 구 대부업법 제8조 제1항을 위반한 것으로서 제19조 제2항 제2호에 따라 처벌된다고 보아야 한다. 그리고 이러한 법리는 제한이자율을 초과하는 이자를 포함하여 원리금을 분할 상환하기로 하는 약정을 체결한 경우에, 실제로 상환받은 각 원리금에 포함된 각 이자에 대하여도 마찬가지로 적용된다.

[2] 대부업을 영위하는 피고인이 甲에게 원금 1,200만 원에 대해 매회 144,000원씩 100일간 합계 1,440만 원을 상환받는 조건으로 일수로 대출한 후 제한이자율 초과 이자를 포함한 144,000원씩을 21회 수취하였다고 하여 구 대부업법(2009. 1. 21. 법률 제9344호 대부업법으로 개정되기 전의 것) 위반으로 기소된 사안에서, 피고인이 분할 상환받은 각 원리금에 포함된 이자 액수를 가린 다음, 이자별로 상환일까지 남아 있는 차용원금과 차용기간에 상응한 이자율을 산정하여 그 이자율이 제한이자율을 초과하는 경우에는 구 대부업법을 위반한 것으로 판단하여야 함에도, 차용일부터 최종 분할 상환일까지 상환된 이자의 총액을 산출한 다음 이에 관하여 최초 원금과 그 기간의 총 일수에 기초하여 산정한 이자율이 제한이자율을 초과하지 않는다는 이유로 무죄를 선고한 원심판결에 구 대부업법이 정한 제한이자율을 초과한 이자율 산정에 관한 법리오해의 위법이 있다고 한 사례.

Ⅱ. 사례금 등 명칭 불문 이자 의제

1. 이자 의제 포함사항

이자율을 산정할 때 사례금, 할인금, 수수료, 공제금, 연체이자, 체당금(替當金) 등 그 명칭이 무엇이든 대부와 관련하여 대부업자가 받는 것은 모두 이자로 본다(법8② 본문).

2. 이자 의제 제외사항

해당 거래의 체결과 변제에 관한 부대비용으로서 "대통령령으로 정한 사항"은 이자로 보지 아니한다(법8② 단서). 여기서 "대통령령으로 정한 사항"이란 i)

담보권 설정비용(제1호), ii) 신용조회비용(신용정보법에 따른 개인신용평가회사, 개인사업자신용평가회사 또는 기업신 용조회회사에 거래상대방의 신용을 조회하는 경우만 해당)(제2호)을 말한다(영5④).

*** 관련 판례**

① 대법원 2023. 11. 16. 선고 2023다266390 판결

대부업법 제8조 제2항의 취지는 대부업자가 사례금·할인금·수수료·공제금·연체이자·선이자 등의 명목으로 채무자로부터 금전을 징수하여 위 법을 잠탈하기 위한 수단으로 사용되는 탈법행위를 방지하는 데 있으므로, 명목 여하를 불문하고 대부업자와 채무자 사이의 금전대차와 관련된 것으로서 금전대차의 대가로 볼 수 있는 것이라면 이자로 간주되고, 따라서 대부업자가 이를 대부금에서 미리 공제하는 것은 선이자의 공제에 해당한다.

② 대법원 2010. 5. 13. 선고 2009도11576 판결

피고인은 2008. 8. 13. 공소외인에게 300만원을 대여하면서 중개수수료 명목으로 30만원, 공증료 명목으로 30만원을 각 공제하고 실제로는 240만원을 지급한 사실을 알 수 있는바, 구 대부업법 제8조 제2항은 이자율을 산정함에 있어 사례금·할인금·수수료·공제금·연체이자·선이자 등 그 명칭에 불구하고 대부와 관련하여 대부업자가 받는 것은 이를 이자로 본다고 규정하고 있으므로, 피고인은 구 대부업법 제8조 제1항 소정의 제한이자율을 초과하는 간주이자를 공제한 것으로 보아야 한다.

그런데 민사적 효력을 부정하면서도 제한이자율 초과 이자의 수수행위를 형사처벌한다는 측면에서는 초과 이자를 선이자 형태로 사전에 공제하는 경우와 사후에 초과 이자를 지급받는 경우 사이에 실질적 차이가 없는 점, 금융이용자를 보호하고 국민의 경제생활 안정에 이바지함을 목적으로 하는 구 대부업법의 입법 취지에 비추어 보더라도 제한초과 이자의 수수행위를 엄격하게 단속할 필요가 있는 점 등을 종합하면, 피고인이 위와 같이 제한이자율을 초과하는 간주이자를 사전에 공제한 행위는 구 대부업법 제19조 제2항 제2호 소정의 이자율의 제한을 위반하여 이자를 수수한 경우에 해당한다.

③ 대법원 2015. 7. 23. 선고 2014도8289 판결

대부업법 제8조 제2항의 취지는 대부업자가 사례금·할인금·수수료·공제

금·연체이자·체당금 등의 명목으로 채무자로부터 돈을 징수하여 위 법을 잠탈하기 위한 수단으로 사용되는 탈법행위를 방지하는 데 있으므로, 명목 여하를 불문하고 대부업자와 채무자 사이의 금전대차와 관련된 것으로서 금전대차의 대가로 볼 수 있는 것은 모두 이자로 간주된다(대법원 2014. 11. 13. 선고 2014다24785 판결 참조). 나아가 대부업자가 채무자로부터 징수한 돈을 나중에 채무자에게 반환하기로 약정하였다 하더라도, 그 반환 조건이나 시기, 대부업자의 의사나 행태 등 제반 사정에 비추어 볼 때 그 약정이 대부업법의 제한 이자율을 회피하기 위한 형식적인 것에 불과하고 실제로는 반환의사가 없거나 반환이 사실상 불가능 또는 현저히 곤란한 것으로 인정될 경우에는 그 징수한 돈은 실질적으로 대부업자에게 귀속된 이자로 보아야 한다.

④ 서울고등법원 2023. 10. 13. 선고 2023나2002990 판결

대부업법 제8조 제2항의 취지는 대부업자가 사례금·할인금·수수료·공제금·연체이자·선이자 등의 명목으로 채무자로부터 금전을 징수하여 위 법을 잠탈하기 위한 수단으로 사용되는 탈법행위를 방지하는 데 있으므로, 명목 여하를 불문하고 대부업자와 채무자 사이의 금전대차와 관련된 것으로서 금전대차의 대가로 볼 수 있는 것이라면 이자로 간주되고, 따라서 대부업자가 이를 대부금에서 미리 공제하는 것은 선이자의 공제에 해당한다(대법원 2010. 5. 13. 선고 2009도11576 판결 등 참조).

선이자가 공제된 경우에 대부업법에서 정하는 제한이자율을 초과하는지 여부는 그 선이자 공제액을 제외하고 채무자가 실제로 받은 금액을 기초로 하여 대부일부터 변제기까지의 기간에 대한 제한이자율에 따른 이자를 기준으로, 선이자 공제액(채무자가 변제기까지 실제 지급한 이자가 있다면 이를 포함한다)이 그것을 초과하는지에 따라 판단하여야 하고, 그와 같은 판단의 결과 초과하는 부분이 있다면 초과 부분은 대부업법 제8조 제5항[8]에 따라 당사자 사이에서 약정된 선이자 공제 전의 대부원금에 충당되어 그 충당 후의 나머지가 채무자가 변제기에 갚아야 할 대부원금이 된다(대법원 2014. 11. 13. 선고 2014다24785, 24792, 24808 판결 등 참조). 나아가 그와 같은 판단의 결과 선이자의 이자율이 제한이자율을 초과하지 아니하는 경우에는 제한이자율 초과 부분에 대한 이자계약을 무효로 하

8) 대부업법이 2018. 12. 24. 법률 제16089호로 개정되기 전에는 제8조 제4항이었다.

는 대부업법 제8조 제4항[9])이 적용되지 않으므로, 다른 강행법규 위반의 무효 사유가 없는 한 선이자 공제는 당사자가 약정한 이자의 지급으로서 유효하고, 선이자 공제 전의 당사자 사이에서 약정된 대부원금이 채무자가 변제기에 갚아야 할 대부원금이 된다(대법원 2013. 5. 9. 선고 2012다56245, 56252 판결 등 참조).

Ⅲ. 연체이자 수령 금지

대부업자가 개인이나 중소기업기본법 제2조 제2항에 따른 소기업(小企業)에 해당하는 법인에 대부를 하는 경우 "대통령령으로 정하는 율"을 초과하여 대부금에 대한 연체이자를 받을 수 없다(법8③). 여기서 "대통령령으로 정하는 율"이란 금융위원회가 대부자금의 조달비용, 연체금의 관리비용, 연체금액, 연체기간, 대부계약의 특성 등을 고려하여 정하는 연체이자율을 말한다(영5⑤ 전단). 이 경우 연 20%를 초과할 수 없다(영5⑤ 후단).

1. 연체이자율에 관한 규정

금융위원회 고시인 「대부업 등의 등록 및 금융이용자 보호에 관한 법률 시행령에 따른 연체이자율에 관한 규정」("연체이자율에 관한 규정")은 대부업법 제8조, 제15조 및 동법 시행령 제5조 제5항, 제9조 제4항에 따라 금융위원회의 소관업무의 시행에 필요한 사항을 정함을 목적으로 한다(연체이자율에 관한 규정1).

2. 연체가산이자율의 개념

연체가산이자율이라 함은 시행령 제5조 제5항 및 제9조 제4항에 따라 대부업자 및 여신금융기관이 대부약정시 연율로 체결한 대부이자율과 연체이자율간의 이자율의 차이를 말한다(연체이자율에 관한 규정2).

3. 연체이자율의 상한 등

(1) 연체이자율의 상한

시행령 제5조 제5항 및 제9조 제4항에 따른 연체이자율은 대부이자율에 연체가산이자율을 합산한 이자율로서 이 경우 연체가산이자율은 연 3%를 말한다

9) 대부업법이 2018. 12. 24. 법률 제16089호로 개정되기 전에는 제8조 제3항이었다.

(연체이자율에 관한 규정3①).

(2) 대부이자율이 없는 경우의 대부이자율

연체 발생 시점에 대부이자율이 없는 경우에는 다음에 해당하는 금리를 대부이자율로 적용한다(연체이자율에 관한 규정3②).

1. 금융회사의 자금 조달원가 및 연체 전 개인 신용도 등을 고려한 금리로서 다음 각 목의 구분에 따른 금리
   가. 여신전문금융업법에 따른 신용카드업자가 취급하는 상품 중 일시불 거래를 연체한 경우: 거래 발생 시점의 최소기간(2개월) 유이자 할부 금리
   나. 여신전문금융업법에 따른 신용카드업자가 취급하는 상품 중 무이자 할부 거래를 연체한 경우: 거래 발생 시점의 동일한 할부 계약기간의 유이자 할부 금리
2. 제1호 외의 경우에는 다음 각 목 중 높은 금리
   가. 상법 제54조에 따른 상사법정이율
   나. 한국은행법 제86조에 따라 한국은행에서 매월 발표하는 가장 최근의 비은행 금융기관 가중평균대출금리(신규취급액 기준) 중 상호금융 가계자금대출금리

Ⅳ. 이자율 초과 부분에 대한 이자계약 무효

대부업자가 법 제8조 제1항(=연 20%)을 위반하여 대부계약을 체결한 경우 이자율을 초과하는 부분에 대한 이자계약은 무효로 한다(법8④).

*** 관련 판례**

① 대법원 2023. 11. 16. 선고 2023다266390 판결

선이자가 공제된 경우에 대부업법에서 정한 제한이자율을 초과하는지 여부는 선이자 공제액을 제외하고 채무자가 실제로 받은 금액을 기초로 하여 대부일부터 변제기까지의 기간에 대한 제한이자율에 따른 이자를 기준으로, 선이자 공제액(채무자가 변제기까지 실제 지급한 이자가 있다면 이를 포함한다)이 그것을 초과하는지에 따라 판단하여야 하고, 그와 같은 판단의 결과 초과하는 부분이 있다면 그 초과 부분은 구 대부업법 제8조 제4항에 따라 당사자 사이에서 약정된 선이

자 공제 전의 대부원금에 충당되어 그 충당 후 나머지가 채무자가 변제기에 갚아야 할 대부원금이 된다.

② 대법원 2013. 5. 9. 선고 2012다56245, 56252 판결

대부업자가 사전에 공제한 선이자가 구 대부업법에서 정한 제한이자율을 초과하는지 판단하는 방법 및 그 결과 선이자의 이자율이 제한이자율을 초과하지 않는 경우, 채무자가 변제기에 갚아야 할 대부원금: 대부업자가 사전에 공제한 선이자가 구 대부업법(2005. 3. 31. 법률 제7428호로 개정되기 전의 것)에서 정하는 제한이자율을 초과하는지는 그 선이자 공제액을 제외하고 채무자가 실제로 받은 금액을 기초로 하여 대부일부터 변제기까지의 기간에 대한 제한이자율에 따른 이자를 기준으로 그 초과 여부를 판단하여야 한다. 나아가 그와 같은 판단의 결과 선이자의 이자율이 제한이자율을 초과하지 아니하는 경우에는, 제한이자율 초과 부분에 대한 이자계약을 무효로 하는 구 대부업법 제8조 제3항이 적용되지 아니하므로 다른 강행법규 위반의 무효 사유가 없는 한 그 선이자 공제는 당사자가 약정한 이자의 지급으로서 유효하고, 선이자 공제 전의 당사자 사이에서 약정된 대부원금이 채무자가 변제기에 갚아야 할 대부원금이 된다[구 대부업법(2009. 1. 21. 법률 제9344호로 개정된 것)은 제8조 제5항을 신설하여 "대부업자가 선이자를 사전에 공제하는 경우에는 그 공제액을 제외하고 채무자가 실제로 받은금액을 원본으로 하여 제1항에 따른 이자율을 산정한다."고 규정하였다. 이는 제한이자율 초과 여부의 판단 방법에 관한 앞서 본 법리를 입법화한 것에 불과하고 변제기에 갚아야 하는 대부원금에 대하여 정한 것이 아니므로, 위와 같은 해석에 영향이 없다].

③ 대법원 2014. 11. 13. 선고 2014다24785, 24792, 24808 판결

[1] 구 대부업법(2012. 12. 11. 법률 제11544호로 개정되기 전의 것) 제8조 제2항의 취지는 대부업자가 사례금·할인금·수수료·공제금·연체이자·선이자 등의 명목으로 채무자로부터 금전을 징수하여 위 법을 잠탈하기 위한 수단으로 사용되는 탈법행위를 방지하는 데 있으므로, 명목 여하를 불문하고 대부업자와 채무자 사이의 금전대차와 관련된 것으로서 금전대차의 대가로 볼 수 있는 것이라면 이자로 간주되고, 따라서 대부업자가 이를 대부금에서 미리 공제하는 것은 선이자의 공제에 해당하는바, 채무자가 직접 대부중개업자에게 중개의 대가("중개수수료")를 지급한 경우라도 그것이 대부업자와 전혀 무관하게 지급되었다는 등의 특별한 사정이 없고 오히려 대부업자가 대부중개업자로 하여금 채무자로부터 직접

중개수수료를 지급받도록 하고 자신은 대부중개업자에게 아무런 중개수수료를 지급하지 않았다면, 이러한 중개수수료는 대부업자 자신이 지급하여야 할 것을 채무자에게 전가시킨 것으로서 대부업자와 채무자 사이의 금전대차와 관련된 대가라고 할 것이어서, 구 대부업법 제8조 제2항에서 정하는 이자에 해당하고, 대부업자가 그만큼의 선이자를 사전에 공제한 것으로 보아야 한다.

그리고 공증료는 채권자가 채무자의 채무불이행에 대비하여 강제집행을 위한 집행권원을 미리 확보해 놓는 데 드는 비용으로서 채무자가 당연히 부담해야 할 성질의 것도 아니고 담보권 설정비용으로 볼 수도 없으므로, 구 대부업법 제8조 제2항 등의 취지에 비추어 볼 때 채무자로부터 공증료를 받았다면 이 역시 구 대부업법 제8조 제2항에서 정하는 이자에 해당하고, 대부업자가 그만큼의 선이자를 사전에 공제한 것으로 보아야 한다.

[2] 선이자가 공제된 경우에 구 대부업법(2012. 12. 11. 법률 제11544호로 개정되기 전의 것)에서 정하는 제한이자율을 초과하는지 여부는 선이자 공제액을 제외하고 채무자가 실제로 받은 금액을 기초로 하여 대부일부터 변제기까지의 기간에 대한 제한이자율에 따른 이자를 기준으로, 선이자 공제액(채무자가 변제기까지 실제 지급한 이자가 있다면 이를 포함한다)이 그것을 초과하는지에 따라 판단하여야 하고, 그와 같은 판단의 결과 초과하는 부분이 있다면 초과 부분은 구 대부업법 제8조 제4항에 따라 당사자 사이에서 약정된 선이자 공제 전의 대부원금에 충당되어 충당 후의 나머지가 채무자가 변제기에 갚아야 할 대부원금이 된다[구 대부업법(2009. 1. 21. 법률 제9344호로 개정된 것)은 제8조 제5항을 신설하여 "대부업자가 선이자를 사전에 공제하는 경우에는 그 공제액을 제외하고 채무자가 실제로 받은 금액을 원본으로 하여 제1항에 따른 이자율을 산정한다."고 규정하였으나, 이는 제한이자율 초과 여부의 판단 방법에 관한 앞서 본 법리를 입법화한 것에 불과하고 변제기에 갚아야 하는 대부원금에 대하여 정한 것이 아니므로, 위와 같은 해석에 영향이 없다].

④ 서울고등법원 2022. 7. 20. 선고 2022나2008373 판결

대부업자가 사전에 공제한 선이자가 구 대부업법에서 정하는 제한이자율을 초과하는지 여부는 그 선이자 공제액을 제외하고 채무자가 실제로 받은 금액을 기초로 하여 대부일부터 변제기까지의 기간에 대한 제한이자율에 따른 이자를 기준으로 그 초과 여부를 판단하여야 한다(대법원 1993. 11. 23. 선고 93다23459 판결 등 참조). 선이자 공제액은 대부일부터 당초의 변제기까지의 기간을 감안하여

산정되는 경우가 많고, 당초의 변제기가 도래하기 전에 기한이익이 상실됨에 따라 이행기가 도래하였다고 하여 그 이행기를 기준으로 구 대부업법상 제한이자율 초과 여부를 판단하게 되면, 당초의 변제기를 기준으로 하여서는 제한이자율을 초과하지 않던 선이자 공제액 부분까지도 기한이익 상실로 인해 단축된 기간을 적용함에 따라 제한이자율을 초과하게 되는 불합리한 결과가 발생할 수 있다. 당초의 변제기를 기준으로 판단하여 선이자의 이자율이 제한이자율을 초과하지 아니하는 경우에는, 제한이자율 초과 부분에 대한 이자계약을 무효로 하는 구 대부업법 제8조 제3항이 적용되지 아니하므로 다른 강행법규 위반의 무효 사유가 없는 한 그 선이자 공제는 당사자가 약정한 이자의 지급으로서 유효한 것으로 보아야 하기 때문이다(대법원 2006. 8. 25. 선고 2006다19443 판결, 대법원 2013. 5. 9. 선고 2012다56245, 56252 판결 등 참조).

다만 대부업자가 선이자를 사전에 공제한 후 대부하였는데 선이자 산정의 대상기간 또는 약정 대부기간이 도과하기 전 중도에 대부원금이 상환된 경우 대부업자가 이를 정산하여 반환하지 않음으로 인해 사전에 공제한 선이자가 구 대부업법에서 정한 제한이자율을 초과하는지 여부가 문제될 때에는, 선이자 공제액을 제외하고 채무자가 실제로 받은 금액을 원본으로 하여 대부일부터 실제 변제일까지 기간에 대한 제한이자율 소정의 이자를 기준으로 판단하여야 한다(대법원 2012. 3. 15. 선고 2010도11258 판결 등 참조).

Ⅴ. 이자율 초과 이자 지급의 원본충당

채무자가 대부업자에게 법 제8조 제1항(=연 20%)과 제3항(=연 3%)에 따른 이자율을 초과하는 이자를 지급한 경우 그 초과 지급된 이자 상당금액은 원본(元本)에 충당되고, 원본에 충당되고 남은 금액이 있으면 그 반환을 청구할 수 있다(법8⑤).

Ⅵ. 선이자 사전 공제와 이자율 산정

대부업자가 선이자를 사전에 공제하는 경우에는 그 공제액을 제외하고 채무자가 실제로 받은 금액을 원본으로 하여 법 제8조 제1항(=연 20%)에 따른 이자율을 산정한다(법8⑥).

Ⅶ. 위반시 제재

법 제8조에 따른 이자율을 초과하여 이자를 받은 자는 5년 이하의 징역 또는 2억원 이하의 벌금에 처한다(법19②(3)).

*** 관련 판례: 대법원 2016. 5. 27. 선고 2015도10800 판결**

이자율 제한 위반으로 인한 대부업법 위반은 위반행위 시마다 1죄가 성립하지만, 동일한 피해자에 대하여 일정한 기간 수회에 걸쳐 그와 같은 대부업법 위반행위를 한 경우 범의가 단일하고 범행방법이 동일하다면 포괄 일죄가 성립하고, 포괄 일죄의 공소 시효는 마지막 범죄행위가 종료한 때부터 진행한다.

제2절 불법사금융업자와의 계약 효력

부칙 제3조(불법사금융업자와의 계약 효력에 관한 적용례) 제11조의 개정규정(2025. 1. 21. 일부개정)은 이 법 시행 이후 계약을 체결 또는 갱신하는 경우부터 적용한다. 따라서 2025년 7월 22일 이후 계약을 체결 또는 갱신하는 경우부터 적용한다(시행 2025. 7. 22.).

Ⅰ. 이자 수령 금지와 약정 무효

불법사금융업자가 대부를 하는 경우 그 대부계약에 따른 이자(법 제8조 제2항에 따라 이자로 보는 것을 포함)를 받을 수 없으며, 해당 대부계약의 이자에 관한 약정은 무효로 한다(법11① 전단). 이 경우 불법사금융업자에 대해서는 상법 제54조[10] 및 제55조[11]를 적용하지 아니한다(법11① 후단).

10) 상법 제54조(상사법정이율) 상행위로 인한 채무의 법정이율은 연 6분으로 한다.

11) 상법 제55조(법정이자청구권) ① 상인이 그 영업에 관하여 금전을 대여한 경우에는 법정이자를 청구할 수 있다.
② 상인이 그 영업범위 내에서 타인을 위하여 금전을 체당(替當)하였을 때에는 체당한 날 이후의 법정이자를 청구할 수 있다.

Ⅱ. 위반시 제재

법 제11조 제1항을 위반하여 이자를 받은 자는 5년 이하의 징역 또는 2억원 이하의 벌금에 처한다(법19②(2)).

제3절 여신금융기관의 이자율의 제한

Ⅰ. 이자율의 제한

여신금융기관은 연 20%를 초과하여 대부금에 대한 이자를 받을 수 없다(법15①, 영9①). 여기서 율을 월 또는 일 기준으로 적용하는 경우에는 연 20%를 단리로 환산한다(영9②).

Ⅱ. 이자율의 산정

이자율을 산정할 때에는 법 제8조 제2항을 준용한다(법15②).

1. 이자 의제 포함사항

이자율을 산정할 때 사례금, 할인금, 수수료, 공제금, 연체이자, 체당금(替當金) 등 그 명칭이 무엇이든 대부와 관련하여 대부업자가 받는 것은 모두 이자로 본다(법15②, 법8② 본문).

2. 이자 의제 제외사항

해당 거래의 체결과 변제에 관한 부대비용으로서 "대통령령으로 정한 사항"은 이자로 보지 아니한다(법15②, 법8② 단서). 여기서 "대통령령으로 정한 사항"이란 다음의 비용을 말한다(영9③).

1. 담보권 설정비용
2. 신용조회비용(신용정보법에 따른 개인신용평가회사, 개인사업자신용평가회사 또는 기업신용조회회사에 거래상대방의 신용을 조회하는 경우만 해당)
3. 만기가 1년 이상인 대부계약의 대부금액을 조기상환함에 따라 발생하는 비

용으로서 조기상환 금액의 1%를 초과하지 아니하는 금액

＊ 관련 판례

① 대법원 2024. 1. 25. 선고 2022다229615 판결

[1] 주식매매예약에 따른 예약완결권에 관하여

대부업법 제15조 제2항에 의하여 여신금융기관의 이자율에 준용되는 제8조 제2항은 “사례금, 할인금, 수수료, 공제금, 연체이자, 체당금 등 그 명칭이 무엇이든 대부와 관련하여 대부업자가 받는 것은 모두 이자로 본다.”라고 규정하고 있을 뿐 그 제공자를 “채무자”로 한정하고 있지 않다. 또한 위 규정의 취지는 대부업자가 대부업법에 따른 이자 외에 사례금·할인금·수수료·공제금·연체이자·선이자 등의 명목으로 금전을 징수하는 등 위 법을 잠탈하기 위한 수단으로 사용하는 탈법행위를 방지하는 데 있으므로, 명목 여하를 불문하고 대부업자와 채무자 사이의 금전대차와 관련된 것으로서 금전대차의 대가로 볼 수 있는 것은 이자로 간주된다(대법원 2014. 11. 13. 선고 2014다24785, 24792, 24808 판결 참조). 여기에 대부업자가 대부업법에 따라 받을 수 있는 이자를 초과하여 수취하는 행위를 엄격하게 규제할 필요가 있는 점 등을 보태어 보면, 대부업자가 대부계약의 채무자 외의 자와 별도로 체결한 약정에 따라 금전 기타 대체물을 받기로 한 경우에도 그것이 대부업자와 채무자 사이의 대부계약에 따른 금전대차와 관련된 것으로서 금전대차의 대가로 볼 수 있는 것은 대부업법 제8조 제2항의 이자 또는 간주이자에 해당한다.

원심은, 대부업법 제2조 제1호 (나)목에 규정된 여신금융기관인 원고가 2019. 11. 29. 피고 주식회사 ○○(이하 “피고 2”라고 한다)과 20억 원을 대출하는 내용의 이 사건 대출계약을 체결한 사실, 원고가 같은 날 피고 2의 1인 주주 겸 대표자인 피고 1로부터 피고 2 발행주식 중 일부를 취득하기로 하는 내용의 이 사건 주식매매예약을 체결한 사실, 당시 원고와 피고들이 이 사건 주식매매예약에 따른 예약완결권의 가치를 약 80억 원으로 평가한 사실, 원고와 피고들은 2019. 12. 20. 피고들이 이 사건 주식매매예약에 따른 의무이행을 약속하고 불이행 시 연대하여 원고에게 80억 원의 위약벌을 지급하기로 하는 이 사건 확약을 한 사실, 원고가 2020. 7. 27. 이 사건 주식매매예약에 따른 예약완결권을 행사하였으나 피고 1이 이를 이행하지 않은 사실을 인정하였다. 이어 이 사건 주식매매예약에 따

른 예약완결권은 원고가 이 사건 대출계약과 관련하여 피고 1로부터 이 사건 대출계약에 따른 금전대차의 대가로 받은 것으로서 대부업법 제8조 제2항의 간주이자에 해당하고, 원고가 위 예약완결권을 제외하고도 대부업법에 따라 받을 수 있는 이자 또는 간주이자를 초과하여 금전을 수취한 이상, 이 사건 주식매매예약은 대부업법 제15조 제5항에 의하여 준용되는 제8조 제4항에 따라 무효이고 원고는 이 사건 주식매매예약에 따른 이행이나 이 사건 확약에 따른 위약벌의 지급을 구할 수 없다고 하였다.

원심판결 이유를 앞서 본 법리와 기록에 비추어 살펴보면, 이러한 원심의 판단은 정당하고, 거기에 상고이유 주장과 같이 필요한 심리를 다하지 않은 채 대부업법 제8조 제2항의 이자 또는 간주이자에 관한 법리를 오해하여 판결에 영향을 미친 잘못이 없다.

[2] 금융자문계약에 따른 수수료에 관하여

원심은, 원고가 이 사건 대출계약 당시 피고 2와 금융자문을 제공하고 수수료 1억 1,000만 원(부가가치세 포함)을 지급받는 내용의 이 사건 금융자문계약을 별도로 체결한 사실, 원고가 2020. 7. 30. 피고 2로부터 위 수수료 1억 1,000만 원을 지급받은 사실을 인정한 다음, 이 사건 금융자문계약에 따른 수수료 1억 1,000만 원은 원고가 이 사건 대출계약과 관련하여 금전대차의 대가로 받은 것으로서 대부업법 제8조 제2항의 간주이자에 해당한다고 판단하였다.

원심판결 이유를 위 1항에서 본 법리와 기록에 비추어 살펴보면, 이러한 원심의 판단은 정당하고, 거기에 금융자문계약의 법적 성질, 법률효과 및 통정허위표시에 관한 법리를 오해하여 판결에 영향을 미친 잘못이 없다.

② 서울고등법원 2022. 3. 31. 선고 2021나2030519 판결

대부업법 제15조 제1항이 여신금융기관으로 하여금 법령이 정한 이자율을 초과한 이자의 수령을 금지하는 것은 금융이용자를 보호하고 국민의 경제생활 안정에 이바지하기 위한 것이고, 제15조 제2항에서 그 명칭이 무엇이든 대부와 관련하여 대부업자가 받는 것을 모두 이자로 보는 이유는 사례금이나 수수료 등 대부업자가 이자가 아닌 명칭을 사용하여 금전을 징수함으로써 대부업법이 정한 이자 제한을 잠탈하는 탈법행위를 하는 것을 방지하는 데 있으므로, 비록 이 사건과 같이 대출취급수수료나 금융자문수수료 등 다른 명목으로 교부되는 돈이라고 하더라도 그것이 여신금융기관과 채무자 사이의 금전대차와 관련된 것으로서

금전대차의 대가로 볼 수 있는 것이라면 이자로 간주되고, 그 중 대부업자가 이를 대부금에서 미리 공제하는 것은 선이자의 공제에 해당한다(대법원 2010. 5. 13. 선고 2009도11576 판결, 대법원 2013. 5. 9. 선고 2012다56245, 56252 판결 등 참조).

나아가 대부업법이 이와 같이 이자로 간주되는 금전대차의 대가를 "금전"으로 한정하고 있지 아니하므로 금전 외에 "금전적 가치가 있는 각종 경제적 이익"도 이자로 간주되는 금전대차의 대가에 포함된다고 보아야 하고, 대부업법 제15조 제2항의 탈법행위 방지 취지와 위 규정이 대부와 관련하여 대부업자가 받는 것을 모두 이자로 간주하면서 그 제공자를 채무자로 한정하고 있지 아니한 점을 고려하여 보면, 금전대차와 관련하여 대가로 받았다면 그 제공명의자가 채무자가 아닌 제3자인 형식을 취하고 있다고 하더라도 마찬가지로 위 법에서 말하는 이자에 포함된다고 보아야 한다.

Ⅲ. 연체이자율의 상한 등

1. 연체이자 제한

여신금융기관은 대부자금의 조달비용, 연체금의 관리비용, 연체금액, 연체기간, 금융업의 특성 등을 고려하여 "대통령령으로 정하는 율"을 초과하여 대부금에 대한 연체이자를 받을 수 없다(법15③, 영9④). 여기서 "대통령령으로 정하는 율"이란 금융위원회가 각 금융업 및 대부계약의 특성 등을 반영하여 정하는 연체이자율을 말한다(영9④ 전단). 이 경우 연 20%를 초과할 수 없다(영9④ 후단).

2. 연체이자율에 관한 규정

금융위원회 고시인 「대부업 등의 등록 및 금융이용자 보호에 관한 법률 시행령에 따른 연체이자율에 관한 규정」("연체이자율에 관한 규정")은 대부업법 제8조, 제15조 및 동법 시행령 제5조 제5항, 제9조 제4항에 따라 금융위원회의 소관 업무의 시행에 필요한 사항을 정함을 목적으로 한다(연체이자율에 관한 규정1).

3. 연체가산이자율의 개념

연체가산이자율이라 함은 시행령 제5조 제5항 및 제9조 제4항에 따라 대부업자 및 여신금융기관이 대부약정시 연율로 체결한 대부이자율과 연체이자율간의 이자율의 차이를 말한다(연체이자율에 관한 규정2).

4. 연체이자율의 상한 등

(1) 연체이자율의 상한

시행령 제5조 제5항 및 제9조 제4항에 따른 연체이자율은 대부이자율에 연체가산이자율을 합산한 이자율로서 이 경우 연체가산이자율은 연 3%를 말한다(연체이자율에 관한 규정3①).

(2) 대부이자율이 없는 경우의 대부이자율

연체 발생 시점에 대부이자율이 없는 경우에는 다음에 해당하는 금리를 대부이자율로 적용한다(연체이자율에 관한 규정3②).

1. 금융회사의 자금 조달원가 및 연체 전 개인 신용도 등을 고려한 금리로서 다음 각 목의 구분에 따른 금리
   가. 여신전문금융업법에 따른 신용카드업자가 취급하는 상품 중 일시불 거래를 연체한 경우: 거래 발생 시점의 최소기간(2개월) 유이자 할부 금리
   나. 여신전문금융업법에 따른 신용카드업자가 취급하는 상품 중 무이자 할부거래를 연체한 경우: 거래 발생 시점의 동일한 할부 계약기간의 유이자 할부 금리
2. 제1호 외의 경우에는 다음 각 목 중 높은 금리
   가. 상법 제54조에 따른 상사법정이율
   나. 한국은행법 제86조에 따라 한국은행에서 매월 발표하는 가장 최근의 비은행 금융기관 가중평균대출금리(신규취급액 기준) 중 상호금융 가계자금대출금리

Ⅳ. 이자율 및 연체이자 제한 위반과 시정명령

금융위원회는 이자율 및 연체이자에 관한 법 제15조 제1항 및 제3항을 위반하여 이자 및 연체이자를 받는 여신금융기관에 대하여 그 시정을 명할 수 있다(법15④).

Ⅴ. 준용규정

여신금융기관이 법 제15조 제1항 및 제3항에 따른 기준을 초과하여 이자 또는 연체이자를 받은 경우 그 이자계약의 효력 등에 관하여는 제8조 제4항부터

제6항까지의 규정을 준용한다(법15⑤). 여기서는 준용규정을 살펴본다.

1. 이자율 초과 부분에 대한 이자계약 무효

대부업자가 법 제8조 제1항을 위반하여 대부계약을 체결한 경우 이자율을 초과하는 부분에 대한 이자계약은 무효로 한다(법8④).

2. 이자율 초과 이자 지급의 원본충당

채무자가 대부업자에게 법 제8조 제1항과 제3항에 따른 이자율을 초과하는 이자를 지급한 경우 그 초과 지급된 이자 상당금액은 원본(元本)에 충당되고, 원본에 충당되고 남은 금액이 있으면 그 반환을 청구할 수 있다(법8⑤).

3. 선이자 사전 공제와 이자율 산정

대부업자가 선이자를 사전에 공제하는 경우에는 그 공제액을 제외하고 채무자가 실제로 받은 금액을 원본으로 하여 법 제8조 제1항에 따른 이자율을 산정한다(법8⑥).

Ⅵ. 위반시 제재

법 제15조 제4항에 따른 시정명령을 이행하지 아니한 자는 3년 이하의 징역 또는 3천만원 이하의 벌금에 처한다(법19④(10)).

*** 관련 판례: 대법원 2022. 6. 30. 선고 2020다271322 판결**

대부업법은 대부계약에서 정할 수 있는 약정이자율이나 연체이자율의 상한을 대통령령으로 정하면서 이를 초과하는 부분에 대한 이자계약은 무효로 정하고 있다(대부업법 제8조 제1항, 제3항, 제4항, 제15조 제1항, 제3항, 제5항). 이러한 이자율 상한에 관한 규정은 특별한 사정이 없는 한 대부계약에 따른 채권이나 채권자의 지위가 양도되거나 신탁되는 경우에도 적용된다.

제4장 대부업의 광고

제1절 대부조건의 게시와 광고

Ⅰ. 중요 사항의 게시

대부업자는 등록증, 대부이자율, 이자계산방법, 변제방법, 연체이자율, 대부업 등록번호, 대부계약과 관련한 부대비용의 내용을 일반인이 알 수 있도록 영업소마다 게시하여야 한다(법9①,영6①).

Ⅱ. 대부업자의 광고 포함사항

대부업자가 대부조건 등에 관하여 표시 또는 광고(표시광고법에 따른 표시[12] 또는 광고[13])를 말한다. 이하 "광고"라 한다)를 하는 경우에는 다음의 사항을 포함하여야 한다(법9②).

1. 명칭 또는 대표자 성명
2. 대부업 등록번호
3. 대부이자율(연 이자율로 환산한 것 포함) 및 연체이자율

12) "표시"란 사업자 또는 사업자단체("사업자등")가 상품 또는 용역("상품등")에 관한 i) 자기 또는 다른 사업자등에 관한 사항(가목), ii) 자기 또는 다른 사업자등의 상품등의 내용, 거래 조건, 그 밖에 그 거래에 관한 사항(나목)을 소비자에게 알리기 위하여 상품의 용기·포장(첨부물과 내용물을 포함), 사업장 등의 게시물 또는 상품권·회원권·분양권 등 상품등에 관한 권리를 나타내는 증서에 쓰거나 붙인 문자·도형과 상품의 특성을 나타내는 용기·포장을 말한다(표시광고법2(1)).

13) "광고"란 사업자등이 상품등에 관한 i) 자기 또는 다른 사업자등에 관한 사항(가목), ii) 자기 또는 다른 사업자등의 상품등의 내용, 거래 조건, 그 밖에 그 거래에 관한 사항(나목)을 신문법 제2조 제1호 및 제2호에 따른 신문·인터넷신문, 정기간행물법 제2조 제1호에 따른 정기간행물, 방송법 제2조 제1호에 따른 방송, 전기통신기본법 제2조 제1호에 따른 전기통신, 그 밖에 "대통령령으로 정하는 방법"으로 소비자에게 널리 알리거나 제시하는 것을 말한다(표시광고법2(2)). 여기서 "대통령령으로 정하는 방법"이란 i) 전단·팸플릿·견본 또는 입장권(제1호), ii) 인터넷 또는 PC통신(제2호), iii) 포스터·간판·네온사인·애드벌룬 또는 전광판(제3호), iv) 비디오물·음반·서적·간행물·영화 또는 연극(제4호), v) 자기 상품 외의 다른 상품(제5호), vi) 그 밖에 앞의 제1호부터 제5호까지의 규정에 따른 매체 또는 수단과 유사한 매체 또는 수단(제6호)을 이용하는 것을 말한다(동법 시행령2).

4. 이자 외에 추가비용이 있는 경우 그 내용
5. 채무의 조기상환수수료율 등 조기상환조건
6. 과도한 채무의 위험성 및 대부계약과 관련된 신용등급 또는 개인신용평점의 하락 가능성을 알리는 경고문구 및 그 밖에 대부업자의 거래상대방을 보호하기 위하여 필요한 사항으로서 대통령령으로 정하는 사항[14)]

Ⅲ. 대부중개업자의 광고 포함사항

대부중개업자가 대부조건 등에 관하여 광고를 하는 경우에는 다음의 사항을 포함하여야 한다(법9③).

1. 명칭 또는 대표자 성명
2. 대부중개업 등록번호
3. 중개를 통하여 대부를 받을 경우 그 대부이자율(연 이자율로 환산한 것 포함) 및 연체이자율
4. 이자 외에 추가비용이 있는 경우 그 내용
5. 채무의 조기상환수수료율 등 조기상환조건
6. 과도한 채무의 위험성 및 대부계약과 관련된 신용등급 또는 개인신용평점의 하락 가능성을 알리는 경고문구 및 그 밖에 대부중개업자의 거래상대방을 보호하기 위하여 필요한 사항으로서 대통령령으로 정하는 사항[15)]

---

14) "대통령령으로 정하는 사항"이란 다음의 사항을 말한다(영6②).
1. 영업소의 주소와 법 제3조 제3항 제6호에 따라 등록된 표시 또는 광고("광고")에 사용되는 전화번호[2 이상의 특별시·광역시·특별자치시·도 또는 특별자치도("시·도")에 영업소를 설치한 대부업자인 경우에는 본점의 주소와 광고에 사용되는 전화번호]
2. 현재 등록되어 있는 시·도 또는 금융위원회("시·도등")의 명칭과 등록정보를 확인할 수 있는 시·도 등의 전화번호
3. 과도한 채무의 위험성 및 대부계약과 관련된 신용등급 또는 개인신용평점의 하락 가능성을 알리는 [별표 1] 제2호 가목에 따른 경고문구

앞의 [별표 1] 제2호 가목에 따른 경고문구는 다음과 같다.

가. 과도한 채무의 위험성을 알리는 경고문구는 1)부터 3)까지의 어느 하나로 하고, 대부계약과 관련된 신용등급 또는 개인신용평점의 하락 가능성을 알리는 경고문구는 4) 또는 5)로 한다.
1) "과도한 빚, 고통의 시작입니다."
2) "과도한 빚은 당신에게 큰 불행을 안겨 줄 수 있습니다."
3) "과도한 빚, 파산으로 가는 지름길입니다."
4) "대출 시 귀하의 신용등급 또는 개인신용평점이 하락할 수 있습니다."
5) "대출 시 신용등급 또는 개인신용평점 하락으로 다른 금융거래가 제약받을 수 있습니다."

Ⅳ. 대부업자등의 광고 문안과 표기

대부업자등은 광고를 하는 경우에는 일반인이 법 제9호 제2항 각 호의 사항(=대부업자의 광고 포함사항) 또는 제3항 각 호의 사항(=대부중개업자의 광고 포함사항)을 쉽게 알 수 있도록 "대통령령으로 정하는 방식"에 따라 광고의 문안과 표기를 하여야 한다(법9④). 여기서 "대통령령으로 정하는 방식"이란 다음의 방식을 말한다(영6의2).

1. 대부업자등의 상호의 글자는 상표의 글자보다 크게 하고, 쉽게 알아볼 수 있도록 할 것
2. 등록번호, 전화번호, 대부이자율, 대부계약과 관련된 부대비용, 영 제6조 제2항 제3호[16] 및 제3항 제3호·제4호[17]의 문구는 상호의 글자와 글자 크기를 같거나 크게 하고, 그 밖의 광고사항과 쉽게 구별할 수 있도록 할 것
3. [별표 1][18]에 따른 대부업자등의 광고 표시기준을 준수할 것

---

15) "대통령령으로 정하는 사항"이란 다음의 사항을 말한다(영6③).
  1. 영업소의 주소와 법 제3조 제3항 제6호에 따라 등록된 광고에 사용되는 전화번호(2 이상의 시·도에 영업소를 설치한 대부중개업자인 경우에는 본점의 주소와 광고에 사용되는 전화번호)
  2. 현재 등록되어 있는 시·도등의 명칭과 등록정보를 확인할 수 있는 시·도등의 전화번호
  3. "중개수수료를 요구하거나 받는 것은 불법"이라는 문구
  4. 과도한 채무의 위험성 및 대부계약과 관련된 신용등급 또는 개인신용평점의 하락 가능성을 알리는 [별표 1] 제2호 가목에 따른 경고문구

  앞의 [별표 1] 제2호 가목에 따른 경고문구는 다음과 같다.
  가. 과도한 채무의 위험성을 알리는 경고문구는 1)부터 3)까지의 어느 하나로 하고, 대부계약과 관련된 신용등급 또는 개인신용평점의 하락 가능성을 알리는 경고문구는 4) 또는 5)로 한다.
    1) "과도한 빚, 고통의 시작입니다."
    2) "과도한 빚은 당신에게 큰 불행을 안겨 줄 수 있습니다."
    3) "과도한 빚, 파산으로 가는 지름길입니다."
    4) "대출 시 귀하의 신용등급 또는 개인신용평점이 하락할 수 있습니다."
    5) "대출 시 신용등급 또는 개인신용평점 하락으로 다른 금융거래가 제약받을 수 있습니다."

16) 3. 과도한 채무의 위험성 및 대부계약과 관련된 신용등급 또는 개인신용평점의 하락 가능성을 알리는 별표 1 제2호 가목에 따른 경고문구

17) 3. "중개수수료를 요구하거나 받는 것은 불법"이라는 문구
  4. 과도한 채무의 위험성 및 대부계약과 관련된 신용등급 또는 개인신용평점의 하락 가능성을 알리는 별표 1 제2호 가목에 따른 경고문구

18) [별표 1] 대부업자 등의 광고 표시기준(제6조의2 제3호 관련)

V. 방송 광고 금지 시간

대부업자등은 i) 평일: 오전 7시부터 오전 9시까지 및 오후 1시부터 오후 10시까지(제1호), ii) 토요일과 공휴일: 오전 7시부터 오후 10시까지(제2호)에 따른 시간에는 방송법 제2조 제1호[19]에 따른 방송을 이용한 광고를 하여서는 아니

---

1. 광고 표시 등의 방법
   가. 상호 및 등록번호는 광고 왼쪽상단에 표시한다.
   나. 삭제 <2016. 7. 6.>
   다. 방송(라디오 방송은 제외), 지면, 옥외간판, 현수막, 인터넷을 통한 광고는 상호, 등록번호, 전화번호, 대부이자율, 대부계약과 관련된 부대비용, 과도한 채무의 위험성 및 대부계약과 관련된 신용등급 또는 개인신용평점의 하락 가능성 그리고 불법중개수수료와 관련된 경고문구의 글자를 해당 광고에 표시된 최대글자의 3분의 1 이상의 크기로 쉽게 알아볼 수 있도록 한다.
   라. 방송을 통한 광고는 상호, 등록번호, 전화번호, 대부이자율, 대부계약과 관련된 부대비용, 과도한 채무의 위험성 및 대부계약과 관련된 신용등급 또는 개인신용평점의 하락 가능성 그리고 불법중개수수료와 관련된 경고문구에 관한 내용이 전체 광고시간의 5분의 1 이상 자막으로 표시되어야 한다.
   마. 인터넷을 통한 광고는 해당 홈페이지의 최초 화면에 법 제9조 제2항 각 호의 사항 및 같은 조 제3항 각 호의 사항을 일반인이 알아보기 쉬운 방식을 통해 모두 표시하여야 한다.
   바. 고객모집 또는 대부상품 홍보를 위해 전화번호를 표기할 경우에는 등록번호, 대부이자율 및 대부계약과 관련된 부대비용, 제2호에 따른 경고문구 등 필수 표기사항을 모두 표시한다. 다만, 간판 등 단순히 영업소 위치를 표시하기 위한 경우 또는 음악, 체육행사 등의 후원 목적에 불과할 경우에는 상호 또는 상표만 표시할 수 있다.
2. 경고문구 표기기준
   가. 과도한 채무의 위험성을 알리는 경고문구는 1)부터 3)까지의 어느 하나로 하고, 대부계약과 관련된 신용등급 또는 개인신용평점의 하락 가능성을 알리는 경고문구는 4) 또는 5)로 한다.
      1) "과도한 빚, 고통의 시작입니다."
      2) "과도한 빚은 당신에게 큰 불행을 안겨 줄 수 있습니다."
      3) "과도한 빚, 파산으로 가는 지름길입니다."
      4) "대출 시 귀하의 신용등급 또는 개인신용평점이 하락할 수 있습니다."
      5) "대출 시 신용등급 또는 개인신용평점 하락으로 다른 금융거래가 제약받을 수 있습니다."
   나. 경고문구는 광고에 사용된 배경과 명확하게 구분되어 소비자가 쉽게 알아볼 수 있어야 한다.
   다. 경고문구는 지면 및 방송 광고의 경우에 표기한다. 다만, 광고면적이 150제곱센티미터 미만인 지면광고에 대해서는 경고문구를 생략할 수 있다.

19) 1. "방송"이라 함은 방송프로그램을 기획·편성 또는 제작하여 이를 공중(개별계약에 의한 수신자를 포함하며, 이하 "시청자"라 한다)에게 전기통신설비에 의하여 송신하는 것으로서 다음의 것을 말한다.
   가. 텔레비전방송: 정지 또는 이동하는 사물의 순간적 영상과 이에 따르는 음성·음향 등으로 이루어진 방송프로그램을 송신하는 방송

된다(법9⑤).

Ⅵ. 위반시 제재

법 제9조 제1항을 위반하여 중요 사항을 게시하지 아니한 자(제7호), 법 제9조 제2항, 제3항 또는 제5항을 위반하여 광고를 한 자(제8호)에게는 5천만원 이하의 과태료를 부과한다(법21①).

법 제9조 제4항을 위반하여 광고의 문안과 표기에 관한 의무를 이행하지 아니한 자(제6호)에게는 1천만원 이하의 과태료를 부과한다(법21②(6)).

제2절 대부업등에 관한 광고 금지

Ⅰ. 대부업 광고 금지: 대부업자 또는 여신금융기관

대부업자 또는 여신금융기관이 아니면 대부업에 관한 광고를 하여서는 아니 된다(법9의2①).

Ⅱ. 대부중개업 광고 금지: 대부중개업자 또는 대출모집인

대부중개업자 또는 대출모집인이 아니면 대부중개업에 관한 광고를 하여서는 아니 된다(법9의2②).

Ⅲ. 위반시 제재

법 제9조의2 제1항 또는 제2항을 위반하여 대부업 또는 대부중개업 광고를 한 자는 10년 이하의 징역 또는 5억원 이하의 벌금에 처한다(법19①(3)).

나. 라디오방송: 음성·음향 등으로 이루어진 방송프로그램을 송신하는 방송
다. 데이터방송: 방송사업자의 채널을 이용하여 데이터(문자·숫자·도형·도표·이미지 그 밖의 정보체계)를 위주로 하여 이에 따르는 영상·음성·음향 및 이들의 조합으로 이루어진 방송프로그램을 송신하는 방송(인터넷 등 통신망을 통하여 제공하거나 매개하는 경우는 제외)
라. 이동멀티미디어방송: 이동중 수신을 주목적으로 다채널을 이용하여 텔레비전방송·라디오방송 및 데이터방송을 복합적으로 송신하는 방송

제3절 대부업자등의 허위·과장 광고 금지

Ⅰ. 금지되는 허위·과장 광고의 내용

대부업자등은 다음의 행위를 하여서는 아니 된다(법9의3①).

1. 대부이자율, 대부 또는 대부중개를 받을 수 있는 거래상대방, 대부중개를 통하여 대부할 대부업자, 그 밖에 대부 또는 대부중개의 내용에 관하여 다음의 방법으로 광고하는 행위
   가. 사실과 다르게 광고하거나 사실을 지나치게 부풀리는 방법
   나. 사실을 숨기거나 축소하는 방법
   다. 비교의 대상 및 기준을 명시하지 아니하거나, 객관적인 근거 없이 자기의 대부 또는 대부중개가 다른 대부업자등의 대부 또는 대부중개보다 유리하다고 주장하는 방법
2. 대부 또는 대부중개를 받을 수 있는 것으로 오인하게 하거나 유인하여 다음의 방법으로 광고하는 행위
   가. 대부업법 또는 다른 법률을 위반하는 방법
   나. 타인의 재산권을 침해하는 방법
3. 그 밖에 대부업자등의 거래상대방을 보호하거나 불법 거래를 방지하기 위하여 필요한 경우로서 대통령령으로 정하는 광고 행위

위 제3호에서 "대통령령으로 정하는 광고 행위"란 다음의 어느 하나에 해당하는 광고 행위를 말한다(영6의3).

1. 다른 법률에 따라 허가·인가·등록 등을 받은 금융기관으로 오인될 수 있는 표현 등을 사용하는 광고 행위
2. 서민금융상품(서민 등 금융 소외계층을 지원하기 위한 상품으로서 금융위원회가 정하여 고시하는 상품[20])으로 오인될 수 있는 표현 등을 사용하는 광고 행위

---

20) "금융위원회가 정하여 고시하는 상품"이란 다음의 용어가 포함된 상품을 말한다(감독규정 11).
   1. 새희망홀씨, 2. 미소금융, 3. 햇살론, 4. 바꿔드림론, 5. 디딤돌대출, 6. 보금자리론, 7. 새희망힐링론, 8. 징검다리론, 9. 최저신용자 특례보증, 10. 불법사금융예방대출 또는 소액생계비대출

Ⅱ. 금지되는 광고 행위의 표현

대부업자등(불법사금융업자·불법사금융중개업자를 포함)은 다음의 표현을 사용하는 광고 행위를 하여서는 아니 된다(법9의3②).

1. 정부기관 및 다른 법률에 따라 허가·인가·등록 등을 받은 금융기관으로 오인될 수 있는 표현
2. 서민 등 금융소외계층을 지원하기 위한 상품으로서 금융위원회가 정하여 고시하는 상품[21]으로 오인될 수 있는 표현

Ⅲ. 시·도지사의 과태료 부과 내용의 공정거래위원회 통지

시·도지사는 앞의 제1항을 위반한 대부업자등에게 제21조에 따라 과태료를 부과한 경우에는 지체 없이 그 내용을 공정거래위원회에 알려야 한다(법9의3③).

Ⅳ. 위반시 제재

1. 형사제재

법 제9조의3 제2항을 위반하여 광고 행위를 한 자는 5년 이하의 징역 또는 2억원 이하의 벌금에 처한다(법19②(3)).

2. 과태료

법 제9조의3 제1항 각 호의 행위를 한 자에게는 5천만원 이하의 과태료를 부과한다(법21①(9)).

---

21) "금융위원회가 정하여 고시하는 상품"이란 다음의 용어가 포함된 상품을 말한다(감독규정 11).
1. 새희망홀씨, 2. 미소금융, 3. 햇살론, 4. 바꿔드림론, 5. 디딤돌대출, 6. 보금자리론, 7. 새희망힐링론, 8. 징검다리론, 9. 최저신용자 특례보증, 10. 불법사금융예방대출 또는 소액생계비대출

제4절 불법 대부행위 등에 사용된 전화번호의 이용중지 등

Ⅰ. 시·도지사 등의 전기통신역무 제공 중지 요청

ⅰ) 시·도지사(제1호), ⅱ) 검찰총장(제2호), ⅲ) 경찰청장(제3호), ⅳ) 금융감독원장(제4호), ⅴ) 서민금융진흥원의 원장(제5호)은 법 제9조의2 제1항 및 제2항을 위반한 광고나 대부업법 또는 「채권의 공정한 추심에 관한 법률」에 따른 처벌 대상이 되는 행위(이하 이 조에서 "불법대부행위등"이라 한다)에 이용된 전화번호를 발견 또는 확인한 때에는 과학기술정보통신부장관에게 해당 불법대부행위등에 이용된 전화번호에 대한 전기통신역무 제공의 중지를 요청할 수 있다(법9의6①, 영6의5①).

Ⅱ. 시·도지사 등의 광고 중단 명령 및 전기통신역무 제공 중지 요청

시·도지사 등은 법 제9조 제2항부터 제4항까지 또는 법 제9조의3 제1항을 위반한 광고를 발견한 경우 광고를 한 자에게 기한을 정하여 해당 광고의 중단을 명할 수 있으며, 그 명을 따르지 아니하는 경우에는 과학기술정보통신부장관에게 광고에 사용된 전화번호에 대한 전기통신역무 제공의 중지를 요청할 수 있다(법9의6②).

Ⅲ. 이용자의 이의신청

앞의 법 제9조의6 제1항 또는 제2항에 따른 요청으로 전기통신역무 제공이 중지된 이용자는 전기통신역무 제공의 중지를 요청한 기관에 이의신청을 할 수 있다(법9의6③).

1. 이의신청 기간과 문서 제출

법 제9조의6 제1항 또는 제2항에 따른 요청으로 전기통신역무 제공이 중지된 이용자가 이의신청을 하려면 전기통신역무 제공이 중지된 날부터 30일 이내에 ⅰ) 이의신청인의 명칭 또는 성명과 주소 및 연락처(제1호), ⅱ) 이의신청의 사유(제2호), ⅲ) 전기통신역무 제공이 중지된 날(제3호)을 적은 문서를 전기통신역무 제공의 중지를 요청한 기관("제공중지요청기관")에 제출하여야 한다(법9의6⑤,

영6의5②).

2. 이의신청 결정 및 그 결과의 통지 등

제공중지요청기관은 이의신청을 받은 날부터 15일 이내에 그 이의신청에 대하여 결정을 하고 그 결과를 이의신청인에게 문서로 통지하여야 한다(법9의6④, 영6의5③ 본문). 다만, 부득이한 사유로 그 기간 이내에 결정을 할 수 없을 때에는 15일의 범위에서 그 기간을 연장할 수 있으며, 연장사유와 연장기간을 이의신청인에게 통지하여야 한다(법9의6④, 영6의5③ 단서).

3. 보완 요청 및 기간

제공중지요청기관은 제출된 문서에 흠결이 있거나 추가적인 사실 확인이 필요한 경우 보완을 요청할 수 있다(법9의6⑤, 영6의5④ 전단). 이 경우 그 보완에 소요된 기간은 영 제6조의5 제3항 본문의 기간인 15일에 산입되지 아니한다(법9의6④, 영6의5④ 후단).

4. 전기통신역무 제공의 중지 해제 요청

제공중지요청기관은 이의신청이 이유가 있다고 인정할 때에는 지체 없이 과학기술정보통신부장관에게 해당 전기통신역무 제공의 중지를 해제하도록 요청하여야 한다(법9의6⑤, 영6의5⑤).

Ⅳ. 해당 전화번호 신고

누구든지 불법대부행위등에 이용된 전화번호를 확인한 때에는 ⅰ) 시·도지사(제1호), ⅱ) 검찰총장(제2호), ⅲ) 경찰청장(제3호), ⅳ) 금융감독원장(제4호), ⅴ) 서민금융진흥원의 원장(제5호)에게 해당 전화번호를 신고할 수 있다(법9의6④, 영6의5⑥).

법 제9조의6 제4항에 따른 신고를 하려는 자는 별지 제1호서식의 불법 대부행위 등에 사용된 전화번호 신고서를 제1항 각 호의 어느 하나에 해당하는 자에게 제출해야 한다(영6의5⑦ 본문). 다만, 긴급하거나 부득이한 경우에는 전화 또는 구두로 신고할 수 있다(영6의5⑦ 단서).

제5장 불법사금융업자로부터의 채권양수·추심 금지 등

제1절 불법사금융업자로부터의 채권양수·추심 금지 등

Ⅰ. 불법사금융업자로부터의 채권양수·추심 금지

대부업자는 불법사금융업자로부터 대부계약에 따른 채권을 양도받아 이를 추심하는 행위를 하여서는 아니 된다(법9의4①).

Ⅱ. 불법사금융중개업자로부터의 대부중개를 받은 상대방에 대한 대부 금지

대부업자는 불법사금융중개업자로부터 대부중개를 받은 거래상대방에게 대부하여서는 아니 된다(법9의4②).

Ⅲ. 불법사금융업자 등에 대한 채권양도 금지

대부업자 또는 여신금융기관은 i) 법 제3조 제2항 제2호(=대부채권매입추심을 업으로 하려는 자)에 따라 등록한 대부업자(제1호), ii) 여신금융기관(제2호), iii) 예금보험공사 및 정리금융회사(제3호), iv) 한국자산관리공사(제4호), v) 한국주택금융공사(제5호), vi) 외국 법령에 따라 설립되어 외국에서 여신금융기관이 영위하는 업(業)에 상당하는 업을 영위하는 자로서 "금융위원회가 정하여 고시하는 경우"에 해당하는 자(제6호), vii) 그 밖에 제1호부터 제6호까지에 준하는 자로서 "금융위원회가 정하여 고시하는 자"(제7호)가 아닌 자에게 대부계약에 따른 채권을 양도해서는 아니 된다(법9의4③, 영6의4).

위에서 제6호 "금융위원회가 정하여 고시하는 경우" 및 제7호 "금융위원회가 정하여 고시하는 자"는 다음과 같다.

1. 금융위원회가 정하여 고시하는 경우

"금융위원회가 정하여 고시하는 경우"란 법인에 대한 외화대출채권을 다음의 어느 하나에 따라 양도하는 경우를 말한다(감독규정12①).

1. 여신금융기관이 복수의 대주들이 대주단을 구성하여 참여하는 방식으로 취급한 대출채권을 양도하는 경우
2. 시행령 제6조의4 제6호에 따른 외국 법령에 따라 설립되어 외국에서 여신금융기관이 영위하는 업(業)에 상당하는 업을 영위하는 자("외국 여신금융기관")의 국내지점 또는 국내법인(여신금융기관이 영위하는 업(業)에 상당하는 업을 영위하는 경우에 한한다)이 무역금융상품(수출 팩토링/포페이팅, 수출환어음 매입, 수입 신용장 개설 등) 취급에 따른 대출채권을 그 본점, 지점 또는 계열회사인 외국 여신금융기관에 양도하는 경우
3. 외국 여신금융기관의 국내지점 또는 국내법인이 해당 지점의 폐쇄·청산 등의 사유로 영업을 계속할 수 없게 되어 대출채권을 그 본점, 지점 또는 계열회사인 외국 여신금융기관에 양도하는 경우

위 감독규정 제12조 제1항 제2호 및 제3호에 의하여 외화대출채권을 양도하는 외국 여신금융기관의 국내지점 또는 국내법인은 대출채권을 양수한 외국 여신금융기관으로부터 채권추심법상 채권추심자의 의무를 준수하고, 재양도시 양수인을 외국 여신금융기관으로 한정하는 등 대부계약에 따른 금융이용자의 이익을 침해하지 않을 것을 확약하는 서면을 징구하여야 한다(감독규정12②).

2. 금융위원회가 정하여 고시하는 자

"금융위원회가 정하여 고시하는 자"란 다음의 어느 하나에 해당하는 자를 말한다(감독규정12③).

1. 농협구조개선법에 따른 농업협동조합자산관리회사
2. 한국산업은행법 제29조의4 제2항 제2호의 회사등[22)]

22) 제29조의4(기간산업안정기금의 관리·운용 및 회계 등) ② 기간산업안정기금은 다음의 용도에 사용한다.
1. 다음 각 목의 방법에 따라 기간산업기업에 지원하는 자금과 그 부대비용
가. 자금의 대출
나. 자산의 매수
다. 채무의 보증 또는 인수
라. 가목 및 다목 외의 방법에 따른 신용공여
마. 사채의 인수
바. 출자(전환사채, 신주인수권부사채 등 주식 관련 사채의 인수를 포함)
사. 제2호의 회사등에 의한 가목부터 바목까지의 방법에 따른 지원

3. 자산관리공사법 제26조 제1항 제1호 및 제2호[23]의 업무를 수행하기 위하여 같은 법 제26조 제1항 제4호 라목[24]에 따라 설립된 기관
4. 새마을금고법에 따른 새마을금고자산관리회사

Ⅳ. 위반시 제재

법 제9조의4 제1항 또는 제2항을 위반하여 불법사금융업자로부터 대부계약에 따른 채권을 양도받아 이를 추심하는 행위를 한 자 또는 불법사금융중개업자로부터 대부중개를 받은 거래상대방에게 대부행위를 한 자(제4호), 법 제9조의4

---

2. 기간산업기업에 자금을 지원하기 위하여 설립하는 회사(자금지원에 따라 취득한 자산 등을 관리·운용 및 처분하기 위하여 설립하는 회사를 포함) 및 자본시장법 제9조 제18항에 따른 집합투자기구("회사등")에 대하여 출자·투자나 제1호 가목부터 마목까지의 방법으로 지원되는 자금 및 그 부대비용

23) 제26조(업무) ① 공사는 자산관리공사법의 목적을 달성하기 위하여 다음의 업무를 수행한다.
1. 부실자산의 효율적 정리를 위한 다음 각 목의 업무
가. 부실채권의 보전·추심(민사소송법 및 민사집행법에 따른 경매 및 소송 등에 관한 모든 행위를 포함)의 수임 및 인수정리
나. 부실채권의 매입과 그 부실채권의 출자전환에 따른 지분증권의 인수
다. 자산유동화법 제3조 제1항에 따른 유동화전문회사등이 발행하는 채권·증권의 인수
라. 나목에 따라 지분증권을 취득하였거나 제4호 라목에 따라 출자를 한 법인("출자법인")에 대한 금전의 대여 및 공사의 납입자본금·이익준비금 및 사업확장적립금 합계액의 500%의 범위에서 대통령령으로 정하는 한도에서의 지급보증
마. 공사가 인수한 자산(담보물 포함)의 매수자에 대한 연불매각(延拂賣却) 등 금융지원과 인수한 부실채권의 채무자의 경영정상화, 담보물의 가치의 보전·증대 등 부실자산의 효율적 정리에 필요한 자금의 대여·관리 및 라목에 따른 지급보증의 범위에서의 지급보증(차입원리금의 상환 에 대한 지급보증은 제외)
바. 부실채권의 보전·추심 및 채무관계자에 대한 재산조사
사. 국외부실자산 정리 등에 관한 자문과 업무대행 및 대통령령으로 정하는 회사 등에 대하여 국외부실자산에 대한 투자를 목적으로 하는 출자·투자
2. 부실징후기업 및 구조개선기업의 경영정상화 지원을 위한 다음 각 목의 업무
가. 부실징후기업의 자구계획대상자산의 관리·매각의 수임 및 인수정리
나. 부실징후기업 및 구조개선기업에 대한 경영진단과 정상화 지원을 위한 자문 및 기업 인수·합병의 알선
다. 채무자회생법 제34조 또는 제35조에 따라 법원에 회생절차개시를 신청한 기업 등에 대한자금의 대여 및 지급보증을 위한 특수목적법인에 대한 출자. 이 경우 자금대여·지급보증의대상·방식, 지급보증의 범위는 대통령령으로 정한다.
라. 비업무용자산 및 구조개선기업의 자산의 관리·매각, 매매의 중개 및 인수정리
마. 부실징후기업 및 구조개선기업의 경영정상화 지원을 위한 선박 관련 투자기구 등에 대한 출자·투자 및 제1호 라목에 따른 지급보증의 범위에서의 지급보증

24) 라. 공사의 업무수행에 따른 출자·투자

제3항을 위반하여 대부계약에 따른 채권을 양도한 자(제5호)는 3년 이하의 징역 또는 3천만원 이하의 벌금에 처한다(법19④).

제2절 고용 제한 등

부칙 제5조(임원 등의 자격에 관한 경과조치) 이 법 시행 당시 대부업자등에 재직 중인 대표자, 임원, 업무총괄 사용인이 이 법 시행 전에 발생한 사유로 인하여 제4조 및 제9조의5 제1항의 개정규정(2025. 1. 21. 일부개정)에 따른 사유에 해당하게 된 경우에는 같은 개정규정(시행 2025. 7. 22.)에도 불구하고 종전의 규정에 따른다.

Ⅰ. 고용 제한 대상자

대부업자등은 다음의 어느 하나에 해당하는 사람을 고용하여서는 아니 된다(법9의5①).

1. 폭력행위처벌법 제4조[25)]에 따라 금고 이상의 형을 선고받고 그 집행이 끝나

---

25) 제4조(단체 등의 구성·활동) ① 이 법에 규정된 범죄를 목적으로 하는 단체 또는 집단을 구성하거나 그러한 단체 또는 집단에 가입하거나 그 구성원으로 활동한 사람은 다음의 구분에 따라 처벌한다.
1. 수괴(首魁): 사형, 무기 또는 10년 이상의 징역
2. 간부: 무기 또는 7년 이상의 징역
3. 수괴·간부 외의 사람: 2년 이상의 유기징역
② 제1항의 단체 또는 집단을 구성하거나 그러한 단체 또는 집단에 가입한 사람이 단체 또는 집단의 위력을 과시하거나 단체 또는 집단의 존속·유지를 위하여 다음 각 호의 어느 하나에 해당하는 죄를 범하였을 때에는 그 죄에 대한 형의 장기(長期) 및 단기(短期)의 2분의 1까지 가중한다.
1. 형법에 따른 죄 중 다음 각 목의 죄
가. 형법 제8장 공무방해에 관한 죄 중 제136조(공무집행방해), 제141조(공용서류 등의 무효, 공용물의 파괴)의 죄
나. 형법 제24장 살인의 죄 중 제250조 제1항(살인), 제252조(촉탁, 승낙에 의한 살인 등), 제253조(위계 등에 의한 촉탁살인 등), 제255조(예비, 음모)의 죄
다. 형법 제34장 신용, 업무와 경매에 관한 죄 중 제314조(업무방해), 제315조(경매, 입찰의 방해)의 죄
라. 형법 제38장 절도와 강도의 죄 중 제333조(강도), 제334조(특수강도), 제335조(준강도), 제336조(인질강도), 제337조(강도상해, 치상), 제339조(강도강간), 제340조 제1항(해상강도)·제2항(해상강도상해 또는 치상), 제341조(상습범), 제343조(예비,

거나(집행이 끝난 것으로 보는 경우를 포함한다) 면제된 날부터 5년이 지나지 아니한 사람

2. 법 제4조 제1항 제6호 각 목[26]의 어느 하나에 해당하는 규정을 위반하여 다음 각 목의 어느 하나에 해당하는 사람
   가. 금고 이상의 실형을 선고받고 그 집행이 끝나거나(집행이 끝난 것으로 보는 경우를 포함) 면제된 날부터 2년이 지나지 아니한 사람
   나. 금고 이상의 형의 집행유예 또는 선고유예를 선고받고 그 유예기간 중에 있는 사람
   다. 벌금형을 선고받고 2년이 지나지 아니한 사람
3. 다른 대부업자등의 대표자 또는 업무총괄 사용인으로 선임된 자

Ⅱ. 고용 제한 대상자에 대한 위임·대리 금지

대부업자등은 고용 제한 대상자 중 어느 하나에 해당하는 사람에게 대부업등의 업무를 위임하거나 대리하게 하여서는 아니 된다(법9의5②).

Ⅲ. 위반시 제재

법 제9조의5 제1항 또는 제2항을 위반하여 종업원을 고용하거나 업무를 위임하거나 대리하게 한 자(제10호)에게는 5천만원 이하의 과태료를 부과한다(법21①).

음모)의 죄

2. 제2조 또는 제3조의 죄(형법 각 해당 조항의 상습범, 특수범, 상습특수범을 포함)

③ 타인에게 제1항의 단체 또는 집단에 가입할 것을 강요하거나 권유한 사람은 2년 이상의 유기징역에 처한다.

④ 제1항의 단체 또는 집단을 구성하거나 그러한 단체 또는 집단에 가입하여 그 단체 또는 집단의 존속·유지를 위하여 금품을 모집한 사람은 3년 이상의 유기징역에 처한다.

26) 6. 다음 각 목의 어느 하나에 해당하는 규정을 위반하여 벌금형을 선고받고 5년이 지나지 아니한 자
   가. 대부업법의 규정
   나. 형법 제257조 제1항(상해), 제260조 제1항(폭행), 제276조 제1항(체포, 감금), 제283조 제1항(협박), 제319조(주거침입, 퇴거불응), 제350조(공갈) 또는 제366조(재물손괴등)(각각 채권추심과 관련된 경우만 해당)
   다. 폭력행위처벌법의 규정(채권추심과 관련된 경우만 해당)
   라. 신용정보법 제50조 제1항부터 제3항까지의 규정
   마. 채권추심법의 규정
   바. 개인정보 보호법 제71조, 제72조 또는 제73조

제3절 차별금지

대부업자는 대부계약을 체결하는 경우에 정당한 사유 없이 성별·학력·장애·사회적 신분 등을 이유로 계약조건에 관하여 거래상대방을 부당하게 차별해서는 아니 된다(법9의8).

제4절 대부업 이용자의 개인정보 보호

Ⅰ. 대부업자의 용도 외의 목적으로 처리 금지

대부업자는 대부과정에서 수집한 거래상대방의 개인정보를 대부를 제공하기 위한 용도 외의 목적으로 처리하여서는 아니 된다(법9의9①).

Ⅱ. 대부중개업자의 용도 외의 목적으로 처리 금지

대부중개업자는 대부중개과정에서 수집한 거래상대방의 개인정보를 대부중개를 하기 위한 용도 외의 목적으로 처리하여서는 아니 된다(법9의9②).

Ⅲ. 범죄 이용 목적 등의 정보 수령 등의 금지

누구든지 대부업 이용자의 정보를 사용 및 관리할 때 범죄에 이용할 목적으로 또는 범죄에 이용될 것을 알면서 대부업 이용자의 개인정보를 제공받거나 제공하는 행위 또는 보관·전달·유통하는 행위를 하여서는 아니 된다(법9의9③).

Ⅳ. 위반시 제재

법 제9조의9 제1항 또는 제2항을 위반하여 대부과정 또는 대부중개과정에서 수집한 거래상대방의 개인정보를 정해진 용도 외의 목적으로 처리한 자는 5년 이하의 징역 또는 2억원 이하의 벌금에 처한다(법19②(4)).

법 제9조의9 제3항을 위반하여 대부업 이용자의 개인정보를 제공받거나 제공한 자 또는 보관·전달·유통한 자는 5년 이하의 징역 또는 2억원 이하의 벌금에 처한다(법19②(4)).

제5절 채권추심자의 소속·성명 명시 의무

Ⅰ. 채무자 또는 그의 관계인에 대한 명시의무

대부계약에 따른 채권의 추심을 하는 자는 채무자 또는 그의 관계인에게 그 소속과 성명을 밝혀야 한다(법10의2).

Ⅱ. 위반시 제재

법 제10조의2를 위반하여 소속과 성명을 밝히지 아니한 자에게는 1천만원 이하의 과태료를 부과한다(법21②(8)).

제6장 대부업 이용자 보호기준

이는 대부업자와 대부중개업자에 대한 내부통제 강화를 위한 규정이다.

제1절 보호기준

Ⅰ. 보호기준 제정의무

대부업 이용자 보호기준이란 대부업자등의 임직원이 그 직무를 수행할 때 따라야 할 기본적인 절차와 기준을 말한다. 금융위원회에 등록한 대부업자등으로서 대통령령으로 정하는 자산규모 이상인 자는 법령을 지키고 거래상대방을 보호하기 위하여 임직원이 그 직무를 수행할 때 따라야 할 기본적인 절차와 기준("보호기준")을 정하여야 한다(법9의7①).

Ⅱ. 보호기준 제정 대상 대부업자등

금융위원회에 등록한 대부업자등으로서 "대통령령으로 정하는 자산규모" 이상인 자는 법령을 지키고 거래상대방을 보호하기 위하여 보호기준을 정하여야 한다(법9의7①). 여기서 "대통령령으로 정하는 자산규모"란 i) 법 제3조(등록 등) 제2항 제2호에 따라 등록하여 대부채권매입추심을 업으로 하려는 대부업자: 직전 사업연도말 기준으로 10억원(제1호), ii) 그 밖의 대부업자등: 직전 사업연도말 기준으로 500억원(제2호)을 말한다(영6의6①).

Ⅲ. 보호기준의 필수적 포함사항

보호기준에는 i) 업무의 분장 및 조직구조에 관한 사항(제1호), ii) 임직원이 업무를 수행할 때 준수하여야 하는 절차에 관한 사항(제2호), iii) 임직원의 보호기준 준수 여부를 확인하는 절차 및 방법과 보호기준을 위반한 임직원의 처리에 관한 사항(제3호), iv) 보호기준의 제정 또는 변경 절차에 관한 사항(제4호), v) 보호감시인의 임면절차에 관한 사항(제5호), vi) 대부채권 추심 관련 불법행위를 방지하기 위한 채권의 추심·관리·매매 등에 대한 절차나 기준에 관한 사항(제6호), vii) 채무자 보호를 위한 대출채권의 소멸시효 관리 등에 관한 사항(제7호), viii) 그 밖에 대부업 이용자 보호를 위하여 필요한 사항으로서 금융위원회가 정하여 고시하는 사항(제8호)[27]이 포함되어야 한다((법9의7⑤, 영6의6②).

Ⅳ. 보호기준의 제정 또는 변경 절차

대부업자등이 보호기준을 제정하거나 변경하려는 경우에는 이사회의 결의를 거쳐야 한다(법9의7⑤, 영6의6③ 본문). 다만, 이사회가 없는 경우에는 그러하지 아니하다(법9의7⑤, 영6의6③ 단서).

Ⅴ. 보호기준의 변경 권고

금융위원회는 검사 결과 법령을 위반한 사실이 드러난 대부업자등에 대해서는 법령 위반행위의 재발 방지를 위하여 보호기준의 변경을 권고할 수 있다(법9의7⑤, 영6의6④).

---

27) "금융위원회가 정하여 고시하는 사항"이란 다음의 사항을 말한다(감독규정13⑤).
1. 고객의 신용에 관한 자료 또는 제반 정보가 업무 외의 목적에 사용되거나 외부에 유출되지 않도록 하기 위해 필요한 조치에 관한 사항
2. 광고의 주체·형식·내용 또는 광고시간 등에 관하여 준수하여야 할 사항

제2절 보호감시인

Ⅰ. 보호감시인의 임명

보호감시인은 보호기준을 지키는지를 점검하고, 보호기준을 위반하는 경우 이를 조사하여 감사(監査)하는 자를 말한다. 보호기준을 정하는 대부업자등은 보호기준을 지키는지를 점검하고, 보호기준을 위반하는 경우 이를 조사하여 감사(監査)하는 자("보호감시인")를 1명 이상 두어야 한다(법9의7②).

Ⅱ. 보호감시인의 임면과 이사회 결의

대부업자등은 보호감시인을 임면하려면 이사회의 결의를 거쳐야 한다(법9의7③).

Ⅲ. 보호감시인의 임면 통보

대부업자등은 보호감시인을 임면한 때에는 금융감독원장이 정하는 바에 의하여 그 사실을 금융감독원장에게 통보하여야 한다(감독규정13②). 이에 따라 대부업자등이 보호감시인 임면 사실을 금융감독원장에 통보할 때에는 i) 보호감시인 선임시 [별지 제1호 서식](제1호), ii) 보호감시인 해임(퇴임)시 [별지 제2호 서식](제2호)에 따른다(감독규정 시행세칙3).

Ⅳ. 보호감시인의 자격 요건 및 자격 상실

보호감시인은 다음의 요건을 충족한 자이어야 하며, 보호감시인이 된 후 제2호 또는 제3호의 요건을 충족하지 못한 경우에는 그 직을 상실한다(법9의7④).

1. 다음 각 목의 어느 하나에 해당하는 경력이 있는 자일 것
   가. 한국은행 또는 금융위원회법 제38조에 따른 검사 대상 기관(이에 상당하는 외국금융기관을 포함)에서 10년 이상 근무한 경력이 있는 자
   나. 금융 또는 법학 분야의 석사 이상의 학위소지자로서 연구기관 또는 대학에서 연구원 또는 전임강사 이상의 직에서 5년 이상 근무한 경력이 있는 자
   다. 변호사 자격을 가진 자로서 해당 자격과 관련된 업무를 합산하여 5년 이

상 종사한 경력이 있는 자
라. 기획재정부, 금융위원회, 금융감독원 또는 증권선물위원회에서 5년 이상 근무한 경력이 있는 자로서 그 기관에서 퇴임하거나 퇴직한 후 5년이 지난 자
마. 그 밖에 대부업 이용자 보호를 위하여 대통령령으로 정하는 자
2. 법 제4조 제1항 각 호(=임원 등의 자격)의 어느 하나에 해당되지 아니하는 자일 것
3. 최근 5년간 대부업법, 금융관련법령을 위반하여 금융위원회 또는 금융감독원장으로부터 주의·경고의 요구 이상에 해당하는 조치를 받은 사실이 없는 자일 것

V. 보호감시인의 업무 등

1. 보호감시인의 업무

보호감시인은 i) 대부업 이용자 보호를 위한 계획의 수립(제1호), ii) 법령 준수 여부와 관련한 영업실태와 관행에 대한 정기적인 점검 및 개선(제2호), iii) 임직원에 대한 교육 계획의 수립(제3호), iv) 그 밖에 대부업 이용자 보호를 위하여 "금융위원회가 정하여 고시하는 사항(제4호)"의 업무를 수행한다(법9의7⑤, 영6의6⑤).

위의 제4호의 "금융위원회가 정하여 고시하는 사항"이란 다음의 사항을 말한다(감독규정13①).

1. 보호기준 준수 여부 등에 대한 정기 또는 수시 점검
2. 업무 전반에 관한 접근 및 임직원에 대한 각종 자료나 정보제출 요구
3. 보호기준 위반자에 대한 조사
4. 보호기준 준수 관련 문제점이나 미비사항에 대한 경영진 또는 유관부서에 시정 건의
5. 중대한 위법·부당행위 발견 등 필요시 제재의견 표명
6. 위법사항 등에 대한 업무정지 요구
7. 필요시 이사회를 포함한 모든 업무회의 참여 및 적법성 등에 대한 의견 진술
8. 기타 이사회가 필요하다고 인정하는 사항

2. 보호감시인의 다른 영리법인의 업무 종사 제한

보호감시인은 다른 영리법인의 상시적인 업무에 종사할 수 없다(법9의7⑤, 영6의6⑥).

3. 보호감시인의 선관의무와 업무 제한

보호감시인은 선량한 관리자의 주의로 그 직무를 수행하여야 하며, i) 자산운용에 관한 업무(제1호), ii) 대부업자등이 수행하는 업무 및 그 부수업무(제2호)를 수행하는 직무를 담당해서는 아니 된다(법9의7⑤, 영6의6⑦ 본문). 다만, 직전 사업연도 말 기준으로 대부거래자 수가 1,000명 미만인 대부업자등에 두는 보호감시인은 i) 자산운용에 관한 업무(제1호), ii) 대부업자등이 수행하는 업무 및 그 부수업무(제2호)를 수행하는 직무를 담당할 수 있다(법9의7⑤, 영6의6⑦ 단서).

4. 대부업자등의 자료 또는 정보 제출 협조의무

대부업자등은 보호감시인이 그 직무를 수행할 때 자료나 정보의 제출을 임직원에게 요구하면 그 임직원으로 하여금 이에 성실히 협조하도록 하여야 한다(감독규정13③).

5. 직무수행 관련 사유와 인사상 불이익 금지

대부업자등은 보호감시인이었던 사람에 대하여 해당 직무수행과 관련한 사유로 인사상의 부당한 불이익을 주어서는 아니 된다(감독규정13④).

제7장 대주주와의 거래제한 등

제1절 신용공여 한도

법 제3조 제2항 제3호에 따라 등록한 대부업자("상호출자제한기업집단 대부업자")가 그 대주주(최대주주의 특수관계인 포함)에게 제공할 수 있는 대부, 지급보증 또는 자금 지원적 성격의 유가증권의 매입, 그 밖에 금융거래상의 신용위험이 따르는 대부업자의 직접적·간접적 거래로서 대통령령으로 정하는 것("신용공여")의 합계액은 그 대부업자의 자기자본의 100%를 넘을 수 없으며, 대주주는 그 대부업자로부터 그 한도를 넘겨 신용공여를 받아서는 아니 된다(법10①).

Ⅰ. 신용공여의 의의

신용공여란 상호출자제한기업집단 대부업자가 그 대주주(최대주주의 특수관계인 포함)에게 제공할 수 있는 대부, 지급보증 또는 자금 지원적 성격의 유가증권의 매입, 그 밖에 금융거래상의 신용위험이 따르는 대부업자의 직접적·간접적 거래로서 "대통령령으로 정하는 것"을 말한다(법10①).

여기서 "대통령령으로 정하는 것"이란 다음의 것을 말한다(영6의7①).

1. 대주주(그의 특수관계인 포함)를 위하여 담보를 제공하는 거래
2. 대주주를 위하여 어음을 배서(어음법 제15조 제1항에 따른 담보적 효력이 없는 배서 제외)하는 거래
3. 대주주에 대하여 출자의 이행을 약정하는 거래
4. 부동산, 증권 등 경제적 가치가 있는 재산의 대여
5. 대부, 지급보증, 자금 지원적 성격의 유가증권의 매입
6. 제1호부터 제5호까지의 어느 하나에 해당하는 거래의 제한을 회피할 목적으로 하는 거래로서 다음 각 목의 어느 하나에 해당하는 거래

가. 제3자와의 계약 또는 담합 등에 의하여 서로 교차하는 방법으로 하는 거래
나. 장외파생상품거래, 신탁계약 또는 연계거래 등을 이용하는 거래

7. 대부업자가 직접적으로 제1호부터 제6호까지에 해당하는 거래를 한 것은 아니나 실질적으로 그에 해당하는 결과를 가져올 수 있는 거래

Ⅱ. 신용공여 제외 대상

금융위원회는 다음의 어느 하나에 해당하는 거래에 대해서는 이를 신용공여의 범위에 포함시키지 아니할 수 있다(영6의7②).

1. 대부업자에게 손실을 끼칠 가능성이 매우 적은 것으로 판단되는 거래
2. 금융시장에 미치는 영향 등 해당 거래의 상황에 비추어 신용공여의 범위에

포함시키지 아니하는 것이 타당하다고 판단되는 거래

제2절 신용공여 현황의 보고 및 공시

상호출자제한기업집단 대부업자는 그 대주주에게 "대통령령으로 정하는 금액" 이상으로 신용공여를 하려는 경우에는 그 사실을 금융위원회에 지체 없이 보고하고, 인터넷 홈페이지 등을 이용하여 공시하여야 한다(법10②).

아래서는 "대통령령으로 정하는 금액" 등을 살펴본다.

Ⅰ. 대통령령으로 정하는 금액: 단일거래금액의 산정

"대통령령으로 정하는 금액"이란 금융위원회가 정하는 기준에 따른 단일거래금액이 자기자본의 1만분의 10에 해당하는 금액 또는 10억원 중 적은 금액을 말한다(영6의7③). 여기서 단일거래금액은 동일한 개인 또는 법인 각각에 대한 개별 신용공여약정(기존의 신용공여약정을 갱신·대환·연장하는 경우 포함)상의 약정금액을 기준으로 산정한다(감독규정14① 본문). 다만, 동일한 법인 또는 개인에 대하여 같은 날에 다수의 약정이 체결되는 경우에는 개별 약정금액의 합계액을 기준으로 산정한다(감독규정14① 단서).

Ⅱ. 신용공여 현황의 보고

대부업자등은 대주주에 대한 신용공여현황을 금융감독원장이 정하는 바에 따라 감독원장에게 보고하여야 한다(감독규정14②). 이에 따라 대부업자등이 대주주에 대한 신용공여현황을 금융감독원장에게 보고할 때에는 [별지 제3호 서식]에 따른다(감독규정 시행세칙4).

제3절 신용공여 한도 적합의무

Ⅰ. 신용공여 한도 적합의무 이행기간

상호출자제한기업집단 대부업자는 추가적인 신용공여를 하지 아니하였음에도 불구하고 자기자본의 변동, 대주주의 변경 등으로 신용공여 한도를 넘게 되는 경우에는 1년 이내에 신용공여 한도에 적합하도록 하여야 한다(법10③, 영6의7④).

Ⅱ. 신용공여 기한의 연장과 승인

상호출자제한기업집단 대부업자는 신용공여의 기한 및 규모 등에 따른 부득이한 사유가 있으면 금융위원회의 승인을 받아 그 기간을 연장할 수 있다(법10④).

Ⅲ. 승인과 세부계획서의 금융위원회 제출

금융위원회의 승인을 받으려는 상호출자제한기업집단 대부업자는 신용공여 한도 적합의무 이행기간이 만료되기 3개월 전까지 신용공여 한도에 적합하도록 하기 위한 세부계획서를 금융위원회에 제출하여야 한다(법10⑤).

Ⅳ. 금융위원회의 승인 여부 결정·통보 및 기간 연장

금융위원회는 세부계획서를 제출받은 날부터 1개월 이내에 승인 여부를 결정·통보하여야 한다(법10⑥ 본문). 다만, 자료보완 등 필요한 경우에는 그 기간을 연장할 수 있다(법10⑥ 단서).

제4절 여신금융기관이 최대주주인 대부업자의 신용공여 금지

여신금융기관이 최대주주인 대부업자는 그 대주주에게 신용공여를 할 수 없으며, 대주주는 그 대부업자로부터 신용공여를 받아서는 아니 된다(법10⑦).

제5절 금융위원회의 자료 제출 명령

금융위원회는 대부업자 또는 그 대주주가 법 제10조 제1항부터 제7항까지의 규정을 위반한 혐의가 있다고 인정되는 경우에는 대부업자 또는 그 대주주에게 필요한 자료의 제출을 명할 수 있다(법10⑧).

제6절 위반시 제재

Ⅰ. 형사제재

법 제10조 제1항 또는 제7항을 위반하여 신용공여를 한 자(제1호), 법 제10조 제1항 또는 제7호 위반하여 신용공여를 받은 자(제2호)는 5년 이하의 징역 또는 5천만원 이하의 벌금에 처한다(법19③).

Ⅱ. 과태료

법 제10조 제2항을 위반하여 보고 또는 공시를 하지 아니한 자에게는 5천만원 이하의 과태료를 부과한다(법21①(10의2)).

Ⅲ. 과징금

금융위원회는 대부업자 또는 그 대주주(최대주주의 특수관계인 포함)가 다음의 어느 하나에 해당할 때에는 다음의 구분에 따라 과징금을 부과할 수 있다(법14의2①). 이에 과징금의 부과기준은 [별표 2의2]와 같다(영8의2). [별표 2의2]는 제4편을 참조하기 바란다.

1. 대부업자
   가. 상호출자제한기업집단 대부업자가 법 제10조 제1항에 따른 신용공여의 한도를 초과하여 신용공여를 한 경우: 초과한 신용공여 금액 이하
   나. 여신금융기관이 최대주주인 대부업자가 법 제10조 제7항을 위반하여 신용공여를 한 경우: 신용공여 금액 이하
2. 대주주
   가. 상호출자제한기업집단에 속하는 대주주가 법제10조 제1항에 따른 신용공여의 한도를 초과하여 신용공여를 받은 경우: 초과한 신용공여 금액 이하
   나. 대부업자의 최대주주인 여신금융기관이 법 제10조 제7항을 위반하여 신용공여를 받은 경우: 신용공여 금액 이하

제8장 대부중개의 제한 등

제1절 대부중개의 금지

대부중개업자는 불법사금융업자에게 대부중개를 하거나 불법사금융업자가 대부중개시스템을 이용하게 하여서는 아니 된다(법11의2①).

제2절 거래상대방으로부터의 중개수수료의 수령 금지

대부중개업자 및 대출모집인("대부중개업자등")과 불법사금융중개업자는 수수료, 사례금, 착수금 등 그 명칭이 무엇이든 대부중개와 관련하여 받는 대가("중개수수료")를 대부를 받는 거래상대방으로부터 받아서는 아니 된다(법11의2②).

제3절 개인 또는 소기업으로부터의 중개수수료의 제한

대부업자가 개인이나 중소기업기본법 제2조 제2항에 따른 소기업에 해당하는 법인(영6의8①)에 대부하는 경우 대부중개업자등에게 지급하는 중개수수료는 해당 대부금액의 5%의 범위에서 "대통령령으로 정하는 율에 해당하는 금액"을 초과할 수 없다(법11의2③). 여기서 "대통령령으로 정하는 율에 해당하는 금액"이란 다음의 표의 구분에 따른 금액을 말한다(영6의8②).

대부금액	중개수수료 금액
5백만원 이하	대부금액의 100분의 3에 해당하는 금액
5백만원 초과	15만원+대부금액 중 5백만원을 초과하는 금액의 100분의 2.25에 해당하는 금액

제4절 여신금융기관의 지급 중개수수료 상한

Ⅰ. 개인 또는 소기업으로부터의 중개수수료의 제한 규정의 준용

여신금융기관이 대부중개업자등에게 중개수수료를 지급하는 경우의 중개수수료 상한에 관하여는 법 제11조의2 제3항을 준용한다(법11의2④). 따라서 이에 대하여는 앞의 개인 또는 소기업으로부터의 중개수수료의 제한에 관한 내용이 준용된다.

Ⅱ. 금융위원회의 시정명령

금융위원회는 앞의 여신금융기관의 지급 중개수수료 상한을 위반하여 중개수수료를 지급한 여신금융기관에 대하여 그 시정을 명할 수 있다(법11의2⑤).

제5절 대부중개업자등의 초과 중개수수료 수령 금지

대부중개업자등은 대부업자 또는 여신금융기관으로부터 앞의 법 제11조의2 제3항 및 제4항에 따른 금액을 초과하는 중개수수료를 지급받아서는 아니 된다(법11의2⑥).

제6절 대부중개업자의 대부중개 업무 수행과 이용자에 대한 안내방안

대부중개업자는 대부업 이용자를 보호하기 위하여 대부업 이용 시 유의사항 등을 안내하는 방안을 마련하여야 하며, 구체적인 기준·절차 등은 대통령령으로 정한다(법11의2⑦).

이에 따른 대부업 이용 시 유의사항 등을 안내하는 방안에는 다음의 유의사항과 안내방안이 포함되어야 한다(영6의8③).

1. 대부업자 및 대부계약에 관한 다음 각 목의 유의사항

가. 대부중개를 위탁한 대부업자의 목록 및 연락처와 대부업 등록 여부를 확인하는 방법에 관한 사항
나. 법 제6조, 제6조의2, 제8조 및 제8조의2에 따른 대부계약 체결 절차, 이자율 제한 및 대부계약의 효력 등에 관한 사항
다. 법 제9조의6, 제9조의9 및 제11조에 따른 불법대부행위등에 사용된 전화번호의 이용중지, 대부업 이용자의 개인정보 보호 및 불법사금융업자와의 계약 효력에 관한 사항
라. 법 제11조의4에 따른 대부업자등의 거래상대방에 대한 배상책임에 관한 사항
마. 그 밖에 대부업 이용자 보호에 필요한 사항으로서 금융위원회가 정하여 고시하는 사항

2. 제1호에 따른 유의사항을 인터넷 홈페이지 게시, 전화, 서면, 문자 메시지, 전자우편, 팩스 등의 방법으로 대부업등을 이용하려는 자에게 대부업등을 이용하기 전에 안내하는 방안

제7절 위반시 제재

법 제11조의2 제1항 또는 제2항을 위반하여 대부중개를 하거나 중개수수료를 받은 자(제6호), 법 제11조의2 제3항에 따른 중개수수료를 초과하여 지급한 자(제7호), 법 제11조의2 제5항에 따른 시정명령을 이행하지 아니한 자(제8호), 법 제11조의2 제6항을 위반하여 중개수수료를 지급받은 자(제9호)는 3년 이하의 징역 또는 3천만원 이하의 벌금에 처한다(법19④).

제4편

감독, 검사 및 제재

제1장 감독 및 검사 등

제1절 감독 및 검사

Ⅰ. 시·도지사등의 자료제출 명령 등

시·도지사등은 대부업자등에게 그 업무 및 업무와 관련된 재산에 관하여 보고하게 하거나 자료의 제출, 그 밖에 필요한 명령을 할 수 있다(법12①).

Ⅱ. 시·도지사 또는 금융감독원장의 검사

시·도지사 또는 금융감독원장은 소속 공무원 또는 소속 직원(금융위원회에 등록한 대부업자등에 대한 검사로 한정)에게 그 영업소에 출입하여 그 업무 및 업무와 관련된 재산에 관하여 검사하게 할 수 있다(법12②).

Ⅲ. 시·도지사의 금융감독원장에 대한 검사 요청

시·도지사는 대부업자등에 대한 전문적인 검사가 필요한 경우로서 다음의 어느 하나에 해당하는 경우에는 금융감독원장에게 대부업자등에 대한 검사를 요청할 수 있다(법12③, 영7).

1. 삭제 [2016.7.6]

2. 매월 말을 기준으로 대부업자등의 월평균 대부금액의 잔액이 금융위원회가 정하는 금액을 초과하는 경우
3. 대부업자등의 영업행위가 법령에 위반되는 경우
4. 동일인이 2 이상의 등록업체의 대주주인 경우 등 분사(分社) 등의 수단을 통하여 금융감독원장의 검사를 피하려는 의도가 있다고 의심되는 경우
5. 대부업자등의 영업행위가 거래상대방(대부계약과 관련된 보증계약을 체결하는 경우에는 보증인을 포함)에게 불이익을 줄 가능성이 크고 금융위원회법 제38조에 따라 금융감독원의 검사를 받는 기관("금융기관")과 연계되어 있는 경우

Ⅳ. 금융감독원장의 자료제출 요구 등

금융감독원장은 검사에 필요하다고 인정하면 대부업자등에 대하여 업무 및 업무와 관련된 재산에 관한 보고, 자료의 제출, 관계자의 출석 및 의견의 진술을 요구할 수 있다(법12⑤).

Ⅴ. 증표의 제시

출입·검사를 하는 자는 그 권한을 표시하는 증표를 지니고 이를 관계인에게 내보여야 한다(법12⑥).

Ⅵ. 시·도지사등의 시정명령 등

시·도지사등은 보고 또는 검사 결과에 따라 필요하면 대부업자등에게 시정명령 등 감독상 필요한 명령을 할 수 있다(법12⑦).

Ⅶ. 금융감독원장의 검사보고서 제출과 의견서 첨부

금융감독원장이 검사를 한 경우에는 그 보고서를 금융위원회에 제출하여야 한다(법12⑧ 전단). 이 경우 대부업법 또는 대부업법에 따른 명령이나 처분을 위반한 사실이 있을 때에는 그 처리에 관한 의견서를 첨부하여야 한다(법12⑧ 후단).

Ⅷ. 대부업자등의 보고서 제출

1. 보고서 제출 기한

대부업자등은 i) 시·도지사에 대부업등을 등록한 자: [별지 제10호 서식](제1호), ii) 금융위원회에 대부업등을 등록한 자: 감독원장이 정하여 고시하는 서식(=별지 제8호 서식)(감독규정 시행세칙9)의 보고서를 6월 30일 및 12월 31일을 기준으로 작성하여 그 기준일의 다음 달 말일까지 관할 시·도지사등에게 제출하여야 한다(법12⑨, 영7의2①, 감독규정18).

2. 보고서 기재사항

(1) 대부업자의 경우

대부업자의 경우 i) 대부금액, ii) 대부를 받은 거래상대방의 수, iii) 그 밖에 영업소의 업무현황을 파악하기 위하여 필요한 사항으로서 보고서에 기재된 영업소 일반현황 및 대부현황·대부중개현황·차입현황 등의 사항을 적은 보고서를 위의 보고서 제출 기한 내에 시·도지사등에게 제출하여야 한다(법12⑨(1), 영7의2②, 감독규정18).

(2) 대부중개업자의 경우

대부중개업자의 경우 i) 대부를 중개한 금액, ii) 대부를 중개한 거래상대방의 수, iii) 그 밖에 영업소의 업무현황을 파악하기 위하여 필요한 사항으로서 보고서에 기재된 영업소 일반현황 및 대부현황·대부중개현황·차입현황 등의 사항을 적은 보고서를 위의 보고서 제출 기한 내에 시·도지사등에게 제출하여야 한다(법12⑨(2), 영7의2②, 감독규정18).

Ⅸ. 위반시 제재

1. 5천만원 이하의 과태료

법 제12조 제2항 및 제3항에 따른 검사에 불응하거나 검사를 방해한 자(제11호), 법 제12조 제9항을 위반하여 보고서를 제출하지 아니하거나, 거짓으로 작성하거나, 기재하여야 할 사항의 전부 또는 일부를 기재하지 아니하고 제출한 자(제12호)에게는 5천만원 이하의 과태료를 부과한다(법21①).

2. 1천만원 이하의 과태료

법 제12조 제1항 또는 제5항에 따른 보고 또는 자료의 제출을 거부하거나 거짓으로 보고 또는 자료를 제출한 자에게는 1천만원 이하의 과태료를 부과한다(법21②(9)).

제2절 위반행위의 신고 및 수사의뢰 등

Ⅰ. 위반행위의 신고

누구든지 불법사금융업자 또는 불법사금융중개업자가 대부업법을 위반한 사실을 알게 된 때에는 그 사실을 금융감독원에 신고할 수 있다(법12의2①).

이에 따른 신고를 하려는 자는 별지 제2호서식의 불법사금융업자 등의 법 위반 사실 신고서를 금융감독원장에게 제출해야 한다(영7의3 본문). 다만, 긴급하거나 부득이한 경우에는 전화 또는 구두로 신고할 수 있다(영7의3 단서). 이에 따른 신고를 하려는 자는 별지 제2호서식의 불법사금융업자 등의 법 위반 사실 신고서를 금융감독원장에게 제출해야 한다(영7의3 본문). 다만, 긴급하거나 부득이한 경우에는 전화 또는 구두로 신고할 수 있다(영7의3 단서).

Ⅱ. 수사의뢰 등

금융감독원은 신고가 있거나 대부업법을 위반한 혐의가 있다고 인정할 때에는 이용자의 피해 확산을 방지하기 위하여 조사·분석 등 필요한 조치를 할 수 있고, 관할 수사기관에 고발 또는 수사의뢰하거나 필요한 정보를 제공할 수 있다(법12의2②).

제3절 영업정지 및 등록취소 등

Ⅰ. 영업정지 사유와 기준

시·도지사등은 대부업자등이 i) [별표 1] 각 호의 어느 하나에 해당하는 경우, 채권추심법 제5조(채무확인서의 교부) 제1항, 제7조(동일 채권에 관한 복수 채권추심 위임 금지), 제8조(채무불이행정보 등록 금지), 제8조의2(대리인 선임 시 채무자에 대한 연락 금지), 제8조의3(관계인에 대한 연락 금지), 제8조의4(소송행위의 금지), 제9조(폭행·협박 등의 금지), 제10조(개인정보의 누설 금지 등) 제1항, 제11조(거짓 표시의 금지 등), 제12조(불공정한 행위의 금지), 제13조(부당한 비용 청구 금지)를 위반한 경우(제1호), ii) 해당 대부업자등의 영업소 중 같은 시·도지사에게 등록한 다른 영업소가 영업정지 처분을 받은 경우(제2호)의 어느 하나에 해당하면 그 대부업자등에게 [별표 2]에 따른 기준에 따라 1년 이내의 기간을 정하여 그 영업의 전부 또는 일부의 정지를 명할 수 있다(법13①, 영7의4①). [별표 1]과 [별표 2]는 다음과 같다.

[별표 1] 대부업자등에 대한 영업정지 처분 등 사유(법 제13조 제1항 제1호 관련)

1. 법 제3조 제7항을 위반하여 분실신고를 하지 아니한 경우
2. 법 제3조의4 제1항 단서에 따른 교육을 받지 아니한 경우

2의2. 법 제4조를 위반하여 대표자, 임원 또는 업무총괄 사용인을 선임한 경우

3. 법 제5조 제1항 본문을 위반하여 변경등록을 하지 아니한 경우
4. 법 제5조의2 제1항 또는 제2항을 위반하여 상호 중에 "대부" 또는 "대부중개"라는 문자를 사용하지 아니하거나, 같은 조 제5항 각 호를 위반하여 타인에게 자기의 명의로 대부업등을 하게 하거나 그 등록증을 양도·양수·대여·유통한 경우
5. 법 제6조 제1항 또는 제3항을 위반하여 대부계약서 또는 보증계약서를 교부하지 아니한 경우, 같은 조 제1항 각 호 또는 같은 조 제3항 각 호의 사항 중 전부 또는 일부를 적지 아니하거나 거짓으로 적어 대부계약서 또는 보증계약서를 교부한 경우
6. 법 제6조 제2항 또는 제4항을 위반하여 설명의무를 이행하지 아니한 경우
7. 법 제6조 제5항을 위반하여 계약서와 계약관계서류를 보관하지 아니한 경우
8. 법 제6조 제6항을 위반하여 계약서와 계약관계서류의 열람을 거부하거나 관련 증명서의 발급을 정당한 사유 없이 거부한 경우
9. 법 제6조의2를 위반하여 거래상대방 또는 보증인이 같은 조 제1항 각 호의 사항 또는 같은 조 제2항 각 호의 사항을 자필로 기재하게 하지 아니

한 경우
10. 법 제7조 제1항을 위반하여 미리 거래상대방으로부터 소득·재산 및 부채상황에 관한 증명서류를 제출받지 아니한 경우
11. 법 제7조 제3항을 위반하여 서류를 용도 외의 목적으로 사용한 경우
11의2. 법 제7조의3을 위반하여 총자산한도에 해당하는 금액을 초과하는 경우
12. 법 제8조에 따른 이자율을 초과하여 대부계약을 체결하거나 이자를 받은 경우
13. 법 제9조 제1항을 위반하여 게시의무를 이행하지 아니한 경우
14. 법 제9조 제2항 또는 제3항을 위반하여 광고를 한 경우
15. 법 제9조 제4항을 위반하여 광고의 문안과 표기에 관한 의무를 이행하지 아니한 경우
16. 법 제9조의3 제1항을 위반하여 같은 항 각 호에 해당하는 행위를 한 경우
17. 법 제9조의4 제1항 또는 제2항을 위반하여 불법사금융업자로부터 대부계약에 따른 채권을 양도받아 이를 추심하는 행위를 한 경우 또는 불법사금융중개업자로부터 대부중개를 받은 거래상대방에게 대부행위를 한 경우
17의2. 법 제9조의4 제3항을 위반하여 제3조 제2항 제2호에 따라 등록한 대부업자나 여신금융기관 등 대통령령으로 정하는 자가 아닌 자에게 대부계약에 따른 채권을 양도하는 경우
17의3. 법 제9조의5 제1항 또는 제2항을 위반하여 종업원을 고용하거나 업무를 위임하거나 대리하게 한 경우
17의4. 법 제9조의7을 위반하여 보호기준 및 보호감시인과 관련된 의무를 이행하지 아니한 경우
18. 법 제10조 제1항을 위반하여 대주주에게 신용공여를 한 경우
18의2. 법 제10조 제2항을 위반하여 보고를 하지 아니하였거나 공시하지 아니한 경우
19. 법 제10조 제7항을 위반하여 대주주에게 신용공여를 한 경우
20. 법 제11조의2 제1항 또는 제2항을 위반하여 대부중개를 하거나 중개수

수료를 받은 경우
20의2. 법 제11조의4 제2항을 위반하여 보증금을 예탁하지 아니하였거나 보험 또는 공제에 가입하지 아니한 경우
21. 법 제12조 제2항 및 제3항에 따른 검사에 불응하거나 검사를 방해한 경우
22. 법 제12조 제1항 또는 제7항에 따른 명령을 위반한 경우
23. 법 제12조 제5항에 따른 요구에 응하지 아니한 경우
24. 법 제12조 제9항을 위반하여 보고서를 제출하지 아니한 경우 또는 거짓으로 작성하거나, 기재하여야 할 사항의 전부 또는 일부를 기재하지 아니하고 제출한 경우
25. 그 밖에 대부업자등의 거래상대방을 보호하거나 건전한 영업질서를 유지하기 위한 경우로서 대통령령으로 정하는 경우

[별표 2] 영업정지 및 등록취소 기준(영 제7조의4 관련)

1. 일반 기준

가. 위반행위가 2 이상인 경우로서 그에 해당하는 각각의 처분기준이 영업정지인 경우에는 무거운 처분의 영업정지 기간에 가벼운 처분의 영업정지 기간의 2분의 1을 가중한다.

나. 위반행위의 횟수에 따른 행정처분기준은 위반사항에 대하여 행정처분을 한 날부터 3년 이내에 다시 동일한 위반사항을 적발한 경우에 적용한다.

다. 시·도지사는 위반행위의 동기, 내용 및 그 횟수 등을 고려하여 영업정지 기간의 2분의 1의범위에서 그 기간을 가중하거나 감경할 수 있다. 다만, 가중하는 경우에도 가목 및 나목에 따른 기간은 1년을 넘지 못한다.

2. 개별 기준

위반행위	해당 조문	행정처분기준		
		1회	2회	3회
가. 법 제3조 제7항을 위반하여 분실신고를 하지 아니한 경우	법 제13조제1항 제1호	–	영업 일부 정지 1월	영업 일부 정지 3월

나. 법 제3조의4 제1항 단서에 따른 교육을 받지 아니한 경우	법 제13조제1항 제1호	–	영업 일부 정지 3월	영업 일부 정지 6월
다. 법 제4조를 위반하여 임원 또는 업무총괄 사용인을 선임한 경우	법 제13조제1항제1호	–	영업 일부 정지 3월	영업 일부 정지 6월
라. 법 제5조 제1항 본문을 위반하여 법 제3조제3항 제1호부터 제3호까지의 규정 중 변경된 내용을 변경등록하지 아니한 경우	법 제13조제1항 제1호	–	영업 일부 정지 1월	영업 일부 정지 3월
마. 법 제5조 제1항 본문을 위반하여 법 제3조제3항 제4호부터 제8호까지의 규정 중 변경된 내용을 변경등록하지 아니한 경우	법 제13조제1항 제1호	–	영업 일부 정지 3월	영업 일부 정지 6월
바. 법 제5조의2 제1항 또는 제2항을 위반하여 상호 중에 "대부" 또는 "대부중개"라는 문자를 사용하지 아니한 경우	법 제13조제1항 제1호, 제2항 제7호	영업 일부 정지 3월	영업 일부 정지 6월	등록취소
사. 법 제5조의2 제4항을 위반하여 타인에게 자기의 명의로 대부업등을 하게 하거나 그 등록증을 대여한 경우	법 제13조제1항 제1호, 제2항 제7호	영업 전부 정지 6월	등록취소	–
아. 법 제6조 제1항 또는 제3항을 위반하여 대부계약서 또는 보증계약서를 교부하지 아니한 경우, 같은 조 제1항 각 호 또는 같은 조 제3항 각 호의 사항 중 전부 또는 일부를 적지 아니하거나 거짓으로 적어 대부계약서 또는 보증계약서를 교부한 경우	법 제13조제1항 제1호, 제2항 제7호	영업 일부 정지 3월	영업 일부 정지 6월	등록취소
자. 법 제6조 제2항 또는 제4항을 위반하여 설명의무를 이행하지 아니한 경우	법 제13조제1항 제1호	–	영업 일부 정지 3월	영업 일부 정지 6월
차. 법 제6조 제5항을 위반하여 계약서와 계약관계서류를 보관하지 아니한 경우	법 제13조제1항 제1호	–	영업 일부 정지 3월	영업 일부 정지 6월
카. 법 제6조 제6항을 위반하여 계약서와 계약관계서류의 열람을 거부하거나 관련 증명서의 발급을 정당한 사유 없이 거부한 경우 또는 채권의추심법 제5조 제1항을 위반하여 채무확인서의 교부를 정당한 사유 없이 거부한 경우	법 제13조제1항 제1호	–	영업 일부 정지 3월	영업 일부 정지 6월
타. 법 제6조의2를 위반하여 거래상대방 또는 보증인이 같은 조 제1항 각 호의 사항 또는 같은 조 제2항 각 호의 사항을 자필로 기재하게 하지 아니한 경우	법 제13조제1항 제1호, 제2항 제7호	영업 일부 정지 3월	영업 일부 정지 6월	등록취소
파. 법 제7조 제1항을 위반하여 미리 거래상대방으로부터 소득·재산 및 부채상황에 관한 증명서류를 제출받지 아니한	법 제13조제1항 제1호	–	영업 일부 정지 3월	영업 일부 정지 6월

경우				
하. 법 제7조 제3항을 위반하여 서류를 용도 외의 목적으로 사용한 경우	법 제13조제1항 제1호, 제2항 제7호	영업 전부 정지 6월	등록취소	–
거. 법 제7조의3을 위반하여 총자산한도에 해당하는 금액을 초과하는 경우	법 제13조제1항 제1호, 제2항 제7호	영업 전부 정지 6월	등록취소	–
너. 법 제8조에 따른 이자율을 초과하여 대부계약을 체결한 경우	법 제13조제1항 제1호	영업 일부 정지 1월	영업 일부 정지 3월	영업 일부 정지 6월
더. 법 제8조에 따른 이자율을 초과하여 이자를 받은 경우	법 제13조제1항 제1호, 제2항 제7호	영업 전부 정지 6월	등록취소	–
러. 법 제9조 제1항을 위반하여 게시의무를 이행하지 아니한 경우	법 제13조제1항 제1호	–	영업 일부 정지 3월	영업 일부 정지 6월
머. 법 제9조 제2항 또는 제3항을 위반하여 광고를 한 경우	법 제13조제1항 제1호, 제2항 제7호	영업 일부 정지 3월	영업 일부 정지 6월	등록취소
버. 법 제9조 제4항을 위반하여 광고의 문안과 표기에 관한 의무를 이행하지 아니한 경우	법 제13조제1항 제1호	–	영업 일부 정지 1월	영업 일부 정지 3월
서. 법 제9조의3 제1항을 위반하여 같은 항 각 호에 해당하는 행위를 한 경우	법 제13조제1항 제1호, 제2항제7호	영업 일부 정지 3월	영업 일부 정지 6월	등록취소
어. 법 제9조의4 제1항 또는 제2항을 위반하여 미등록대부업자로부터 대부계약에 따른 채권을 양도받아 이를 추심하는 행위를 한 경우 또는 미등록대부중개업자로부터 대부중개를 받은 거래상대방에게 대부행위를 한 경우	법 제13조제1항 제1호, 제2항 제7호	영업 전부 정지 6월	등록취소	–
저. 법 제9조의4 제3항을 위반하여 법 제3조 제2항 제2호에 따라 등록한 대부업자나 여신금융기관 등 대통령령으로 정하는 자가 아닌 자에게 대부계약에 따른 채권을 양도하는 경우	법 제13조제1항 제1호, 제2항 제7호	영업 전부 정지 6월	등록취소	–
처. 법 제9조의5 제1항 또는 제2항을 위반하여 종업원을 고용하거나 업무를 위임하거나 대리하게 한 경우	법 제13조제1항 제1호	–	영업 일부 정지 3월	영업 일부 정지 6월
커. 법 제9조의7을 위반하여 보호기준 및 보호감시인과 관련된 의무를 이행하지 않은 경우	법 제13조제1항 제1호	–	영업 일부 정지 1월	영업 일부 정지 3월

터. 법 제10조 제1항을 위반하여 대주주에게 신용공여를 한 경우	법 제13조제1항 제1호, 제2항 제7호	영업 전부 정지 6월	등록취소	–
퍼. 법 제10조 제2항을 위반하여 보고를 하지 않았거나 공시하지 않은 경우	법 제13조제1항 제1호	–	영업 일부 정지 1월	영업 일부 정지 3월
허. 법 제10조 제7항을 위반하여 대주주에게 신용공여를 한 경우	법 제13조제1항 제1호, 제2항 제7호	영업 전부 정지 6월	등록취소	–
고. 법 제11조의2 제1항 또는 제2항을 위반하여 대부중개를 하거나 중개수수료를 받은 경우	법 제13조제1항 제1호, 제2항 제7호	영업 전부 정지 6월	등록취소	–
노. 법 제11조의4 제2항을 위반하여 보증금을 예탁하지 않았거나 보험 또는 공제에 가입하지 않은 경우	법 제13조제1항 제1호, 제2항 제7호	영업 전부 정지 6월	등록취소	–
도. 법 제12조 제2항 및 제3항에 따른 검사에 불응하거나 검사를 방해한 경우	법 제13조제1항 제1호, 제2항 제7호	영업 일부 정지 3월	영업 일부 정지 6월	등록취소
로. 법 제12조 제1항 또는 제7항에 따른 명령을 위반한 경우	법 제13조제1항 제1호, 제2항 제7호	영업 일부 정지 3월	영업 일부 정지 6월	등록취소
모. 법 제12조 제5항에 따른 요구에 응하지 아니한 경우	법 제13조제1항 제1호, 제2항 제7호	영업 일부 정지 3월	영업 일부 정지 6월	등록취소
보. 법 제13조 제1항 제2호를 위반하여 해당 대부업자등의 영업소 중 같은 시·도지사에게 등록한 다른 영업소가 영업정지처분을 받은 경우	법 제13조제1항 제2호		영업 일부 정지 3월	영업 일부 정지 6월
소. 법률 제9344호 대부업법 부칙 제7조 제1항 후단을 위반하여 2009년 7월 22일까지 대부업 등록증 및 대부중개업 등록증을 다시 교부받지 아니한 경우	법 제13조제1항 제1호, 제2항 제7호	영업 일부 정지 3월	영업 일부 정지 6월	등록취소
오. 채권추심법 제7조를 위반하여 동일한 채권에 대하여 동시에 2인 이상의 자에게 채권추심을 위임한 경우	법 제13조제1항 제1호	영업 일부 정지 1월	영업 일부 정지 3월	영업 일부 정지 6월
조. 채권추심법 제8조를 위반하여 채무의 존재를 다투는 소송이 진행 중임에도 해당 채무자를 채무불이행자로 등록을 한 경우	법 제13조제1항 제1호	영업 일부 정지 1월	영업 일부 정지 3월	영업 일부 정지 6월
초. 채권추심법 제8조의2를 위반하여 채무자를 방문하거나 채무자에게 말·글·음향·영상 또는 물건을 도달하게 한 경우	법 제13조제1항 제1호, 제2항 제7호	영업 일부 정지 3월	영업 일부 정지 6월	등록취소

코. 채권추심법 제8조의3 제1항을 위반하여 관계인을 방문하거나 관계인에게 말·글·음향·영상 또는 물건을 도달하게 한 경우	법 제13조제1항 제1호, 제2항 제7호	영업 전부 정지 3월	영업 전부 정지 6월	등록취소
토. 채권추심법 제8조의3 제2항을 위반하여 같은 항 각 호에 해당하는 사항을 관계인에게 밝히지 않거나 관계인이 채무자의 채무 내용 또는 신용에 관한 사실을 알게 한 경우	법 제13조제1항 제1호	영업 일부 정지 1월	영업 일부 정지 3월	영업 일부 정지 6월
포. 채권추심법 제8조의4를 위반하여 채권추심과 관련한 소송행위를 한 경우	법 제13조제1항 제1호, 제2항 제7호	영업 전부 정지 6월	등록취소	–
호. 채권추심법 제9조를 위반하여 같은 조 각 호의 어느 하나에 해당하는 행위로 추심한 경우	법 제13조제1항 제1호, 제2항 제7호	영업 전부 정지 6월	등록취소	–
구. 채권추심법 제10조 제1항을 위반하여 채무자 또는 관계인의 신용정보나 개인정보를 누설하거나 목적 외로 이용한 경우	법 제13조제1항 제1호, 제2항 제7호	영업 전부 정지 6월	등록취소	–
누. 채권추심법 제11조를 위반하여 같은 조 제1호에 해당하는 행위를 한 경우	법 제13조제1항 제1호, 제2항 제7호	영업 전부 정지 6월	등록취소	–
두. 채권추심법 제11조를 위반하여 같은 조 제2호에 해당하는 행위를 한 경우	법 제13조제1항 제1호, 제2항 제7호	영업 전부 정지 3월	영업 전부 정지 6월	등록취소
루. 채권추심법 제11조를 위반하여 같은 조 제3호부터 5호까지의 어느 하나에 해당하는 행위를 한 경우	법 제13조제1항 제1호	영업 일부 정지 1월	영업 일부 정지 3월	영업 일부 정지 6월
무. 채권추심법 제12조를 위반하여 같은 조 제1호 또는 제2호에 해당하는 행위로 채권을 추심한 경우	법 제13조제1항 제1호, 제2항 제7호	영업 일부 정지 3월	영업 일부 정지 6월	등록취소
부. 채권추심법 제12조를 위반하여 같은 조 제3호부터 제5호까지의 어느 하나에 해당하는 행위로 채권을 추심한 경우	법 제13조제1항 제1호	–	영업 일부 정지 3월	영업 일부 정지 6월
수. 채권추심법 제13조를 위반하여 지급할 의무가 없거나 실제로 사용된 금액을 초과한 채권추심 비용을 청구한 경우	법 제13조제1항 제1호	영업 일부 정지 1월	영업 일부 정지 3월	영업 일부 정지 6월

*** 관련 판례**

① 대법원 2017. 5. 11. 선고 2014두8773 판결[영업정지처분취소]

구대부업법(2012. 12. 11. 법률 제11544호로 개정되기 전의 것) 제13조 제1항은 "대부업자 또는 대부중개업자"를 "대부업자등"이라고 지칭한 데 이어 "대부업자등이 다음 각 호의 어느 하나에 해당하면 그 대부업자등에게 대통령령으로 정하는 기준에 따라 1년 이내의 기간을 정하여 그 영업의 전부 또는 일부의 정지를 명할 수 있다"고 규정하면서, 그 제1호에서 "채권의 공정한 추심에 관한 법률 제9조를 위반한 경우"를 영업정지 사유 중 하나로 들고 있다.

구채권추심법(2014. 5. 20. 법률 제12594호로 개정되기 전의 것) 제9조는 "채권추심자는 채권추심과 관련하여 다음 각 호의 어느 하나에 해당하는 행위를 하여서는 아니된다."고 규정하면서, 제1호에서 "채무자 또는 관계인을 폭행·협박·체포 또는 감금하거나 그에게 위계나 위력을 사용하는 행위"를 들고 있고, 제2조 제1호는 "채권추심자"란 대부업법에 따른 대부업자, 대부중개업자, 대부업의 등록을 하지 아니하고 사실상 대부업을 영위하는 자 등과 이들을 위하여 고용, 도급, 위임 등 원인을 불문하고 채권추심을 하는 자를 뜻한다고 규정하고 있다.

한편, 행정법규 위반에 대한 제재조치는 행정목적의 달성을 위하여 행정법규 위반이라는 객관적 사실에 착안하여 가하는 제재이므로, 반드시 현실적인 행위자가 아니라도 법령상 책임자로 규정된 자에게 부과되고, 특별한 사정이 없는 한 위반자에게 고의나 과실이 없더라도 부과할 수 있다(대법원 2012. 5. 10. 선고 2012두1297 판결 등 참조). 이러한 법리는 대부업법 제13조 제1항이 정하는 대부업자등의 불법추심행위를 이유로 한 영업정지 처분에도 마찬가지로 적용된다고 보아야 한다.

② 서울고등법원 2014. 10. 10. 선고 2012누31894[영업정지처분취소]

대부업법 제13조 제1항 및 같은 법 시행령 제7조의4 제1항 [별표1]에 의하면 피고는 영업정지 여부에 관한 재량권을 가지며, 위반행위의 동기, 내용 및 그 횟수 등을 고려하여 영업정지 기간의 2분의 1의 범위에서 그 기간을 감경할 수 있도록 하고 있는데, 이러한 법령의 내용과 취지 및 헌법상의 과잉금지의 원칙과 평등의 원칙 등에 비추어 같은 유형의 위반행위라 하더라도 그 규모나 기간·사회적 비난 정도·위반행위로 인하여 다른 법률에 의하여 처벌받은 다른 사정·행위자의 개인적 사정 및 위반행위로 얻은 불법이익의 규모 등 여러 요소를 종합적으로 고려하여 사안에 따라 적정한 영업정지의 기간을 정하여야 할 것이다(대법원 2006. 2. 9. 선고 2005두11982 판결 참조).

Ⅱ. 등록취소

1. 등록취소 기준

시·도지사등은 대부업자등이 다음의 어느 하나에 해당하면 그 대부업자등의 등록을 취소할 수 있다(법13② 본문). 다만, 제1호에 해당하면 등록을 취소하여야 한다(법13② 단서).

1. 속임수나 그 밖의 부정한 방법으로 등록 또는 등록갱신을 한 경우
2. 법 제3조의5 제1항 제1호·제3호 또는 같은 조 제2항 제1호·제2호의 요건을 유지하지 아니한 경우. 다만, 일시적으로 요건을 유지하지 못하는 등 대통령령으로 정하는 경우[1]로서 제12조 제7항에 따른 시정명령 등 감독상 필요한 명령을 이행한 경우는 제외한다.

2의2. 시·도지사에 등록한 대부업자등이 법 제3조의5 제1항 제5호 가목 또는 나목[2]의 요건을 충족하지 아니한 경우

2의3. 금융위원회에 등록한 대부업자등이 법 제3조의5 제1항 제5호 가목, 나목 또는 같은 조 제2항 제5호 또는 제6호[3]의 요건을 충족하지 아니한 경우

---

1) "일시적으로 요건을 유지하지 못하는 등 대통령령으로 정하는 경우"란 다음의 어느 하나에 해당하는 요건(법 제3조 제2항 제6호에 따라 등록한 대부중개업자 외의 대부업자등의 경우 제1호의 요건 및 제3호의 요건 중 고정사업장 요건만 해당)을 갖추지 못한 경우(임원의 퇴임이나 직원의 퇴직 외의 사유로 제2호의 요건을 갖추지 못한 경우 또는 대부업자등의 고의 또는 중과실로 제3호의 요건을 갖추지 못한 경우는 제외)로서 6개월 이내에 같은 호에 따른 요건을 다시 갖추게 된 경우를 말한다(영7의4②).
  1. 법 제3조의5 제1항 제1호 또는 같은 조 제2항 제2호에 따른 자기자본 요건
  2. 법 제3조의5 제1항 제3호에 따른 인력 요건
  3. 법 제3조의5 제1항 제3호(인력 요건은 제외)에 따른 요건

2) 가. 최근 5년간 제4조 제1항 제6호 각 목의 규정을 위반하여 벌금형 이상을 선고받은 사실이 없을 것
  나. 파산선고를 받고 복권되지 아니한 사실이 없을 것

3) 5. 전기통신사업법에 따른 전기통신사업자, 사행산업통합감독위원회법에 따른 사행산업 등 이해상충 가능성이 있거나 대부업 이용자의 권익 및 신용질서를 저해할 우려가 있는 업종으로서 대통령령으로 정하는 업을 하지 아니할 것
  6. 대주주(최대주주가 법인인 경우에는 그 법인의 주요경영사항에 대하여 사실상 영향력을 행사하고 있는 주주로서 대통령령으로 정하는 자를 포함)가 대통령령으로 정하는 사회적 신용을 갖출 것

2의4. 시·도지사에 등록한 대부업자등의 대표자가 법 제4조(임원 등의 자격) 제1항 각 호에 해당하는 경우
3. 6개월 이상 계속하여 영업실적이 없는 경우
4. 영업정지 명령을 위반한 경우
5. 영업정지 명령을 받고도 그 영업정지 기간 이내에 영업정지 처분 사유를 시정하지 아니하여 동일한 사유로 영업정지 처분을 [별표 2]에서 정한 횟수(영7의4③) 이상 받은 경우
6. 대부업자등의 소재를 확인할 수 없는 경우로서 시·도지사등이 대통령령으로 정하는 바에 따라 소재 확인을 위한 공고를 하고 그 공고일부터 30일이 지날 때까지 그 대부업자등으로부터 통지가 없는 경우[4)]
7. 대부업자등이 제1항 제1호[5)]에 해당하는 경우로서 대부업자등의 거래상대방의 이익을 크게 해칠 우려가 있는 경우
8. 해당 대부업자등의 영업소 중 같은 시·도지사에게 등록한 다른 영업소가 등록취소 처분을 받은 경우

*** 관련 판례: 서울행정법원 2022. 11. 18. 선고 2021구합5253[등록취소처분]**

대부업법 제13조 제2항 제3호에서 6개월 이상 영업실적이 없는 대부업자의 등록을 취소할 수 있다고 규정하고 있는 취지는, 등록만 하여 놓고 장기간 사업을 영위하지 않는 대부업자의 등록을 취소함으로써 이에 대한 금융이용자의 신뢰를 보호하기 위한 것으로 이해된다.

2. 등록취소와 의견청취 절차

시·도지사등은 등록취소를 하려면 다음의 방법에 따른 의견청취 절차를 거쳐야 한다(법13③ 본문). 다만, 법 제13조 제2항 제6호의 경우에는 그러하지 아니하다(법13③ 단서).

(1) 청문

등록취소 기준 중 법 제13조 제2항 제1호·제3호·제4호·제5호·제7호 및 제

4) 법 제13조 제2항 제6호에 따라 시·도지사등은 해당 대부업자등이 소재지를 통지하지 않는 경우 등록이 취소될 수 있다는 내용의 소재 확인을 위한 공고를 작성하여 관보, 시·도의 공보 또는 일간신문에 실어야 하며, 인터넷 홈페이지 등에도 게재해야 한다(영8).

5) 1. [별표 1] 각 호의 어느 하나에 해당하는 경우, 채권추심법 제5조 제1항, 제7조부터 제9조까지, 제10조 제1항 및 제11조부터 제13조까지를 위반한 경우

8호의 경우 청문 절차를 거쳐야 한다(법13③(1)).

(2) 의견제출 기회 부여

등록취소 기준 중 법 제13조 제2항 제2호, 제2호의2부터 제2호의4까지의 경우 의견제출 기회 부여 절차를 거쳐야 한다(법13③(2)).

3. 의견청취 절차의 생략

다음의 경우에는 의견청취 절차를 거치지 아니할 수 있다(법13④).

1. 법 제13조 제2항 제2호, 제2호의2부터 제2호의4까지에 해당함이 재판 등에 따라 객관적으로 증명된 경우
2. 의견청취가 매우 어렵거나 명백히 불필요하다고 인정되는 상당한 이유가 있는 경우
3. 대부업자등이 의견청취 절차를 거치지 아니하여도 좋다는 의사를 명백히 표시하는 경우

Ⅲ. 영업정지 또는 등록취소 처분 사실의 통지

시·도지사등은 대부업자등에게 영업정지 또는 등록취소 처분을 하는 경우에는 그 사실을 전산정보처리조직 등을 통하여 다른 시·도지사등에게 지체 없이 알려야 한다(법13⑤).

Ⅳ. 대부업자등 또는 그 임직원에 대한 제재

시·도지사등은 대부업자등 또는 그 임직원이 제1항 제1호에 해당하는 경우에는 i) 대부업자등에 대한 주의·경고 또는 그 임직원에 대한 주의·경고·문책의 요구(제1호), ii) 임원의 해임 권고 또는 직무정지(제2호), iii) 직원의 면직 요구(제3호)의 어느 하나에 해당하는 조치를 할 수 있다(법13⑥).

Ⅴ. 퇴임·퇴직한 대부업자등의 임직원에 대한 제재와 통보

시·도지사등은 퇴임·퇴직한 대부업자등의 임직원이 재임·재직 중이었더라면 위의 i) 임직원에 대한 주의·경고·문책의 요구(제1호), ii) 임원의 해임 권고 또는 직무정지(제2호), iii) 직원의 면직 요구(제3호)의 어느 하나에 해당하는 조치(법13⑥)를 받았을 것으로 인정되는 경우에는 그 조치의 내용을 해당 대부업

자등에게 통보할 수 있다(법13⑦).

이에 통보를 받은 대부업자등은 이를 퇴임·퇴직한 해당 임직원에게 통보하고, 그 내용을 기록·유지하여야 한다(법13⑧).

제4절 등록취소 등에 따른 거래의 종결

i) 등록의 유효기간이 만료된 경우(제1호), ii) 폐업신고를 한 경우(제2호), iii) 등록취소 처분을 받은 경우(제3호)의 어느 하나에 해당하는 대부업자등(대부업자등이 개인인 경우에는 그 상속인 포함)은 그 대부업자등이 체결한 대부계약에 따른 거래를 종결하는 범위에서 대부업자등으로 본다(법14).

제5절 협회에 대한 검사 및 조치

Ⅰ. 협회에 대한 검사

1. 금융감독원장의 재산상황 검사

협회는 그 업무와 재산상황에 관하여 금융감독원장의 검사를 받아야 한다(법18의9①).

2. 자료제출 요구 등

금융감독원장은 검사를 함에 있어서 필요하다고 인정하는 경우에는 협회에 업무 또는 재산에 관한 보고, 자료의 제출, 증인의 출석, 증언 및 의견의 진술을 요구할 수 있다(법18의9②).

3. 증표 제시

검사를 하는 자는 그 권한을 표시하는 증표를 지니고 이를 관계자에게 내보여야 한다(법18의9③).

4. 금융감독원장의 보고서 제출 및 의견서 첨부

금융감독원장이 검사를 한 경우에는 그 보고서를 금융위원회에 제출하여야 한다(법18의9④ 전단). 이 경우 대부업법 또는 대부업법에 따른 명령이나 처분을 위반한 사실이 있는 때에는 그 처리에 관한 의견서를 첨부하여야 한다(법18의9④ 후단).

5. 검사의 방법·절차 등

금융위원회는 검사의 방법·절차, 검사결과에 대한 조치기준, 그 밖에 검사 업무와 관련하여 필요한 사항을 정하여 고시할 수 있다(법18의9⑤).

Ⅱ. 협회 및 임직원에 대한 조치

1. 협회에 대한 제재

금융위원회는 협회가 [별표 2] 각 호의 어느 하나에 해당하는 경우에는 i) 6개월 이내의 업무의 일부의 정지(제1호), ii) 위법행위의 시정명령(제2호), iii) 기관경고(제3호), iv) 기관주의(제4호), v) 그 밖에 위법행위를 시정하거나 방지하기 위하여 필요한 조치로서 대통령령으로 정하는 조치(제5호)의 어느 하나에 해당하는 조치를 할 수 있다(법18의10①). 앞의 제5호에서 "대통령령으로 정하는 조치"란 다음의 어느 하나에 해당하는 조치를 말한다(영11의4①). [별표 2]는 아래와 같다.

1. 경영이나 업무방법의 개선요구나 개선권고
2. 변상 요구
3. 법을 위반한 경우에는 고발 또는 수사기관에의 통보
4. 다른 법률을 위반한 경우에는 관련기관이나 수사기관에의 통보
5. 그 밖에 금융위원회가 법 및 이 영과 그 밖의 관련 법령에 따라 취할 수 있는 조치

[별표 2] 협회 및 그 임직원에 대한 처분 사유(법 제18조의10 제1항부터 제3항까지의 규정 관련)

1. 법 제18조의3(업무) 제1항 각 호 외의 업무를 영위한 경우

2. 법 제18조의3(업무) 제2항에 따른 보고를 하지 아니하거나 업무에 관한 규정을 위반한 경우
3. 법 제18조의4(정관) 제1항을 위반하여 인가를 받지 아니하거나 거짓이나 그 밖의 부정한 방법으로 인가를 받은 경우
4. 법 제18조의7(업무의 위탁) 제2항에 따라 위탁받은 권한에 따른 업무를 수행함에 있어 관계 법령을 위반한 경우
5. 법 제18조의9(협회에 대한 검사) 제1항에 따른 검사를 거부·방해 또는 기피한 경우
6. 법 제18조의9(협회에 대한 검사) 제2항에 따른 보고 등의 요구에 불응한 경우
7. 법 제18조의10(협회에 대한 조치) 제1항 제2호·제5호, 같은 조 제2항 제1호 또는 같은 조 제3항에 따른 조치를 이행하지 아니한 경우
8. 법 제18조의11(처분 등의 기록 및 공시 등) 제3항을 위반하여 그 내용을 기록·유지 또는 관리하지 아니한 경우
9. 형법 제355조(횡령, 배임), 제356조(업무상의 횡령과 배임) 또는 제357조(배임수증재) 제1항·제2항, 제359조(미수범)[6]를 위반한 경우
10. 그 밖에 금융이용자 보호 또는 국민의 경제생활 안정을 해할 우려가 있는 경우로서 대통령령으로 정하는 경우

2. 임원에 대한 제재

금융위원회는 협회의 임원이 위의 [별표 2] 각 호의 어느 하나에 해당하는 경우에는 i) 해임요구(제1호), ii) 6개월 이내의 직무정지(제2호), iii) 문책경고(제3호), iv) 주의적 경고(제4호), v) 주의(제5호), vi) 그 밖에 위법행위를 시정하거나 방지하기 위하여 필요한 조치로서 대통령령으로 정하는 조치(제6호)의 어느 하나에 해당하는 조치를 할 수 있다(법18의10②). 앞의 제6호에서 "대통령령으로 정하는 조치"란 제1항 제3호부터 제5호까지의 어느 하나에 해당하는 조치(=3. 법을 위반한 경우에는 고발 또는 수사기관에의 통보, 4. 다른 법률을 위반한 경우에는 관련기관이나 수사기관에의 통보, 5. 그 밖에 금융위원회가 법 및 이 영과 그 밖의 관련 법

6) 제355조 내지 제357조의 미수범은 처벌한다.

령에 따라 취할 수 있는 조치)를 말한다(영11의4②).

3. 직원에 대한 제재의 요구

금융위원회는 협회의 직원이 위의 [별표 2] 각 호의 어느 하나에 해당하는 경우에는 i) 면직(제1호), ii) 6개월 이내의 정직(제2호), iii) 감봉(제3호), iv) 견책(제4호), v) 경고(제5호), vi) 주의(제6호), vii) 그 밖에 위법행위를 시정하거나 방지하기 위하여 필요한 조치로서 대통령령으로 정하는 조치(제7호)의 어느 하나에 해당하는 조치를 협회에 요구할 수 있다(법18의10③). 앞의 제7호에서 "대통령령으로 정하는 조치"란 제1항 제3호부터 제5호까지의 어느 하나에 해당하는 조치(=3. 법을 위반한 경우에는 고발 또는 수사기관에의 통보, 4. 다른 법률을 위반한 경우에는 관련기관이나 수사기관에의 통보, 5. 그 밖에 금융위원회가 법 및 이 영과 그 밖의 관련 법령에 따라 취할 수 있는 조치)를 말한다(영11의4②).

4. 관리·감독 책임이 있는 임직원에 대한 조치 및 감면

금융위원회는 협회의 임직원에 대하여 조치를 하거나 이를 요구하는 경우 그 임직원에 대하여 관리·감독의 책임이 있는 임직원에 대한 조치를 함께 하거나 이를 요구할 수 있다(법18의10④ 본문). 다만, 관리·감독의 책임이 있는 자가 그 임직원의 관리·감독에 상당한 주의를 다한 경우에는 조치를 감면할 수 있다(법18의10④ 단서).

5. 필요적 청문

금융위원회는 i) 법 제18조의4 제1항에 따른 협회의 정관에 대한 인가의 취소(제1호), ii) 법 제18조의10 제2항 또는 제3항에 따른 협회의 임직원에 대한 해임요구 또는 면직요구(제2호)의 어느 하나에 해당하는 처분 또는 조치를 하고자 하는 경우에는 청문을 하여야 한다(법18의10⑤).

제6절 처분 등의 기록 및 공시 등

Ⅰ. 처분 등의 기록 및 공시

1. 처분 또는 조치 내용의 기록·유지·관리

금융위원회는 처분 또는 조치한 경우에는 그 내용을 기록하고 이를 유지·관리하여야 한다(법18의11①).

2. 퇴임 임원 또는 퇴직 직원에 대한 조치 내용의 통보

금융위원회는 협회의 퇴임한 임원 또는 퇴직한 직원이 재임 또는 재직 중이었다면 법 제18조의10 제2항 제1호부터 제5호(=1. 해임요구, 2. 6개월 이내의 직무정지, 3. 문책경고, 4. 주의적 경고, 5. 주의)까지 또는 같은 조 제3항 제1호부터 제6호(=1. 면직, 2. 6개월 이내의 정직, 3. 감봉, 4. 견책, 5. 경고, 6. 주의)까지에 해당하는 조치를 받았을 것으로 인정되는 경우에는 그 받았을 것으로 인정되는 조치의 내용을 금융감독원장으로 하여금 협회에 통보하도록 할 수 있다(법18의11② 전단). 이 경우 통보를 받은 협회는 이를 퇴임·퇴직한 그 임직원에게 통보하여야 한다(법18의11② 후단).

3. 준용규정

앞의 처분 또는 조치 내용의 기록·유지·관리 규정은 협회가 금융위원회의 조치요구에 따라 그 임직원을 조치한 경우 및 제2항에 따라 통보를 받은 경우에 준용한다(법18의11③).

4. 처분 또는 조치 여부 및 그 내용의 조회요청

협회 또는 그 임직원(임직원이었던 자 포함)은 금융위원회에 자기에 대한 처분 또는 조치 여부 및 그 내용을 조회할 수 있다(법18의11④).

5. 처분 또는 조치 여부 및 그 내용의 조회 요청자에 대한 통보

금융위원회는 조회요청을 받은 경우에는 정당한 사유가 없으면 처분 또는 조치 여부 및 그 내용을 그 조회 요청자에게 통보하여야 한다(법18의11⑤).

Ⅱ. 처분 또는 조치에 대한 이의신청 특례

1. 이의신청 사유

법 제14조의2(과징금), 제18조의10 제1항(협회에 대한 제재), 같은 조 제2항(임원에 대한 제재) 제2호부터 제6호(=2. 6개월 이내의 직무정지, 3. 문책경고, 4. 주의적 경고, 5. 주의, 6. 그 밖에 위법행위를 시정하거나 방지하기 위하여 필요한 조치로서 대통령령으로 정하는 조치)까지 및 같은 조 제4항(퇴임 임원 또는 퇴직 직원)(제2항 제2호부터 제6호까지의 어느 하나에 해당하는 조치에 한정)에 따른 처분 또는 조치에 대하여 불복하는 자는 그 처분 또는 조치의 고지를 받은 날부터 30일 이내에 그 사유를 갖추어 금융위원회에 이의신청을 할 수 있다(법18의12①).

2. 이의신청에 대한 결과의 통지 기한 및 연장

금융위원회는 이의신청을 받으면 그 신청을 받은 날부터 60일 이내에 그 이의신청에 대한 결과를 신청인에게 통지하여야 한다(법18의12② 본문). 다만, 부득이한 사유로 60일 이내에 통지할 수 없는 경우에는 그 기간을 만료일 다음 날부터 기산하여 30일의 범위에서 한 차례 연장할 수 있다(법18의12② 단서).

3. 행정기본법 제36조의 적용: 처분에 대한 이의신청

앞의 제1항 및 제2항에서 규정한 사항 외에 처분에 대한 이의신청에 관한 사항은 행정기본법 제36조에 따른다(법18의12③). 여기서는 행정기본법 제36조를 살펴본다.

(1) 이의신청 기한

행정청의 처분(행정심판법 제3조에 따라 같은 법에 따른 행정심판의 대상이 되는 처분)에 이의가 있는 당사자는 처분을 받은 날부터 30일 이내에 해당 행정청에 이의신청을 할 수 있다(행정기본법36①).

(2) 이의신청에 대한 결과의 통지 기한

행정청은 이의신청을 받으면 그 신청을 받은 날부터 14일 이내에 그 이의신청에 대한 결과를 신청인에게 통지하여야 한다(행정기본법36② 본문). 다만, 부득이한 사유로 14일 이내에 통지할 수 없는 경우에는 그 기간을 만료일 다음 날부터 기산하여 10일의 범위에서 한 차례 연장할 수 있으며, 연장 사유를 신청인에게 통지하여야 한다(행정기본법36② 단서).

(3) 이의신청과 행정심판 또는 행정소송 제기의 병행

이의신청을 한 경우에도 그 이의신청과 관계없이 행정심판법에 따른 행정심판 또는 행정소송법에 따른 행정소송을 제기할 수 있다(행정기본법36③).

(4) 행정심판 또는 행정소송의 제기 기한

이의신청에 대한 결과를 통지받은 후 행정심판 또는 행정소송을 제기하려는 자는 그 결과를 통지받은 날(제2항에 따른 통지기간 내에 결과를 통지받지 못한 경우에는 같은 항에 따른 통지기간이 만료되는 날의 다음 날)부터 90일 이내에 행정심판 또는 행정소송을 제기할 수 있다(행정기본법36④).

(5) 행정기본법 제36조의 적용

다른 법률에서 이의신청과 이에 준하는 절차에 대하여 정하고 있는 경우에도 그 법률에서 규정하지 아니한 사항에 관하여는 행정기본법 제36조에서 정하는 바에 따른다(행정기본법36⑤).

(6) 이의신청의 방법 및 절차 등

앞의 제1항부터 제5항까지에서 규정한 사항 외에 이의신청의 방법 및 절차 등에 관한 사항은 시행령으로 정한다(행정기본법36⑥).

(7) 적용 제외

다음의 어느 하나에 해당하는 사항에 관하여는 이 조를 적용하지 아니한다(행정기본법36⑦).

1. 공무원 인사 관계 법령에 따른 징계 등 처분에 관한 사항
2. 국가인권위원회법 제30조에 따른 진정에 대한 국가인권위원회의 결정
3. 노동위원회법 제2조의2에 따라 노동위원회의 의결을 거쳐 행하는 사항
4. 형사, 행형 및 보안처분 관계 법령에 따라 행하는 사항
5. 외국인의 출입국·난민인정·귀화·국적회복에 관한 사항
6. 과태료 부과 및 징수에 관한 사항

제2장 제재

제1절 민사책임

Ⅰ. 대부중개를 위탁한 대부업자 또는 여신금융기관의 배상책임

1. 손해배상책임

(1) 원칙

대부업자 또는 여신금융기관은 대부중개업자등이 그 위탁받은 대부중개를 하면서 대부업법을 위반하여 거래상대방에게 손해를 발생시킨 경우에는 그 손해를 배상할 책임이 있다(법11의3① 본문).

(2) 예외

대부업자 또는 여신금융기관이 대부중개업자등에게 대부중개를 위탁하면서 상당한 주의를 하였고 이들이 대부중개를 하면서 거래상대방에게 손해를 입히는 것을 막기 위하여 노력한 경우에는 손해를 배상할 책임이 없다(법11의3① 단서).

2. 구상권 행사

앞의 제1항의 손해배상책임은 해당 대부중개업자등에 대한 대부업자 또는 여신금융기관의 구상권 행사를 방해하지 아니한다(법11의3②).

*** 관련 판례**

① 대법원 1974. 2. 26. 선고 73다1191 판결

농업협동조합의 대부업무 담당자가 조합의 대부규정에 위배하여 부정대부를 한 결과 조합에 손해를 끼쳤으면 전무, 차장 등 상사의 지시에 의하여 대부를 하였다 하더라도 특별한 사정이 없는한 대부업무 담당자에게 고의, 과실이 인정되는 한 동 부정대부의 가담자로서 공동불법 행위자로서의 책임을 져야 한다.

② 대법원 2015. 10. 15. 선고 2013도9906 판결

대부업자인 피고인이 거래장부 등 관련 서류를 작성하지 아니하거나 파기·

은닉하고 대부업 이자소득에 관한 종합소득세, 상가 및 주택의 임대수익에 관한 부가가치세신고를 하지 않아 "사기 그 밖의 부정한 행위"로써 조세를 포탈하였다고 하여 조세범처벌법 위반으로 기소된 사안에서, 피고인은 대부업을 영위하는 사업자로서 소득세법에 따라 성실하게 장부를 비치·기록할 의무가 있고, 장기간 상당한 규모의 대부업에 종사하였음에도 아무런 장부를 작성하지 않았다는 것은 그 자체로 매우 이례적인 점등의 사정에 비추어 볼 때, 피고인의 일련의 행위는 조세포탈의 의도를 가지고 거래장부 등을 처음부터 고의로 작성하지 않거나 이를 은닉함으로써 조세의 부과징수를 불능 또는 현저하게 곤란하게 하는 적극적인 행위로서 조세범 처벌법 제3조 제1항의 "사기나 그 밖의 부정한 행위"에 해당함에도, 이와 달리 본 원심판단에 법리오해의 잘못이 있다고 한 사례.

Ⅱ. 거래상대방에 대한 배상책임

1. 대부업자등의 손해배상책임

대부업자등은 대부업등을 하면서 고의 또는 과실로 인한 위법행위로 거래상대방에게 손해를 발생시킨 경우에는 그 손해를 배상할 책임이 있다(법11의4①).

*** 관련 판례: 서울고등법원 2024. 4. 12. 선고 2022나2053175 판결**

금전을 대여한 채권자가 고의 또는 과실로 이자제한법을 위반하여 최고이자율을 초과하는 이자를 받아 채무자에게 손해를 입힌 경우에는 특별한 사정이 없는 한 민법 제750조에 따라 불법행위가 성립한다고 보아야 한다. 최고이자율을 초과하여 지급된 이자는 이자제한법 제2조 제4항에 따라 원본에 충당되므로, 이와 같이 충당하여 원본이 소멸하고도 남아 있는 초과 지급액은 이자제한법 위반행위로 인한 손해라고 볼 수 있다. 부당이득반환청구권과 불법행위로 인한 손해배상청구권은 서로 별개의 청구권으로서, 제한 초과이자에 대하여 부당이득반환청구권이 있다고 해서 그것만으로 불법행위의 성립이 방해되지 않는다. 나아가 채권자와 공동으로 위와 같은 이자제한법 위반 행위를 하였거나 이에 가담한 사람도 민법 제760조에 따라 연대하여 손해를 배상할 책임이 있다(대법원 2021. 2. 25. 선고 2020다230239 판결 참조). 위와 같은 법리는 대부업자가 고의 또는 과실로 대부업법을 위반하여 최고이자율을 초과하는 이자를 받아 거래상대방에게 손해를 입힌 경우에도 그대로 적용된다고 봄이 타당하다.

2. 손해배상책임의 이행을 위한 보증금 예탁 등

대부업자등은 업무를 개시하기 전에 손해배상책임을 보장하기 위하여 대통령령으로 정하는 바에 따라 보증금을 예탁하거나 보험 또는 공제에 가입하여야 한다(법11의4②).

(1) 예탁 보증금 또는 보험·공제 금액 한도

대부업자등은 i) 시·도지사에게 등록한 경우: 1,000만원 이상(제1호), ii) 금융위원회에 등록한 경우: 5,000만원 이상(제2호)을 대부업 및 대부중개업 협회("협회")에 보증금으로 예탁하거나 해당 금액을 최소 보장금액으로 하는 보험 또는 공제에 가입하고 등록기간 동안 이를 계속하여 유지하여야 한다(영6의9①).

(2) 시·도지사등의 금액 한도 증액 명령

시·도지사등은 대부업자등의 거래규모, 법령 위반 등을 고려하여 대부업 이용자 보호를 위하여 필요하다고 인정하는 경우에는 위의 한도 금액의 증액을 명할 수 있다(영6의9②).

(3) 보증금 예탁 또는 보험·공제의 가입 유지 기간

대부업자등은 i) 등록의 유효기간이 만료되었으나 갱신등록을 하지 아니한 경우(제1호), ii) 폐업신고를 한 경우(제2호), iii) 등록취소 처분을 받은 경우(제3호)에 해당하는 사유가 발생한 날부터 3년의 범위에서 대부계약에 따른 거래를 종결하기 전까지 보증금의 예탁이나 보험 또는 공제의 가입을 유지하여야 한다(영6의9③ 본문). 다만, 대부업자등의 불법행위로 인한 손해배상책임과 관련한 소송이 진행 중인 경우에는 해당 소송의 확정판결에 따른 보증금이나 보험 또는 공제의 지급이 종료되는 날까지 보증금의 예탁이나 보험 또는 공제의 가입을 유지하여야 한다(영6의9③ 단서).

3. 보증금 지급절차

(1) 협회에 손해배상금 지급 신청과 첨부서류

대부업자등의 고의 또는 과실로 인한 대부업등과 관련한 위법행위로 손해를 입은 자는 그 대부업자등 간의 손해배상합의서, 화해조서 또는 확정된 법원의 판결문 사본 그 밖에 이에 준하는 효력이 있는 서류를 첨부하여 그 대부업자등의 보증금의 한도에서 협회에 손해배상금의 지급을 신청할 수 있다(감독규정16①).

(2) 협회의 배상금 지급의무

손해배상금의 지급 신청을 받은 협회의 장은 피해배상 신청내용과 관련한 증빙자료 등을 검토·확인한 후 보증금의 한도에서 배상금을 지급한다(감독규정16②).

(3) 대부업자등의 부족 보증금액의 보전

대부업자등은 보증금으로 손해배상을 한 때에는 15일 이내에 보증금 중 부족하게 된 금액을 보전하여야 한다(감독규정16③).

(4) 대부업자등의 손해배상책임의 면제

대부업자등은 협회의 장으로부터 손해배상금의 전부 또는 일부를 지급받은 자에 대하여 그 금액만큼 손해배상책임을 면한다(감독규정16④).

4. 대부업자등에 대한 보증금 반환절차

(1) 보증금 반환신청서 제출과 첨부서류

대부업자등은 보증금을 반환받으려는 경우에는 [별지 제9호 서식]의 보증금 반환신청서에 i) 등록의 유효기간이 만료되었으나 갱신등록을 하지 아니한 경우(제1호), ii) 폐업신고를 한 경우(제2호), iii) 등록취소 처분을 받은 경우(제3호)에 해당하는 사유가 발생하였다는 사실 및 대부계약에 따른 거래가 모두 종결하였거나 i) 등록의 유효기간이 만료되었으나 갱신등록을 하지 아니한 경우(제1호), ii) 폐업신고를 한 경우(제2호), iii) 등록취소 처분을 받은 경우(제3호)에 해당하는 사유가 발생한 후 3년이 경과하였다는 사실을 입증할 수 있는 서류를 첨부하여 협회의 장에게 제출하여야 한다(감독규정17①).

(2) 협회의 공시 사항

협회의 장은 대부업자등이 보증금 반환신청이 이유가 있다고 판단하는 경우에는 다음의 사항을 일간신문 또는 인터넷 등에 공시하여야 한다(감독규정17②).

1. 해당 대부업자등의 보증금 반환신청사실 및 그 사유
2. 대부업등과 관련한 위법행위로 손해를 입은 자는 공시일로부터 6개월 이내에 손해배상금의 지급을 신청하여야 하며, 해당 기간에 손해배상금의 지급을 신청하지 아니하는 경우에는 해당 대부업자등이 예탁한 보증금에서 배분을 받을 수 없다는 내용

(3) 지급신청과 처리절차

공시 결과 손해배상금의 지급신청이 있는 경우에는 그 처리절차에 관하여 감독규정 제16조(보증금 지급절차) 제2항·제4항의 규정을 준용한다(감독규정17③).

(4) 남은 금액의 반환

협회의 장은 절차를 진행한 결과 해당 대부업자등이 납입한 보증금 중 남은 금액이 있는 경우에는 대부이용자 보호에 지장이 없다고 인정될 때에만 그 남은 금액을 반환하여야 한다(감독규정17④).

제2절 행정제재

Ⅰ. 과징금

1. 과징금의 부과

(1) 과징금의 부과기준

금융위원회는 대부업자 또는 그 대주주(최대주주의 특수관계인 포함)가 다음의 어느 하나에 해당할 때에는 다음의 구분에 따라 과징금을 부과할 수 있다(법14의2①).

(가) 대부업자

대부업자에게는 다음의 구분에 따라 과징금을 부과할 수 있다(법14의2①(1)).

가. 상호출자제한기업집단 대부업자가 법 제10조 제1항에 따른 신용공여의 한도를 초과하여 신용공여를 한 경우: 초과한 신용공여 금액 이하

나. 여신금융기관이 최대주주인 대부업자가 법 제10조 제7항을 위반하여 신용공여를 한 경우: 신용공여 금액 이하

(나) 대주주

대주주에게는 다음의 구분에 따라 과징금을 부과할 수 있다(법14의2①(2)).

가. 상호출자제한기업집단에 속하는 대주주가 법 제10조 제1항에 따른 신용공여의 한도를 초과하여 신용공여를 받은 경우: 초과한 신용공여 금액 이하

나. 대부업자의 최대주주인 여신금융기관이 법 제10조 제7항을 위반하여 신용공여를 받은 경우: 신용공여 금액 이하

과징금의 부과기준은 [별표 2의2]와 같다(영8의2).

[별표 2의2] 과징금의 부과기준(영 제8조의2 관련)

1. 과징금의 산정기준

가. 기본과징금의 산정

1) 기본과징금은 법 제14조의2 제1항에서 정한 과징금 금액의 상한에 2)에 따른 부과기준율을 곱한 금액으로 한다.

2) 부과기준율은 위반행위의 내용 및 정도, 위반행위의 기간 및 횟수, 위반행위로 인하여 취득한 이익의 규모 등에 따라 위반행위의 중대성 정도를 "중대성이 약한 위반행위", "중대한 위반행위", "매우 중대한 위반행위"로 구분하여 금융위원회가 정하여 고시한다.

나. 기본과징금의 조정

금융위원회는 위반행위의 내용 및 정도, 위반행위의 기간 및 횟수, 위반행위로 인하여 취득한 이익의 규모(부과기준율 산정 단계에서 고려된 세부 참작사항은 제외), 위반행위에 대한 검사의 협조 여부, 위반상태의 해소나 위반행위의 예방을 위한 노력, 그 밖에 금융위원회가 정하여 고시하는 사유를 고려하여 가목에 따라 산정한 기본과징금 금액을 감경하거나 2분의 1 범위에서 가중할 수 있다. 다만, 가중하는 경우에도 법 제14조의2 제1항에서 정한 과징금 금액의 상한을 초과할 수 없다.

다. 부과과징금의 결정

1) 금융위원회는 위반자의 현실적인 부담능력 등 특별한 사정, 금융시장 또는 경제여건, 위반행위로 인하여 발생한 피해의 배상 정도, 위반행위로 인하여 취득한 이익의 규모, 그 밖에 금융위원회가 정하여 고시하는 사유를 고려할 때, 나목에 따라 조정한 과징금 금액이 과중하다고 인정되는 경우에는 이를 감액하여 부과과징금으로 정할 수 있다.

2) 금융위원회는 위반자의 지급불능·지급정지 또는 자본잠식 등의 사유로

인하여 위반자가 객관적으로 과징금을 납부할 능력이 없다고 인정되는 경우, 자신의 행위가 위법하지 않은 것으로 오인한 데 정당한 사유가 있는 경우, 과징금 외에 실효성 있는 다른 조치를 이미 받은 경우, 위반의 정도가 경미한 경우, 나목에 따라 조정한 과징금 금액이 소액인 경우, 그 밖에 금융위원회가 정하여 고시하는 사유에 해당하는 경우에는 과징금을 면제할 수 있다.

2. 세부기준

부과기준율 등 기본과징금의 산정, 기본과징금의 조정, 부과과징금의 결정, 그 밖에 과징금의 부과 등에 필요한 세부기준에 관한 사항은 금융위원회가 정하여 고시한다.

(2) 과징금의 부과절차

(가) 서면 통지

금융위원회는 과징금을 부과할 때에는 그 위반행위의 종류와 해당 과징금의 금액을 구체적으로 밝혀 과징금을 낼 것을 서면으로 통지하여야 한다(영8의3①).

(나) 납부기한

통지를 받은 자는 통지받은 날부터 60일 이내에 금융위원회가 정하는 수납기관에 과징금을 납부하여야 한다(영8의3②).

(다) 기타 부과절차

앞의 제1항 및 제2항에서 규정한 사항 외에 과징금의 부과절차에 관하여 필요한 사항은 금융위원회가 정하여 고시한다(영8의3③).

(3) 가산금

금융위원회는 과징금을 부과받은 자("과징금납부의무자")가 납부기한 내에 과징금을 납부하지 아니한 때에는 납부기한의 다음 날부터 납부한 날의 전 날까지의 기간에 대하여 체납된 과징금에 연 6%를 적용하여 계산한 금액을 징수할 수 있다(법14의2② 전단, 영8의4). 이 경우 가산금을 징수하는 기간은 60개월을 초과하지 못한다(법14의2② 후단).

(4) 기한내 미납과 국세체납의 예에 따른 징수

금융위원회는 과징금납부의무자가 그 기한까지 납부하지 아니하면 국세 체납처분의 예에 따라 이를 징수할 수 있다(법14의2③).

(5) 국세청장 위탁

금융위원회는 대통령령으로 정하는 바에 따라 과징금의 징수 및 체납처분에 관한 업무를 국세청장에게 위탁할 수 있다(법14의2④).

2. 과징금의 납부기한 연기 및 분할 납부

(1) 납부기한 연기 및 분할 납부

금융위원회는 과징금납부의무자에 대하여 행정기본법 제29조[7] 단서에 따라 과징금 납부기한을 연기하거나 과징금을 분할 납부하게 할 수 있으며, 이 경우 필요하다고 인정하면 담보를 제공하게 할 수 있다(법14의4①).

(2) 신청기한

과징금납부의무자는 과징금의 납부기한을 연기받거나 분할 납부를 하려는 경우에는 그 납부기한의 10일 전까지 금융위원회에 신청하여야 한다(법14의4②).

(3) 납부기한 연기 또는 분할 납부 결정의 취소

금융위원회는 과징금 납부기한이 연기되거나 분할 납부가 허용된 과징금납부의무자가 다음의 어느 하나에 해당하게 된 때에는 그 납부기한의 연기 또는 분할 납부 결정을 취소하고 과징금을 일시에 징수할 수 있다(법14의4③).

1. 분할 납부하기로 한 과징금을 그 납부기한까지 내지 아니한 경우
2. 담보 제공 요구에 따르지 아니하거나 제공된 담보의 가치를 훼손하는 행위를 한 경우
3. 강제집행, 경매의 개시, 파산선고, 법인의 해산, 국세 강제징수 또는 지방세 체납처분 등의 사유로 과징금의 전부 또는 나머지를 징수할 수 없다고 인정되는 경우
4. 행정기본법 제29조 각 호의 사유가 해소되어 과징금을 한꺼번에 납부할 수 있다고 인정되는 경우
5. 그 밖에 제1호부터 제4호까지에 준하는 사유가 있는 경우

---

7) 제29조(과징금의 납부기한 연기 및 분할 납부) 과징금은 한꺼번에 납부하는 것을 원칙으로 한다. 다만, 행정청은 과징금을 부과받은 자가 다음의 어느 하나에 해당하는 사유로 과징금 전액을 한꺼번에 내기 어렵다고 인정될 때에는 그 납부기한을 연기하거나 분할 납부하게 할 수 있으며, 이 경우 필요하다고 인정하면 담보를 제공하게 할 수 있다.
1. 재해 등으로 재산에 현저한 손실을 입은 경우
2. 사업 여건의 악화로 사업이 중대한 위기에 처한 경우
3. 과징금을 한꺼번에 내면 자금 사정에 현저한 어려움이 예상되는 경우
4. 그 밖에 제1호부터 제3호까지에 준하는 경우로서 대통령령으로 정하는 사유가 있는 경우

(4) 납부기한 연기 또는 분할 납부의 제한

금융위원회가 행정기본법 제29조 단서에 따라 과징금의 납부기한을 연기하거나 분할 납부하게 하는 경우 납부기한의 연기는 그 납부기한의 다음 날부터 1년을 초과할 수 없고, 각 분할된 납부기한 간의 간격은 6개월 이내로 하며, 분할 납부의 횟수는 3회 이내로 한다(법14의4④, 영8의5).

3. 과징금 환급가산금

(1) 환급가산금의 이율

금융위원회는 과징금납부의무자가 이의신청의 재결 또는 법원의 판결 등의 사유로 과징금을 환급하는 경우에는 과징금을 납부한 날부터 환급한 날까지의 기간에 대하여 대통령령으로 정하는 바에 따라 환급가산금을 지급하여야 한다(법14의5①). 금융위원회는 은행의 1년 만기 정기예금의 이자율을 고려하여 금융위원회가 정하여 고시하는 이율을 적용한 환급가산금을 지급하여야 한다(영8의6). 이에 따라 환급가산금에 적용되는 이율은 국고금관리법 시행령 제17조의2[8]에 따른 이자율을 말한다(감독규정17의2).

(2) 과징금 부과처분 취소판결과 환급가산금의 지급

법원의 판결에 의하여 과징금 부과처분이 취소되어 그 판결이유에 따라 새로운 과징금을 부과하는 경우에는 당초 납부한 과징금에서 새로 부과하기로 결정한 과징금을 공제한 나머지 금액에 대해서만 환급가산금을 계산하여 지급한다(법14의5②).

---

8) 제17조의2(과오납금의 이자) 법 제15조 제2항 본문에 따른 이자는 다음의 구분에 따른 날의 다음 날부터 과오납금을 반환하는 날까지의 기간에 대하여 국세기본법 시행령 제43조의3 제2항에 따른 이자율을 적용하여 계산한다.

1. 착오납부, 이중납부 또는 그 밖에 이의신청 등으로 납부가 잘못되었음이 확인되어 반환하는 경우: 과오납금을 납부한 날. 다만, 그 납입금이 2회 이상 분할하여 납부된 것일 때에는 그 마지막 납부일로 하되, 과오납금이 마지막에 납부된 금액을 초과하는 경우에는 그 금액이 될 때까지 납부일의 순서로 소급하여 계산한 각 납부일로 한다.
2. 적법하게 납부된 후 관계 법령이 개정되어 반환하는 경우: 해당 법령의 시행일
3. 적법하게 납부된 후 납입금이 감면되어 반환하는 경우: 그 감면 결정일
4. 적법하게 납부된 후 사업계획 등의 변경, 납부자에게 책임이 있는 사유로 인한 허가 등의 취소 또는 그 밖에 이에 준하는 사유로 반환하는 경우: 해당 행정처분의 결정일

Ⅱ. 과태료

1. 5천만원 이하의 과태료

다음의 어느 하나에 해당하는 자에게는 5천만원 이하의 과태료를 부과한다(법21①).

1. 제5조 제1항 또는 제2항을 위반하여 변경등록 또는 폐업신고를 하지 아니한 자
2. 제5조의2 제1항 또는 제2항을 위반하여 상호 중에 “대부” 또는 “대부중개”라는 문자를 사용하지 아니한 자
3. 제6조 제1항 또는 제3항을 위반하여 계약서를 교부하지 아니한 자 또는 같은 조 제1항 각 호 또는 같은 조 제3항 각 호에서 정한 내용 중 전부 또는 일부가 적혀 있지 아니한 계약서를 교부하거나 같은 조 제1항 각 호 또는 같은 조 제3항 각 호에서 정한 내용 중 전부 또는 일부를 거짓으로 적어 계약서를 교부한 자
4. 제6조 제2항 또는 제4항을 위반하여 설명을 하지 아니한 자
5. 제6조의2를 위반하여 거래상대방 또는 보증인이 같은 조 제1항 각 호의 사항 또는 같은 조 제2항 각 호의 사항을 자필로 기재하게 하지 아니한 자
6. 제7조 제1항을 위반하여 거래상대방으로부터 소득·재산 및 부채상황에 관한 증명서류를 제출받지 아니한 자

6의2. 제7조의2를 위반하여 제3자에게 담보제공 여부를 확인하지 아니한 자

7. 제9조 제1항을 위반하여 중요 사항을 게시하지 아니한 자
8. 제9조 제2항, 제3항 또는 제5항을 위반하여 광고를 한 자
9. 제9조의3 제1항 각 호의 행위를 한 자
10. 제9조의5 제1항 또는 제2항을 위반하여 종업원을 고용하거나 업무를 위임하거나 대리하게 한 자

10의2. 제10조 제2항을 위반하여 보고 또는 공시를 하지 아니한 자

11. 제12조 제2항 및 제3항에 따른 검사에 불응하거나 검사를 방해한 자
12. 제12조 제9항을 위반하여 보고서를 제출하지 아니하거나, 거짓으로 작성하거나, 기재하여야 할 사항의 전부 또는 일부를 기재하지 아니하고 제출한 자

2. 1천만원 이하의 과태료

다음의 어느 하나에 해당하는 자에게는 1천만원 이하의 과태료를 부과한다(법21②).

1. 제3조 제7항을 위반하여 분실신고를 하지 아니한 자
2. 제3조의3 제1항 또는 제2항을 위반하여 등록증을 반납하지 아니한 자
3. 삭제 [2012.12.11] [[시행일 2013.6.12]]
4. 제6조 제5항을 위반하여 계약서와 계약관계서류의 보관의무를 이행하지 아니한 자
5. 제6조 제6항을 위반하여 정당한 사유 없이 계약서 및 계약관계서류의 열람을 거부하거나 관련 증명서의 발급을 거부한 자
6. 제9조 제4항을 위반하여 광고의 문안과 표기에 관한 의무를 이행하지 아니한 자
7. 삭제 [2017.4.18] [[시행일 2017.10.19]]
8. 제10조의2를 위반하여 소속과 성명을 밝히지 아니한 자
9. 제12조 제1항 또는 제5항에 따른 보고 또는 자료의 제출을 거부하거나 거짓으로 보고 또는 자료를 제출한 자
10. 제18조의2 제5항에 따른 대부업 및 대부중개업 협회 또는 이와 비슷한 명칭을 사용한 자

3. 과태료 부과기준

과태료는 대통령령으로 정하는 바에 따라 시·도지사등이 부과·징수한다(법21③). 이에 따른 과태료의 부과기준은 [별표 3]과 같다(영12).

[별표 3] 과태료의 부과기준(제12조 관련)

1. 일반기준

가. 위반행위의 횟수에 따른 과태료의 가중된 부과기준은 최근 3년간 같은 위반행위로 과태료 부과처분을 받은 경우에 적용한다. 이 경우 기간의 계산은 위반행위에 대하여 과태료 부과처분을 받은 날과 그 처분 후 다시 같은 위반행위를 하여 적발된 날을 기준으로 한다.

나. 가목에 따라 가중된 부과처분을 하는 경우 가중처분의 적용 차수는 그

위반행위 전 부과처분 차수(가목에 따른 기간 내에 과태료 부과처분이 둘 이상 있었던 경우에는 높은 차수)의 다음 차수로 한다.

다. 시·도지사등은 위반행위의 동기, 내용 및 그 횟수 등을 고려하여 제2호에 따른 과태료 금액을 감경 또는 면제하거나 2분의 1 범위에서 그 금액을 가중할 수 있다. 다만, 가중하는 경우에도 법 제21조 제1항 및 제2항에 따른 과태료 금액의 상한을 초과할 수 없다.

2. 개별기준

(단위: 만원)

위반행위	근거 법조문	부과대상	과태료 금액		
			1차	2차	3차 이상
가. 법 제3조 제7항을 위반하여 분실신고를 하지 않은 경우	법 제21조 제2항 제1호	법인	200	400	600
		법인이 아닌 자	50	100	200
나. 법 제3조의3 제1항 또는 제2항을 위반하여 등록증을 반납하지 않은 경우	법 제21조 제2항 제2호	법인	500	750	1,000
		법인이 아닌 자	100	250	500
다. 법 제5조 제1항을 위반하여 법 제3조 제3항 제1호부터 제3호까지의 사항에 대하여 변경등록하지 않은 경우	법 제21조 제1항 제1호	법인	200	400	600
		법인이 아닌 자	50	100	200
라. 법 제5조 제1항을 위반하여 법 제3조 제3항 제4호부터 제8호까지의 사항에 대하여 변경등록하지 않은 경우	법 제21조 제1항 제1호	법인	500	750	1,000
		법인이 아닌 자	100	250	500
마. 법 제5조 제2항을 위반하여 폐업신고를 하지 않은 경우	법 제21조 제1항 제1호	법인	500	750	1,000
		법인이 아닌 자	100	250	500
바. 법 제5조의2 제1항 또는 제2항을 위반하여 상호 중에 "대부" 또는 "대부중개"라는 문자를 사용하지 않은 경우	법 제21조 제1항 제2호	법인	600	1,000	2,000
		법인이 아닌 자	200	500	1,000
사. 법 제6조 제1항 또는 제3항을 위반하여 계약서를 교부하지 않은 경우 또는 같은 조 제1항 각 호 또	법 제21조 제1항 제3호	법인	600	1,000	2,000
		법인이 아닌 자	200	500	1,000

는 같은 조 제3항 각 호에서 정한 내용 중 전부 또는 일부가 적혀 있지 않은 계약서를 교부하거나 같은 조 제1항 각 호 또는 같은 조 제3항 각 호에서 정한 내용 중 전부 또는 일부를 거짓으로 적어 계약서를 교부한 경우					
아. 법 제6조 제2항 또는 제4항을 위반하여 설명을 하지 않은 경우	법 제21조 제1항 제4호	법인	500	750	1,000
		법인이 아닌 자	100	250	500
자. 법 제6조 제5항을 위반하여 계약서와 계약관계서류의 보관의무를 이행하지 않은 경우	법 제21조 제2항 제4호	법인	500	750	1,000
		법인이 아닌 자	100	250	500
차. 법 제6조 제6항을 위반하여 정당한 사유 없이 계약서 및 계약관계서류의 열람을 거부하거나 관련 증명서의 발급을 거부한 경우	법 제21조 제2항 제5호	법인	500	750	1,000
		법인이 아닌 자	100	250	500
카. 법 제6조의2를 위반하여 거래상대방 또는 보증인이 같은 조 제1항 각 호의 사항 또는 같은 조 제2항 각 호의 사항을 자필로 기재하게 하지 않은 경우	법 제21조 제1항 제5호	법인	600	1,000	2,000
		법인이 아닌 자	200	500	1,000
타. 법 제7조 제1항을 위반하여 거래상대방으로부터 소득·재산 및 부채상황에 관한 증명서류를 제출받지 않은 경우	법 제21조 제1항 제6호	법인	500	750	1,000
		법인이 아닌 자	100	250	500
파. 법 제7조의2를 위반하여 제3자에게 담보제공 여부를 확인하지 않은 경우	법 제21조 제1항 제6호의2	법인	500	750	1,000
		법인이 아닌 자	100	250	500
하. 법 제9조 제1항을 위반하여 중요 사항을 게시하지 않은 경우	법 제21조 제1항 제7호	법인	500	750	1,000
		법인이 아닌 자	100	250	500
거. 법 제9조 제2항 또는 제3항을 위반하여 광고를 한 경우	법 제21조 제1항 제8호	법인	600	1,000	2,000
		법인이 아닌 자	200	500	1,000
너. 법 제9조 제4항을 위반하여 광고의 문안과 표기에 관한 의무를 이행하지 않은 경우	법 제21조 제2항 제6호	법인	500	750	1,000
		법인이 아닌 자	100	250	500
더. 법 제9조 제5항을 위반하여 광고를 한 경우	법 제21조 제1항 제8호	법인	1,000	2,000	3,000
		법인이	500	1,000	1,500

		아닌 자			
러. 법 제9조의3 제1항 각 호의 행위를 한 경우	법 제21조 제1항 제9호	법인	600	1,000	2,000
		법인이 아닌 자	200	500	1,000
머. 법 제9조의5 제1항 또는 제2항을 위반하여 종업원을 고용하거나 업무를 위임하거나 대리하게 한 경우	법 제21조 제1항 제10호	법인	500	750	1,000
		법인이 아닌 자	100	250	500
버. 법 제10조 제2항을 위반하여 보고 또는 공시를 하지 않은 경우	법 제21조 제1항 제10호의2	법인	600	1,000	2,000
		법인이 아닌 자	200	500	1,000
서. 법 제10조의2를 위반하여 소속과 성명을 밝히지 않은 경우	법 제21조 제2항 제8호	법인	200	400	600
		법인이 아닌 자	50	100	200
어. 법 제12조 제1항 또는 제5항에 따른 보고 또는 자료의 제출을 거부하거나 거짓으로 보고 또는 자료를 제출한 경우	법 제21조 제2항 제9호	법인	500	750	1,000
		법인이 아닌 자	100	250	500
저. 법 제12조 제2항 또는 제3항에 따른 검사에 불응하거나 검사를 방해한 경우	법 제21조 제1항 제11호	법인	1,000	2,000	3,000
		법인이 아닌 자	500	1,000	1,500
처. 법 제12조 제9항을 위반하여 보고서를 제출하지 않거나, 거짓으로 작성하거나, 기재하여야 할 사항의 전부 또는 일부를 기재하지 않은 경우	법 제21조 제1항 제12호	법인	600	1,000	2,000
		법인이 아닌 자	200	500	1,000
커. 법 제18조의2 제5항에 따른 대부업 및 대부중개업 협회 또는 이와 비슷한 명칭을 사용한 경우	법 제21조 제2항 제10호	법인	500	750	1,000
		법인이 아닌 자	100	250	500

＊ 관련 판례

① 대법원 2000. 5. 26. 선고 98두5972 판결

과태료와 같은 행정질서벌은 행정질서유지를 위한 의무의 위반이라는 객관적 사실에 대하여 과하는 제재이므로 반드시 현실적인 행위자가 아니라도 법령상 책임자로 규정된 자에게 부과되고 원칙적으로 위반자의 고의·과실을 요하지 아니하나, 위반자가 그 의무를 알지 못하는 것이 무리가 아니었다고 할 수 있어 그것을 정당시할 수 있는 사정이 있을 때 또는 그 의무의 이행을 그 당사자에게 기대하는 것이 무리라고 하는 사정이 있을 때 등 그 의무 해태를 탓할 수 없는

정당한 사유가 있는 때에는 이를 부과할 수 없다.

② 대법원 2003. 9. 2. 선고 2002두5177 판결

행정법규 위반에 대하여 가하는 제재조치는 행정목적의 달성을 위하여 행정법규 위반이라는 객관적 사실에 착안하여 가하는 제재이므로 위반자의 의무 해태를 탓할 수 없는 정당한 사유가 있는 등의 특별한 사정이 없는 한 위반자에게 고의나 과실이 없다고 하더라도 부과될 수 있다(대법원 1980. 5. 13. 선고 79누251 판결, 2000. 5. 26. 선고 98두5972 판결 등 참조).

제3절 형사제재

Ⅰ. 벌칙

1. 10년 이하의 징역 또는 5억원 이하의 벌금

다음의 어느 하나에 해당하는 자는 10년 이하의 징역 또는 5억원 이하의 벌금에 처한다(법19①).

1. 제3조 또는 제3조의2를 위반하여 등록 또는 등록갱신을 하지 아니하고 대부업등을 한 자
2. 속임수나 그 밖의 부정한 방법으로 제3조 또는 제3조의2에 따른 등록 또는 등록갱신을 한 자
3. 제9조의2 제1항 또는 제2항을 위반하여 대부업 또는 대부중개업 광고를 한 자
4. 삭제 [2025.1.21] [[시행일 2025.7.22]]
5. 삭제 [2025.1.21] [[시행일 2025.7.22.]]

*** 관련 판례: 대법원 2013. 6. 27. 선고 2012도4848 판결**

대부업법 제3조 제1항, 제2항, 제19조 제1항 제1호와 대부업법이 대부업·대부중개업의 등록 및 감독에 필요한 사항을 정하고 대부업자와 여신금융기관의 불법적 채권추심행위 및 이자율 등을 규제함으로써 대부업의 건전한 발전을 도모하는 한편 금융이용자를 보호하고 국민의 경제생활 안정에 이바지함을 목적으로 한다는 점(대부업법 제1조)에 비추어 보면, 대부업법 제3조에 따라 대부업 등록

을 한 법인이 아무런 실체가 없는 법인으로서 실제로는 법인의 명의가 이용된 것에 불과하고 해당 법인의 실제 운영자가 자신의 대부업을 직접 한 것으로 볼 수 있는 등의 특별한 사정이 없는 한, 법인이 등록을 하고 실질적으로 법인의 영업으로서 대부업을 한 이상 그 법인의 운영을 지배하는 자가 개인 명의로 별도로 대부업 등록을 하지 않았다고 하여 그 운영자를 대부업법 제19조 제1항 제1호의 위반으로 처벌할 수는 없다.

2. 5년 이하의 징역 또는 2억원 이하의 벌금

다음의 어느 하나에 해당하는 자는 5년 이하의 징역 또는 2억원 이하의 벌금에 처한다(법19②).

1. 제5조의2 제5항 각 호를 위반하여 타인에게 자기의 명의로 대부업등을 하게 하거나 대부업 등록증을 양도·양수·대여·유통한 자
2. 제8조에 따른 이자율을 초과하여 이자를 받거나 제11조 제1항을 위반하여 이자를 받은 자
3. 제9조의3 제2항을 위반하여 광고 행위를 한 자
4. 제9조의9 제1항 또는 제2항을 위반하여 대부과정 또는 대부중개과정에서 수집한 거래상대방의 개인정보를 정해진 용도 외의 목적으로 처리한 자
5. 제9조의9 제3항을 위반하여 대부업 이용자의 개인정보를 제공받거나 제공한 자 또는 보관·전달·유통한 자

3. 5년 이하의 징역 또는 5천만원 이하의 벌금

다음의 어느 하나에 해당하는 자는 5년 이하의 징역 또는 5천만원 이하의 벌금에 처한다(법19③).

1. 제10조 제1항 또는 제7항을 위반하여 신용공여를 한 자
2. 제10조 제1항 또는 제7항을 위반하여 신용공여를 받은 자

4. 3년 이하의 징역 또는 3천만원 이하의 벌금

다음의 어느 하나에 해당하는 자는 3년 이하의 징역 또는 3천만원 이하의 벌금에 처한다(법19④).

1. 제5조의2 제4항을 위반하여 그 상호 중에 대부, 대부중개 또는 이와 유사한 상호를 사용한 자
1의2. 삭제 [2025.1.21] [[시행일 2025.7.22]]
2. 제7조 제3항을 위반하여 서류를 해당 용도 외의 목적으로 사용한 자
3. 삭제 [2025.1.21] [[시행일 2025.7.22]]
4. 제9조의4 제1항 또는 제2항을 위반하여 불법사금융업자로부터 대부계약에 따른 채권을 양도받아 이를 추심하는 행위를 한 자 또는 불법사금융중개업자로부터 대부중개를 받은 거래상대방에게 대부행위를 한 자
5. 제9조의4 제3항을 위반하여 대부계약에 따른 채권을 양도한 자
6. 제11조의2 제1항 또는 제2항을 위반하여 대부중개를 하거나 중개수수료를 받은 자
7. 제11조의2 제3항에 따른 중개수수료를 초과하여 지급한 자
8. 제11조의2 제5항에 따른 시정명령을 이행하지 아니한 자
9. 제11조의2 제6항을 위반하여 중개수수료를 지급받은 자
10. 제15조 제4항에 따른 시정명령을 이행하지 아니한 자

5. 징역형과 벌금형은 병과

징역형과 벌금형은 병과(倂科)할 수 있다(법19⑤).

Ⅱ. 양벌규정

법인의 대표자나 법인 또는 개인의 대리인, 사용인, 그 밖의 종업원이 그 법인 또는 개인의 업무에 관하여 제19조의 위반행위를 하면 그 행위자를 벌하는 외에 그 법인 또는 개인에게도 해당 조문의 벌금형을 과(科)한다(법20 본문). 다만, 법인 또는 개인이 그 위반행위를 방지하기 위하여 해당 업무에 관하여 상당한 주의와 감독을 게을리하지 아니한 경우에는 그러하지 아니하다(법20 단서).

*** 관련 판례**

① 대법원 2005. 5. 27. 선고 2004도8447 판결

대부업체 직원이 대출금을 회수하기 위하여 소액의 지연이자를 문제삼아 법적 조치를 거론하면서 소규모 간판업자인 채무자의 휴대전화로 수백 회에 이르는 전화공세를 한 것이 사회통념상 허용한도를 벗어난 채권추심행위로서 채무자

의 간판업 업무가 방해되는 결과를 초래할 위험이 있었다고 보아 업무방해죄를 구성한다.

② 대법원 2009. 6. 23. 선고 2008도1697 판결

대부업자가 새마을금고와 제3자에 대한 차량담보대출채권을 담보로 제공하고 개개 자동차담보채권액만큼 대출받는 것을 내용으로 하는 "대출채권담보대출 중개운용에 관한 업무협약 및 채권담보계약"을 체결하였음에도, 계약 취지와 달리 대출금을 기존 채무의 변제에 사용하고 새마을금고의 허락 없이 임의로 차량에 설정된 근저당권을 해제하는 등 새마을금고에 대한 채무변제를 성실히 이행하지 않은 사안에서, 위 대부업자가 대출 당시 대출금채무를 변제할 의사나 능력이 없음에도 있는 것처럼 새마을금고를 기망하여 이에 속은 새마을금고로부터 대출금을 편취하였고 그 편취의 범의도 인정된다고 보아, 위 대출이 새마을금고의 재무상태 등에 대한 실사를 거쳐 실행됨으로써 새마을금고가 위 대출이 가능하다는 착오에 빠지는 원인 중에 새마을금고 측의 과실이 있더라도 사기죄의 성립이 인정된다고 한 사례

제3장 금융기관 검사 및 제재에 관한 규정

금융기관 검사 및 제재에 관한 규정(금융위원회 고시)은 금융감독원장이 검사를 실시하는 금융기관에 적용되며, 필요한 범위 내에서 금융위원회법 및 금융업관련법에 따라 금융위원회가 검사를 실시하는 금융기관에 준용한다. 또한 관계법령 등에 의하여 금융감독원장이 검사를 위탁받은 기관에 대한 검사 및 그 검사결과 등에 따른 제재조치에 대하여는 관계법령 및 검사를 위탁한 기관이 별도로 정하는 경우를 제외하고는 이 규정을 적용한다(동규정2).

대부업법은 금융업관련법에 해당하므로(동규정3(1) 사목) 금융기관 검사 및 제재에 관한 규정이 적용된다.

제1절 검사

Ⅰ. 서설

1. 검사의 의의

검사는 금융기관의 업무활동과 경영상태를 분석·평가하고 금융기관이 취급한 업무가 관계법령에 위반되지 않았는지를 확인·점검하여 적절한 조치를 취하는 활동으로서, 감독정책이 시장에서 작동되도록 보장할 뿐만 아니라 검사결과 도출된 제반 정보를 반영하여 보다 실효성 있는 금융감독정책을 수립할 수 있도록 지원하는 기능도 담당한다. 이에 반해 금융감독은 사전 예방적인 감독활동과 사후교정적인 검사활동으로 구분할 수 있다. 일반적으로 감독은 금융기관의 건전경영을 유도하기 위하여 기준을 설정하고 이를 준수하도록 지도하는 행위를 말한다.[9)]

금융기관에 대한 검사방식은 과거에는 사후교정적 측면을 강조하는 지적위주의 검사에서 1980년대 이후에는 금융자율화 추세에 따라 내부통제 기능 강화와 책임경영체제 확립을 도모하였고, 2000년대 이후에는 제한된 검사인력을 효율적으로 운용하기 위하여 리스크중심의 검사를 지향하고 있으며, 2008년 금융위기 이후에는 금융기관 및 금융시장의 잠재적 위험에 선제적으로 대응하여 위기의 발생을 억제하는 사전예방적 검사의 중요성이 강조되어 금융시스템에 영향이 큰 대형금융기관에 대한 현장검사의 강화 및 상시감시활동, 금융기관의 내부감사 및 내부통제 활동의 중요성이 더욱 부각되고 있다.

금융감독당국은 금융기관의 건전성 및 영업행위에 대한 검사를 통해 문제점을 적발하고, 이에 대한 심의를 거쳐 제재조치를 내리게 되는데, 검사란 제재조치의 시작점이라고 할 수 있다. 따라서 제재가 실효성을 갖기 위해서는 검사라는 첫 단추가 적절히 채워져야 할 것이다.[10)]

2. 검사의 법적 근거

금융감독원은 금융위원회법 또는 다른 법령에 따라 검사대상기관의 업무 및

---

9) 금융감독원(2020), 「금융감독개론」, 금융감독원(2020. 3), 427쪽.
10) 이승민(2013), "금융기관 및 그 임직원에 대한 제재의 실효성 제고방안", 서울대학교 대학원 석사학위논문(2013. 12). 134쪽.

재산상황에 대한 검사업무를 수행한다(금융위원회법37(1)). 금융위원회법 제37조 및 동법 시행령, 금융업관련법 및 그 시행령과 기타 관계법령에 의하여 금융감독원장("감독원장")이 실시하는 검사의 방법, 검사결과의 처리 및 제재, 기타 필요한 사항을 정한 금융위원회 고시로 「금융기관 검사 및 제재에 관한 규정」("검사제재규정")이 있다. 검사는 행정조사의 일종으로서 권력적 행정조사와 비권력적 행정조사를 모두 포함한다.

3. 검사 대상기관

금융감독원의 검사를 받는 기관은 은행, 금융투자업자, 증권금융회사, 종합금융회사 및 명의개서대행회사, 보험회사, 상호저축은행과 그 중앙회, 신용협동조합 및 그 중앙회, 여신전문금융회사 및 겸영여신업자, 농협은행, 수협은행이 있으며, 다른 법령에서 금융감독원이 검사를 하도록 규정한 기관도 검사 대상기관이다(금융위원회법38).

검사제재규정의 적용범위는 금융감독원장이 검사를 실시하는 "금융기관"에 적용한다(검사제재규정2①). 여기서 "금융기관"이라 함은 설립·해산, 영업의 인·허가, 승인 또는 업무감독·검사 등과 관련하여 금융위원회법 및 금융업관련법의 적용을 받는 회사·관계기관·단체 등을 말한다(검사제재규정3(2)).

대부업법은 금융업관련법에 해당하므로(동규정3(1) 사목) 금융기관 검사 및 제재에 관한 규정이 적용된다.

Ⅱ. 검사의 종류

1. 정기검사와 부문검사

이는 운영방식에 따른 구분이다. "정기검사"란 금융기관의 규모, 시장에 미치는 영향력 등을 감안하여 일정 주기에 따라 정기적으로 실시하는 검사를 말하고(검사제재규정3(3)), "수시검사"란 금융사고예방, 금융질서확립, 기타 금융감독 정책상의 필요에 따라 수시로 실시하는 검사를 말한다(검사제재규정3(4)).

2. 현장검사와 서면검사

이는 검사 실시방법에 따른 구분이다. "현장검사"란 검사원(금융감독원장의 명령과 지시에 의하여 검사업무를 수행하는 자)이 금융기관을 방문하여 실시하는 검사를 말하고(검사제재규정3(5)), "서면검사"란 검사원이 금융기관으로부터 자료를 제출받아 검토하는 방법으로 실시하는 검사를 말한다(검사제재규정3(6)).

3. 건전성검사와 영업행위검사

실시목적 기준에 따라 건전성검사와 영업행위검사로 구분된다. 건전성검사는 금융기관의 리스크관리, 경영실태평가, 지배구조 등 건전경영 유도 목적에 보다 중점을 둔 검사이며, 영업행위검사는 금융소비자에 대한 금융상품 판매행위 등 금융소비자 보호 및 금융거래질서 확립목적에 보다 중점을 둔 검사이다.[11]

4. 평가성검사와 준법성검사

중대한 법규 위반사항 적발 목적 기준에 따라 평가성검사와 준법성검사로 구분된다. 평가성검사는 컨설팅 방식으로 진행되며 미흡한 사항에 대해서는 개선권고, 경영유의, 현지조치, MOU 체결 등으로 처리하되, 중대한 법규 위반사항 발견 시에는 준법성검사로 전환한다. 준법성검사는 사실관계 확인 및 위법성 검토 방식으로 진행되며, 검사결과 위법성의 경중에 따라 기관 및 개인에 대해 제재조치한다. 평가성검사와 준법성검사가 혼재된 경우 준법성검사로 구분한다.

Ⅲ. 검사의 절차

1. 상시감시 업무

"상시감시"란 금융기관에 대하여 임직원 면담, 조사출장, 영업실태 분석, 재무상태 관련 보고서 심사, 경영실태 계량평가, 기타 각종자료 또는 정보의 수집·분석을 통하여 문제의 소지가 있는 금융기관 또는 취약부문을 조기에 식별하여 현장검사 실시와 연계하는 등 적기에 필요한 조치를 취하여 금융기관의 안전하고 건전한 경영을 유도하는 감독수단을 말한다(검사제재규정3(15)).

금융기관에 대한 상시감시업무는 상시감시자료, 즉 i) 업무 또는 영업보고서(제1호), ii) 금융기관 경영실태평가에 활용되고 있는 계량지표 또는 보조지표 자료(제2호), iii) 임직원 면담 및 조사출장 결과 자료(제3호), iv) 금융기관이 검사원의 요구에 따라 제출한 자료(제4호), v) 검사원 등이 수집한 정보·건의사항

11) 금융감독원(2020), 429쪽.

(제5호), vi) 기타 검사총괄담당부서장 및 검사실시부서장이 필요하다고 판단하는 자료(제6호)를 검토·분석하는 방법으로 수행한다(검사제재규정 시행세칙6①, 이하 "시행세칙"). 금융감독원장은 내부통제 및 리스크관리 강화 등이 필요하다고 판단되는 금융기관에 대하여 검사원을 일정기간 상주시키면서 상시감시업무를 수행하도록 할 수 있다(시행세칙6②).

상시감시결과 취할 수 있는 조치의 종류는 i) 경영개선권고, 금융위원회("금융위")에 경영개선요구 건의·경영개선명령 건의(제1호), ii) 경영실태평가 등급 조정(제2호), iii) 검사계획수립 및 중점검사항목에 반영(제3호), iv) 검사실시(제4호), v) 시정계획 제출요구 또는 보고서 주기 단축 등 사후관리 강화(제5호), vi) 확약서·양해각서 체결(제6호) 등이다(시행세칙7).

2. 검사계획의 수립 및 중점검사사항 운영

(1) 검사계획의 수립

검사총괄담당부서장은 다음 연도의 검사계획을 수립한다(시행세칙4①). 검사실시부서장은 각 부서별 연간검사계획을 수립하여 이를 검사총괄담당부서장에게 통보하여야 한다(시행세칙4② 전단). 검사계획의 일부를 변경 또는 조정하는 경우에도 그러하다(시행세칙4② 후단). 연간검사계획에는 검사의 종류, 검사대상점포 및 점포수, 검사실시시기, 검사동원인원, 주요 검사실시범위 등이 포함되어야 한다(시행세칙4④ 본문). 다만, 부문검사의 경우에는 이를 미리 정하지 아니할 수 있다(시행세칙4④ 단서). 금융지주회사등에 대한 연결검사를 위한 연간검사계획은 주검사부서가 자회사 및 손자회사 담당 검사실시부서와 협의하여 수립하고, 각 검사실시부서는 이를 연간검사계획에 포함하여 검사총괄담당부서장에게 통보하여야 한다(시행세칙4③ 전단). 검사계획의 일부를 변경 또는 조정하는 경우에도 그러하다(시행세칙4③ 후단). "연결검사"라 함은 금융지주회사와 그 자회사 및 손자회사("금융지주회사등")에 대한 연결기준 재무상태 및 경영성과 등 경영의 건전성 평가와 그 업무 및 재산에 대한 적정성 등을 확인하기 위해 실시하는 검사를 말한다(시행세칙2(7)).

(2) 중점검사사항 운영

중점검사사항은 기본항목과 수시항목으로 구분 운영한다(시행세칙5①). "중점검사사항 기본항목"이라 함은 주요 금융감독정책 및 검사방향 등에 따라 연중 계속적으로 중점검사하여야 할 사항을 말하고(시행세칙2(1)), "중점검사사항 수시항목"이라 함은 검사실시시기 또는 검사대상점포의 특성에 따라 중점검사하여야 할 사항을 말한다(시행세칙2(2)).

검사실시부서장은 금융환경, 업계동향 및 금융기관의 특성 등을 감안하여 중점검사사항 기본항목을 선별 운영할 수 있으며, 상시감시결과 나타난 금융기관의 경영상 취약부문 등을 중점검사사항 수시항목으로 선정하여 운영할 수 있다(시행세칙5②). 검사위탁기관이 검사위탁과 관련하여 금융감독원장에게 중점검사사항을 통보하는 경우에는 이를 당해 위탁검사대상기관에 대한 중점검사사항 기본항목으로 운영한다(시행세칙5③).

3. 검사사전준비

검사실시부서장은 검사사전준비를 위하여 금융기관의 업무 및 재산에 관한 자료, 상시감시자료, 유관부서의 확인요청 사항, 과거 사고·민원발생 내용, 정보 및 건의사항, 기타 조사 및 분석자료 및 정보를 수집·분석하여 활용하여야 한다(시행세칙9①). 검사실시부서장은 검사사전준비를 위하여 필요한 경우 소속 검사원으로 하여금 금융기관에 임점하여 필요한 자료 등을 수집하게 할 수 있다(시행세칙11①).

검사실시부서장은 검사사전준비를 위하여 필요한 경우 검사실시전에 유관부서 등과 검사사전준비협의회를 개최할 수 있다(시행세칙10①). 검사사전준비협의회는 검사계획의 개요 및 중점검사사항, 금융기관 경영상의 주요 문제점, 금융거래자 보호 및 공정한 금융거래질서 유지와 관련한 주요 문제점, 자체감사부서의 활동상황 등을 협의한다(시행세칙10③).

4. 검사의 실시

(1) 검사실시

금융감독원장은 금융기관의 업무 및 재산상황 또는 특정부문에 대한 검사를 실시한다(검사제재규정8①). 관계법령에 의하여 금융위원회가 금융감독원장으로 하여금 검사를 하게 할 수 있는 금융기관에 대하여는 따로 정하는 경우를 제외하고는 금융감독원장이 검사를 실시한다(검사제재규정8②). 검사의 종류는 정기검사와 부문검사로 구분하고, 검사의 실시는 현장검사 또는 서면검사의 방법으로

행한다(검사제재규정8③). 금융감독원장은 매년 당해 연도의 검사업무의 기본방향과 당해 연도 중 검사를 실시할 금융기관, 검사의 목적과 범위 및 검사 실시기간 등이 포함된 검사계획을 금융위원회에 보고하여야 한다(검사제재규정8④).

(2) 검사의 사전통지

금융감독원장은 현장검사를 실시하는 경우에는 검사목적 및 검사기간 등이 포함된 검사사전예고통지서를 당해 금융기관에 검사착수일 1주일전(정기검사의 경우 1개월전)까지 통지하여야 한다(검사제재규정8의2 본문). 다만, 검사의 사전통지에 따라 검사목적 달성이 어려워질 우려가 있는 다음의 하나에 해당하는 경우에는 그러하지 아니하다(검사제재규정8의2 단서).

1. 사전에 통지할 경우 자료·장부·서류 등의 조작·인멸, 대주주의 자산은닉 우려 등으로 검사 목적 달성에 중요한 영향을 미칠 것으로 예상되는 경우
2. 검사 실시 사실이 알려질 경우 투자자 및 예금자 등의 심각한 불안 초래 등 금융시장에 미치는 악영향이 클 것으로 예상되는 경우
3. 긴급한 현안사항 점검 등 사전통지를 위한 시간적 여유가 없는 불가피한 경우
4. 기타 검사목적 달성이 어려워질 우려가 있는 경우로서 금융감독원장이 정하는 경우

(3) 금융기관 임직원의 조력을 받을 권리

현장검사 과정에서 검사를 받는 금융기관 임직원은 문답서 및 확인서 작성시 변호사 또는 기타 전문지식을 갖춘 사람으로서 금융감독원장이 정하는 사람("조력자")의 조력을 받을 수 있다(검사제재규정8의3①). 검사원은 문답서 및 확인서 작성시 검사를 받는 금융기관 임직원과 조력자의 주요 진술내용을 충분히 반영하여 작성하고, 검사 기록으로 관리하여야 한다(검사제재규정8의3②).

(4) 자료제출 요구 등

금융감독원장은 검사 및 상시감시업무를 수행함에 있어 필요한 경우에는 금융기관에 대하여 업무 또는 재산에 관한 보고 및 자료의 제출을 요구할 수 있으며, 필요한 경우에는 자본시장법, 보험업법 등 관계법령이 정하는 바에 따라 관계자 등에 대하여 진술서의 제출, 증언 또는 장부·서류 등의 제출을 요구할 수 있다(검사제재규정9①). 자료의 제출은 정보통신망을 이용한 전자문서의 방법에

의할 수 있다(검사제재규정9②).

금융감독원장은 검사 및 상시감시 업무와 관련하여 제출받은 자료·장부·서류 등에 대해, 조작이 의심되어 원본 확인이 필요한 경우 금융기관의 자료·장부·서류 등의 원본을 금융감독원에 일시 보관할 수 있다(검사제재규정9③). 일시 보관하고 있는 자료·장부·서류 등의 원본에 대하여 금융기관이 반환을 요청한 경우에는 검사 및 상시감시업무에 지장이 없는 한 즉시 반환하여야 한다(검사제재규정9④ 전단). 이 경우 금융감독원장은 자료·장부·서류 등의 사본을 보관할 수 있고, 그 사본이 원본과 다름없다는 사실에 대한 확인을 금융기관에 요구할 수 있다(검사제재규정9④ 후단).

(5) 권익보호담당역

금융감독원장은 검사업무 수행과정에서 금융기관 및 그 임직원의 권익보호를 위하여 금융기관 및 그 임직원의 권익보호업무를 총괄하는 권익보호담당역을 둔다(검사제재규정10①). 금융감독원장은 권익보호담당역이 업무를 수행함에 있어 독립성이 보장될 수 있도록 하여야 한다(검사제재규정10②). 권익보호담당역의 임기는 3년으로 한다(검사제재규정10③). 권익보호담당역은 금융기관의 신청이 있는 경우에, 검사 과정에서 위법·부당한 검사가 진행되거나 절차상 중요한 흠결이 있다고 인정되면, 금융감독원장에게 검사중지 건의 또는 시정 건의를 할 수 있다(검사제재규정10④). 권익보호담당역은 그 업무수행 과정에서 필요한 경우, 검사원에 대한 소명요구, 검사자료 제출요구 등 검사업무 수행 과정에 대한 조사를 할 수 있다(검사제재규정10⑤).

(6) 의견진술기회 부여

검사반장은 검사결과 나타난 위법·부당행위의 관련자 또는 당해 금융기관에 대하여 의견진술의 기회를 주어야 한다(시행세칙27①). 의견진술은 의견서, 문답서 또는 질문서에 의하며, 관련자 또는 당해 금융기관이 의견제출을 하지 아니하거나 거부한 경우에는 의견이 없는 것으로 본다(시행세칙27②).

Ⅳ. 검사결과의 보고, 통보 및 조치

1. 검사결과의 보고

금융감독원장은 금융기관에 대하여 검사를 실시한 경우에는 그 결과를 종합정리하여 금융위에 보고하여야 한다(검사제재규정13① 본문). 다만, 현지조치사항만 있거나 조치요구사항이 없는 경우에는 보고를 생략할 수 있다(검사제재규정13① 단서). 금융감독원장은 시스템리스크 초래, 금융기관 건전성의 중대한 저해, 다수 금융소비자 피해 등의 우려가 있다고 판단하는 경우에는 보고와 별도로 검사 종료 후 지체없이 그 내용을 금융위원회에 보고하여야 한다(검사제재규정13②). 금융감독원장은 타기관에 위임 또는 위탁한 검사에 대하여도 그 검사결과를 보고받아 금융위원회에 보고하여야 한다(검사제재규정13③).

2. 검사결과의 통보 및 조치

(1) 검사결과의 통보 및 조치요구

(가) 의의

금융감독원장은 금융기관에 대한 검사결과를 검사서에 의해 당해 금융기관에 통보하고 필요한 조치를 취하거나 당해 금융기관의 장에게 이를 요구할 수 있으며(검사제재규정14①), 조치를 요구한 사항에 대하여 금융기관의 이행상황을 관리하여야 한다(검사제재규정14③ 본문). 다만, 현지조치사항에 대하여는 당해 금융기관의 자체감사조직의 장이나 당해 금융기관의 장에게 위임하며, 신용협동조합·농업협동조합·수산업협동조합·산림조합에 대한 조치요구사항은 당해 설립법에 의한 중앙회장에게 위임할 수 있다(검사제재규정14③ 단서).

(나) 검사결과 조치요구사항

검사서 작성 및 검사결과 조치요구사항은 아래와 같이 구분한다(검사제재규정14②). 여기서 "조치요구사항"이란 경영유의사항, 지적사항, 현지조치사항 등 금융감독원장이 금융기관에 대하여 조치를 요구하는 사항을 말한다(검사제재규정3(8)).

1) 경영유의사항

경영유의사항이란 금융기관에 대한 검사결과 경영상 취약성이 있는 것으로 나타나 경영진의 주의 또는 경영상 조치가 필요한 사항을 말한다(검사제재규정3(9)).

2) 지적사항

지적사항이란 금융기관에 대한 검사결과 나타난 위법·부당한 업무처리내용 또는 업무처리방법의 개선 등이 필요한 사항을 말하며, 이는 문책·자율처리필요·주의·변상·개선사항으로 다음과 같이 구분한다(검사제재규정3(10)).

i) 문책사항(가목): 금융기관 또는 금융기관의 임직원이 금융관련법규를 위

반하거나 금융기관의 건전한 영업 또는 업무를 저해하는 행위를 함으로써 신용질서를 문란하게 하거나 당해 기관의 경영을 위태롭게 하는 행위로서 과태료·과징금 부과, 기관 및 임원에 대한 주의적 경고 이상의 제재, 직원에 대한 면직·업무의 전부 또는 일부에 대한 정직·감봉·견책에 해당하는 제재의 경우, ii) 자율처리필요사항(나목): 금융기관 직원의 위법·부당행위에 대하여 당해 금융기관의 장에게 그 사실을 통보하여 당해 금융기관의 장이 조치대상자와 조치수준을 자율적으로 결정하여 조치하도록 하는 경우, iii) 주의사항(다목): 위법 또는 부당하다고 인정되나 정상참작의 사유가 크거나 위법·부당행위의 정도가 상당히 경미한 경우, iv) 변상사항(라목): 금융기관의 임직원이 고의 또는 중대한 과실로 금융관련법규 등을 위반하는 등으로 당해 기관의 재산에 대하여 손실을 끼쳐 변상책임이 있는 경우, v) 개선사항(마목): 규정, 제도 또는 업무운영 내용 등이 불합리하여 그 개선이 필요한 경우

3) 현지조치사항

현지조치사항이란 금융기관에 대한 검사결과 나타난 위법·부당행위 또는 불합리한 사항 중 그 정도가 경미하여 검사반장이 검사현장에서 시정, 개선 또는 주의조치하는 사항을 말한다(검사제재규정3(11)).

(2) 표준검사처리기간

금융감독원장은 표준검사처리기간 운영을 통해 검사결과가 신속히 처리될 수 있도록 노력하여야 한다(검사제재규정14⑤). 표준검사처리기간이란 검사종료 후부터 검사결과 통보까지 소용되는 기간으로서 180일 이내에서 금융감독원장이 정하는 기간을 말하는데(검사제재규정14⑤), 정기검사 180일, 수시검사 152일을 말하며, 수시검사 중 연인원 150명 이상인 검사는 정기검사와 동일한 처리기간을 적용하며, 세부사항은 [별표 10]의 표준검사처리기간에 의한다(시행세칙30의2①). 금융감독원장은 표준검사처리기간을 경과한 검사 건에 대하여 그 건수와 각각의 지연사유, 진행상황 및 향후 처리계획을 매 반기 종료 후 1개월 이내에 금융위에 보고하여야 한다(검사제재규정14⑧ 본문).

표준검사처리기간에는 i) 관련 사안에 대한 유권해석, 법률·회계 검토에 소요되는 기간(제1호), ii) 제재대상자에 대한 사전통지 및 의견청취에 소요되는 기간(제2호), iii) 검사종료 후 추가적인 사실관계 확인을 위해 소요되는 기간(제3호), iv) 관련 소송 및 수사·조사기관의 수사 및 조사 진행으로 인하여 지연되는

기간(제4호), ⅴ) 제재심의위원회의 추가 심의에 소요되는 기간(제5호), ⅵ) 제재심의위원회의 최종 심의일로부터 금융위 의결일(금융위가 금융위원장에게 제재조치 권한을 위임한 경우 동 제재조치의 결정일)(제6호), ⅶ) 기타 표준검사처리기간에 산입하지 않는 것이 제재의 공정성 및 형평성 등을 위해 필요하다고 금융감독원장이 인정하는 기간(제7호)은 산입하지 아니한다(검사제재규정14⑥). 표준검사처리기간의 운영과 관련하여 구체적인 불산입 기간 등 세부사항은 금융감독원장이 정한다(검사제재규정14⑦).[12]

(3) 조치요구사항에 대한 정리기한 및 보고

금융기관은 조치요구사항에 대하여 특별한 사유가 있는 경우를 제외하고는 검사서를 접수한 날로부터 경영유의사항은 6월 이내(제1호), 지적사항(제2호) 중 문책사항은 관련 임직원에 대한 인사조치내용은 2월 이내, 문책사항에 주의사항 또는 개선사항 등이 관련되어 있는 경우에는 나목에서 정한 기한이내(가목), 자율처리필요·주의·변상·개선사항은 3월 이내(나목)에 이를 정리하고 그 결과를 기한종료일로부터 10일 이내에 <별지 서식>에 의하여 금융감독원장에게 보고하여야 한다(검사제재규정15①).

금융감독원장은 검사결과 조치요구사항(경영유의사항, 자율처리필요사항 및 개

---

12) 검사제재규정 시행세칙 제30조의2(표준검사처리기간) ② 규정 제14조 제7항에 따른 표준처리기간에 산입되지 아니하는 기간으로서 금융감독원장이 정하는 기간은 다음의 각 호와 같다. 다만, 제1호, 제3호 및 제6호의 경우에는 최대 60일을 초과하여서는 아니 된다.

1. 검사실시부서가 관련법규 소관 정부부처, 법무법인, 회계법인 및 감독원 법무·회계 관련부서에 검사처리 관련 사안에 대한 유권해석(과태료·과징금 부과건의 관련 질의를 포함한다) 또는 법률·회계 검토를 의뢰한 날로부터 회신일까지 소요기간
2. 시행세칙 제59조 제1항의 규정에 의한 제재대상자에 대한 사전통지 및 의견청취 소요기간(사전통지일부터 의견접수일까지의 기간), 같은 조 제2항의 규정에 의한 제재대상자에 대한 공고기간, 제60조의 규정에 의한 청문절차 소요기간(청문실시 통지일부터 청문주재자의 의견서 작성일까지의 기간)
3. 검사종료후 추가적인 사실관계 확인을 위한 후속검사 소요기간(검사총괄담당부서장이 합의하는 사전준비기간 및 집중처리기간을 포함) 및 주요 입증자료 등 징구에 소요되는 기간(자료요구일로부터 자료접수일까지의 기간)
4. 검사결과 처리가 관련 소송 및 수사·조사기관의 수사·조사 결과에 연관된다고 금융감독원장이 판단하는 경우 동 판단시점부터 재판 확정 또는 수사 및 조사 결과 통지 등까지 소요되는 기간
5. 제재심의위원회가 심의를 유보한 경우 심의 유보일로부터 제재심의위원회 최종 심의일까지의 소요 기간
6. 제재의 형평성을 위해 유사사안에 대한 다수의 검사 건을 함께 처리할 필요가 있는 경우 일괄처리를 위해 소요되는 기간

선사항은 제외)에 대한 금융기관의 정리부진 및 정리 부적정 사유가 관련 임직원의 직무태만 또는 사후관리의 불철저에서 비롯된 것으로 판단하는 경우에는 책임이 있는 임직원에 대하여 제재절차를 진행할 수 있다(검사제재규정15②).

(4) 자체감사결과에 따른 조치

금융기관은 자체감사결과 등으로 발견한 정직 이상 징계처분이 예상되는 직원에 대하여 다음과 같이 조치하여야 한다(검사제재규정16②).

1. 위법·부당행위가 명백하게 밝혀졌을 경우에는 지체없이 직위를 해제하되 징계확정 전에 의원면직 처리하여서는 아니 된다.
2. 직원이 사직서를 제출하는 경우에는 동 사직서 제출경위를 조사하고 민법 제660조 등 관계법령에 의한 고용계약 해지의 효력이 발생하기 전에 징계조치 및 사고금 보전 등 필요한 조치를 취한다.

제2절 제재(검사결과의 조치)

Ⅰ. 서설

1. 제재의 의의

제재라 함은 금융감독원의 검사결과 등에 따라 금융기관 또는 그 임직원에 대하여 금융위 또는 금융감독원장이 검사제재규정에 의하여 취하는 조치를 말한다(검사제재규정3(18)). 검사결과 법규위반행위에 대하여는 제재를 하게 되는데, 제재는 금융기관 또는 그 임직원에게 영업상, 신분상, 금전상의 불이익을 부과함으로써 금융기관 경영의 건전성 확보 및 금융제도의 안정성 도모 등 금융기관 감독목적의 실효성을 확보하기 위한 사후적 감독수단이다.[13]

제재는 금융관련법령의 목적달성인 금융감독의 목적을 달성하기 위하여 검사 대상기관에 부과하는 징계벌이라는 점에서 검사 대상기관의 장이 그 소속직원에 대하여 취하는 면직, 정직, 감봉, 견책 등의 신분상의 조치인 징계와 구별된다. 징계란 금융감독원장의 요구에 의하여 당해 기관의 장이 그 소속직원에 대하여 취하는 면직, 정직, 감봉, 견책 등 신분상의 제재조치를 말한다(검사제재규정3(19)).

13) 금융감독원(2020), 436쪽.

2. 제재의 법적 근거

제재는 금융기관 및 그 임직원에게 새로운 의무를 부과하거나 기존의 권리나 이익을 박탈하는 등 영업상, 신분상, 금전상의 불이익 부과를 주된 내용으로 하고 있으므로 명확한 법적 근거가 있어야 한다. 따라서 금융감독기관이 제재를 하기 위해서는 명확한 법적 근거가 요구되는데, 현행 금융기관 임직원에 대한 제재는 금융위원회법, 여신전문금융업법, 은행법, 자본시장법, 보험업법 등의 개별 금융관련법령, 그리고 금융기관 검사 및 제재에 관한 규정 및 동 규정 시행세칙에 그 법적 근거를 두고 있다.

금융위원회법은 금융위원회의 소관 사무 중 하나로 금융기관 감독 및 검사·제재에 관한 사항을 규정하고 있으며(금융위원회법17(2)), 또한 금융감독원은 금융위원회법 또는 다른 법령에 따라 검사대상기관의 업무 및 재산상황에 대한 검사업무를 수행한 검사결과와 관련하여 금융위원회법 또는 다른 법령에 따른 제재업무를 수행한다(금융위원회법37(2)).

금융감독원장은 검사 대상기관의 임직원이 i) 금융위원회법 또는 금융위원회법에 따른 규정·명령 또는 지시를 위반한 경우(제1호), ii) 금융위원회법에 따라 원장이 요구하는 보고서 또는 자료를 거짓으로 작성하거나 그 제출을 게을리한 경우(제2호), iii) 금융위원회법에 따른 금융감독원의 감독과 검사 업무의 수행을 거부·방해 또는 기피한 경우(제3호), iv) 원장의 시정명령이나 징계요구에 대한 이행을 게을리한 경우(제4호)에는 그 기관의 장에게 이를 시정하게 하거나 해당 직원의 징계를 요구할 수 있다(금융위원회법41①). 징계는 면직·정직·감봉·견책 및 경고로 구분한다(금융위원회법41②).

금융감독원장은 검사 대상기관의 임원이 금융위원회법 또는 금융위원회법에 따른 규정·명령 또는 지시를 고의로 위반한 때에는 그 임원의 해임을 임면권자에게 권고할 수 있으며, 그 임원의 업무집행의 정지를 명할 것을 금융위원회에 건의할 수 있다(금융위원회법42).

금융감독원장은 검사 대상기관이 금융위원회법 또는 금융위원회법에 따른 규정·명령 또는 지시를 계속 위반하여 위법 또는 불건전한 방법으로 영업하는 경우에는 금융위원회에 i) 해당 기관의 위법행위 또는 비행(非行)의 중지(제1호), 또는 ii) 6개월의 범위에서의 업무의 전부 또는 일부 정지(제2호)를 명할 것을 건의할 수 있다(금융위원회법43).

Ⅱ. 제재의 종류

1. 기관제재의 종류와 사유

금융위원회법, 금융산업구조개선법 및 금융업관련법의 규정 등에 의거 금융기관에 대하여 취할 수 있는 제재의 종류 및 사유는 다음 각호와 같다(검사제재규정17①). 금융감독원장은 금융기관이 다음 각호에 해당하는 사유가 있는 경우에는 당해 금융기관에 대하여 제1호 내지 제6호에 해당하는 조치를 취할 것을 금융위에 건의하여야 하며, 제7호 및 제9호에 해당하는 조치를 취할 수 있다(다만, 개별 금융업관련법 등에서 달리 정하고 있는 때에는 그에 따른다. 이하 제18조 제2항, 제19조 제1항, 제21조에서 같다)(검사제재규정17②).

(1) 영업의 인가·허가 또는 등록의 취소, 영업·업무의 전부 정지

제재 사유는 i) 허위 또는 부정한 방법으로 인가·허가를 받거나 등록을 한 경우 또는 인가·허가의 내용이나 조건에 위반한 경우(가목), ii) 금융기관의 건전한 영업 또는 업무를 크게 저해하는 행위를 함으로써 건전경영을 심히 훼손하거나 당해 금융기관 또는 금융거래자 등에게 중대한 손실을 초래한 경우(나목), iii) 영업·업무의 전부 또는 일부에 대한 정지조치를 받고도 당해 영업·업무를 계속하거나 동일 또는 유사한 위법·부당행위를 반복하는 경우(다목), iv) 위법부당행위에 대한 시정명령을 이행하지 않은 경우(라목)이다.

(2) 영업·업무의 일부에 대한 정지

제재 사유는 i) 금융기관의 건전한 영업 또는 업무를 저해하는 행위를 함으로써 건전경영을 훼손하거나 당해 금융기관 또는 금융거래자 등에게 재산상 손실을 초래한 경우(나목),[14] ii) 제3호의 영업점 폐쇄, 영업점 영업의 정지조치 또는 위법·부당행위의 중지조치를 받고도 당해 영업점 영업을 계속하거나 당해 행위를 계속하는 경우(다목), iii) 제7호의 기관경고를 받고도 동일 또는 유사한 위법·부당행위를 반복하는 경우(라목)이다.

(3) 영업점의 폐쇄, 영업점 영업의 전부 또는 일부의 정지

제재 사유는 금융기관의 위법·부당행위가 제2호의 "영업·업무의 일부에 대한 정지"에 해당되나 그 행위가 일부 영업점에 국한된 경우로서 위법·부당행위

14) 가목은 삭제됨<2006. 8. 31.>

의 경중에 따라 당해 영업점의 폐쇄 또는 그 영업의 전부 또는 일부를 정지시킬 필요가 있는 경우이다.

(4) 위법·부당행위 중지

제재 사유는 금융기관의 위법·부당행위가 계속되고 있어 이를 신속히 중지시킬 필요가 있는 경우이다.

(5) 계약이전의 결정

제재 사유는 금융산업구조개선법에서 정한 부실금융기관이 동법 제14조 제2항[15] 각호의 1에 해당되어 당해 금융기관의 정상적인 영업활동이 곤란한 경우이다.

(6) 위법내용의 공표 또는 게시요구

제재 사유는 금융거래자의 보호를 위하여 위법·부당내용을 일간신문, 정기간행물 기타 언론에 공표하거나 영업점에 게시할 필요가 있는 경우이다.

(7) 기관경고

기관경고의 사유는 다음과 같다.

가. 제2호 나목의 규정에 해당되나 위법·부당행위의 동기, 목적, 방법, 수단, 사후수습 노력 등을 고려할 때 그 위반의 정도가 제2호의 제재에 해당되는 경우보다 가벼운 경우

나. 위법·부당행위로서 그 동기·결과가 다음 각호의 1에 해당하는 경우

(1) 위법·부당행위가 당해 금융기관의 경영방침이나 경영자세에 기인한 경우

---

15) 금융산업구조개선법 제14조(행정처분) ② 금융위원회는 부실금융기관이 다음 각 호의 어느 하나에 해당하는 경우에는 그 부실금융기관에 대하여 계약이전의 결정, 6개월 이내의 영업정지, 영업의 인가·허가의 취소 등 필요한 처분을 할 수 있다. 다만, 제4호에 해당하면 6개월 이내의 영업정지처분만을 할 수 있으며, 제1호 및 제2호의 부실금융기관이 부실금융기관에 해당하지 아니하게 된 경우에는 그러하지 아니하다.

1. 제10조 제1항 또는 제12조 제3항에 따른 명령을 이행하지 아니하거나 이행할 수 없게 된 경우
2. 제10조 제1항 및 제11조 제3항에서 규정하는 명령 또는 알선에 따른 부실금융기관의 합병 등이 이루어지지 아니하는 경우
3. 부채가 자산을 뚜렷하게 초과하여 제10조 제1항에 따른 명령의 이행이나 부실금융기관의 합병 등이 이루어지기 어렵다고 판단되는 경우
4. 자금사정의 급격한 악화로 예금등 채권의 지급이나 차입금의 상환이 어렵게 되어 예금자의 권익이나 신용질서를 해칠 것이 명백하다고 인정되는 경우

(2) 관련점포가 다수이거나 부서 또는 점포에서 위법·부당행위가 조직적으로 이루어진 경우
(3) 임원이 위법·부당행위의 주된 관련자이거나 다수의 임원이 위법·부당행위에 관련된 경우
(4) 동일유형의 민원이 집단적으로 제기되거나 금융거래자의 피해규모가 큰 경우
(5) 금융실명법의 중대한 위반행위가 발생한 경우
(6) 위법·부당행위가 수사당국에 고발 또는 통보된 사항으로서 금융기관의 중대한 내부통제 또는 감독 소홀 등에 기인한 경우

다. 최근 1년 동안 내부통제업무 소홀 등의 사유로 금융사고가 발생하여
(1) 당해 금융기관의 최직근 분기말 현재 자기자본(자기자본이 납입자본금보다 적은 경우에는 납입자본금. 이하 같다)의 100분의 2(자기자본의 100분의 2가 10억원 미만인 경우에는 10억원) 또는 다음의 금액을 초과하는 손실이 발생하였거나 발생이 예상되는 경우
(가) 자기자본이 1조 5천억원 미만인 경우 : 100억원
(나) 자기자본이 1조 5천억원 이상 2조 5천억원 미만인 경우 : 300억원
(다) 자기자본이 2조 5천억원 이상인 경우 : 500억원
(2) 손실(예상)금액이 (1)에 미달하더라도 내부통제가 매우 취약하여 중대한 금융사고가 빈발하거나 사회적 물의를 크게 야기한 경우

(8) 기관주의

제7호에 해당되나 위법·부당행위의 동기, 목적, 방법, 수단, 사후수습 노력 등을 고려할 때 정상참작의 사유가 크거나 위법·부당행위의 정도가 제7호의 제재에 해당되는 경우보다 경미한 경우이다.

2. 임원제재의 종류와 사유

금융위원회법, 금융산업구조개선법 및 금융업관련법의 규정 등에 의거 금융기관의 임원에 대하여 취할 수 있는 제재의 종류 및 사유는 다음과 같다(검사제재규정18①). 금융감독원장은 금융기관의 임원이 제1항 각호에 해당하는 사유가 있는 경우에는 당해 임원에 대하여 제1항 제1호 및 제2호에 해당하는 조치를 취할 것을 금융위에 건의하여야 하며, 제1항 제3호 내지 제5호에 해당하는 조치를 취

할 수 있다(검사제재규정18②). 다만, 개별 금융업관련법 등에서 달리 정하고 있는 때에는 그에 따른다(검사제재규정17②).

(1) 해임권고(해임요구, 개선요구 포함)

제재 사유는 i) 고의로 중대한 위법·부당행위를 함으로써 금융질서를 크게 문란시키거나 금융기관의 공신력을 크게 훼손한 경우(가목), ii) 금융기관의 사회적 명성에 중대한 손상이 발생하는 등 사회적 물의를 야기하거나 금융기관의 건전한 운영을 크게 저해함으로써 당해 금융기관의 경영을 심히 위태롭게 하거나 당해 금융기관 또는 금융거래자 등에게 중대한 재산상의 손실을 초래한 경우(나목), iii) 고의 또는 중과실로 재무제표 등에 허위의 사실을 기재하거나 중요한 사실을 기재하지 아니하여 금융거래자등에게 중대한 재산상의 손실을 초래하거나 초래할 우려가 있는 경우 또는 위의 행위로 인하여 금융산업구조개선법에서 정한 적기시정조치를 회피하는 경우(다목), iv) 고의 또는 중과실로 금융감독원장이 금융관련법규에 의하여 요구하는 보고서 또는 자료를 허위로 제출함으로써 감독과 검사업무 수행을 크게 저해한 경우(라목), v) 고의 또는 중과실로 직무상의 감독의무를 태만히 하여 금융기관의 건전한 운영을 크게 저해하거나 금융질서를 크게 문란시킨 경우(마목), vi) 기타 금융관련법규에서 정한 해임권고 사유에 해당하는 행위를 한 경우(바목)이다.

(2) 업무집행의 전부 또는 일부의 정지

제재 사유는 i) 위법·부당행위가 제1호 각 목의 어느 하나에 해당되고 제1호에 따른 제재의 효과를 달성하기 위해 필요한 경우(가목), ii) 위법·부당행위가 제1호 각 목의 어느 하나에 해당되나 위법·부당행위의 동기, 목적, 방법, 수단, 사후수습 노력 등을 고려할 때 정상참작의 사유가 있는 경우(나목)이다.

(3) 문책경고

문책경고는 i) 금융관련법규를 위반하거나 그 이행을 태만히 한 경우(가목), ii) 당해 금융기관의 정관에 위반되는 행위를 하여 신용질서를 문란시킨 경우(나목), iii) 금융감독원장이 금융관련법규에 의하여 요구하는 보고서 또는 자료를 허위로 제출하거나 제출을 태만히 한 경우(다목), iv) 직무상의 감독의무 이행을 태만히 하여 금융기관의 건전한 운영을 저해하거나 금융질서를 문란시킨 경우(라목), v) 금융관련법규에 의한 감독원의 감독과 검사업무의 수행을 거부·방해 또는 기피한 경우(마목), vi) 금융위원회, 금융감독원장, 기타 감독권자가 행한 명령, 지시 또는 징계요구의 이행을 태만히 한 경우(바목), vii) 기타 금융기관의 건전한 운영을 저해하는 행위를 한 경우(사목)이다.

(4) 주의적 경고

주의적 경고는 제3호 각목의 1에 해당되나 위법·부당행위의 동기, 목적, 방법, 수단, 사후수습 노력 등을 고려할 때 정상참작의 사유가 있거나 위법·부당행위의 정도가 제3호의 제재에 해당되는 경우보다 가벼운 경우이다.

(5) 주의

주의는 제4호에 해당되나 위법·부당행위의 동기, 목적, 방법, 수단, 사후수습 노력 등을 고려할 때 정상참작의 사유가 크거나 위법·부당행위의 정도가 제4호의 제재에 해당되는 경우보다 경미한 경우이다.

3. 직원제재의 종류와 사유

금융감독원장은 금융관련법규에 따라 i) 금융기관의 건전성 또는 금융소비자 권익을 크게 훼손하거나 금융질서를 문란하게 한 경우(제1호), ii) 당해 금융기관의 내부통제체제가 취약하거나 제2항에 의한 자율처리필요사항이 과거에 부적정하게 처리되는 등 자율처리필요사항을 통보하기에 적합하지 않다고 판단되는 경우(제2호) 금융위에 금융기관의 직원에 대한 면직요구 등을 건의하거나 당해 금융기관의 장에게 소속 직원에 대한 면직, 정직, 감봉, 견책 또는 주의 등의 제재조치를 취할 것을 요구할 수 있다(검사제재규정19②). 다만, 개별 금융업관련법 등에서 달리 정하고 있는 때에는 그에 따른다(검사제재규정17②). 금융기관 직원에 대한 제재의 종류 및 사유는 다음과 같다(시행세칙45①).

(1) 면직

면직 사유는 i) 고의 또는 중대한 과실로 위법·부당행위를 행하여 금융기관 또는 금융거래자에게 중대한 손실을 초래하거나 신용질서를 크게 문란시킨 경우(가목), ii) 횡령, 배임, 절도, 업무와 관련한 금품수수 등 범죄행위를 한 경우(나목), iii) 변칙적·비정상적인 업무처리로 자금세탁행위에 관여하여 신용질서를 크게 문란시킨 경우(다목), iv) 고의 또는 중과실로 금융감독원장이 금융관련법규에 의하여 요구하는 보고서 또는 자료를 허위로 제출함으로써 감독과 검사업무 수행을 크게 저해한 경우(라목), v) 고의 또는 중과실로 직무상의 감독의무를 태만히 하여 금융기관의 건전한 운영을 크게 저해하거나 금융질서를 크게 문란시킨 경우(마목)이다.

(2) 업무의 전부 또는 일부에 대한 정직

업무의 전부 또는 일부에 대한 정직 사유는 위 제1호 각목의 1에 해당되나 위법·부당행위의 동기, 목적, 방법, 수단, 사후수습 노력 등을 고려할 때 정상참작의 사유가 있거나 위법·부당행위의 정도가 제1호의 제재에 해당되는 경우보다 비교적 가벼운 경우이다.

(3) 감봉

감봉 사유는 i) 위법·부당행위를 한 자로서 금융기관 또는 금융거래자에게 상당한 손실을 초래하거나 신용질서를 문란시킨 경우(가목), ii) 업무와 관련하여 범죄행위를 한 자로서 사안이 가벼운 경우 또는 손실을 전액 보전한 경우(나목), iii) 자금세탁행위에 관여한 자로서 사안이 가벼운 경우(다목), iv) 금융감독원장이 금융관련법규에 의하여 요구하는 보고서 또는 자료를 허위로 제출하거나 제출을 태만히 한 경우(라목), v) 직무상의 감독의무 이행을 태만히 하여 금융기관의 건전한 운영을 저해하거나 금융질서를 문란시킨 경우(마목)이다.

(4) 견책

견책 사유는 위 제3호 각목의 1에 해당되나 위법·부당행위의 동기, 목적, 방법, 수단, 사후수습 노력 등을 고려할 때 정상참작의 사유가 있거나 위법·부당행위의 정도가 제3호의 제재에 해당되는 경우보다 비교적 가벼운 경우이다.

(5) 주의

주의 사유는 위 위 제4호에 해당되나 위법·부당행위의 동기, 목적, 방법, 수단, 사후수습 노력 등을 고려할 때 정상참작의 사유가 크거나 위법·부당행위의 정도가·제4호의 제재에 해당되는 경우보다 경미한 경우이다.

4. 금전제재

(1) 검사제재규정

금융감독원장은 금융기관 또는 그 임직원, 그 밖에 금융업관련법의 적용을 받는 자가 금융업관련법에 정한 과징금 또는 과태료의 부과대상이 되는 위법행위를 한 때에는 금융위에 과징금 또는 과태료의 부과를 건의하여야 한다(검사제재규정20① 전단). 당해 위법행위가 법령 등에 따라 부과면제 사유에 해당한다고 판단하는 경우에는 부과면제를 건의하여야 한다(검사제재규정20① 후단). 과징금 또는 과태료의 부과를 금융위에 건의하는 경우에는 <별표2> 과징금 부과기준, <별표3> 과태료 부과기준 및 <별표6> 업권별 과태료 부과기준에 의한다(검사제재규정20③).

그러나 금융감독원장은 과징금 또는 과태료의 부과면제 사유가 다음의 어느 하나에 해당하는 경우에는 금융위에 건의하지 않고 과징금 또는 과태료의 부과를 면제할 수 있다(검사제재규정20②).

1. 삭제 <2017. 10. 19.>
2. <별표2> 과징금 부과기준 제6호 라목의 (1)(경영개선명령조치를 받은 경우에 한한다), (2) 또는 마목의 (2), (4)
3. <별표3> 과태료 부과기준 제5호의 (1), (2)
4. 위반자가 채무자회생법에 따른 개인회생절차개시결정 또는 파산선고를 받은 경우

(2) 과징금

과징금이란 행정법규상의 의무위반에 대하여 행정청이 그 의무자에게 부과·징수하는 금전적제재를 말한다. 과징금제도는 의무위반행위로 인하여 얻은 불법적 이익을 박탈하기 위하여 그 이익 금액에 따라 과하여지는 일종의 행정제재금의 성격을 갖는다.

(3) 과태료

과태료는 행정법규상 의무(명령·금지) 위반행위에 대하여 국가의 일반통치권에 근거하여 과하는 제재수단으로 그 위반이 행정상의 질서에 장애를 주는 경우 의무이행의 확보를 위하여 일반적으로 행정기관이 행정적 절차에 의하여 부과·징수하는 금전벌로서 이른바 행정질서벌에 속한다. 행정질서벌로서의 과태료는 과거의 행정법상 의무위반 사실을 포착하여 그에 대하여 사후에 과하는 제재수단의 의미가 강한 것이다.[16]

(4) 과징금과 과태료의 구별

과징금과 과태료는 모두 행정적 제재이고 금전제재라는 점에서는 유사하다. 그러나 과태료가 과거에 발생한 행정청에 대한 협조의무 위반이나 경미한 행정의무 위반에 대하여 사후적으로 금전적 제재를 가하는 행정질서벌로서 이미 완

16) 헌법재판소 1994. 6. 30. 선고 92헌바38 판결.

결된 사실관계를 규율대상으로 하여 금전적 불이익을 부과함으로써 향후 발생 소지가 있는 의무불이행을 방지하는데 그 목적이 있는데 비하여 과징금은 행정상의 의무불이행이나 의무위반행위로 취득한 경제적 이익을 환수하거나 위반자의 영업정지로 인하여 관계인들의 불편을 초래하거나 국가에 중대한 영향을 미치는 사업에 대해 영업정지에 갈음한 대체적 제재로서 행정기관이 금전적 제재를 부과한다는 점에서 그 부과목적이 상이하다.[17]

5. 확약서와 양해각서

(1) 확약서

금융감독원장은 금융기관에 대한 감독·상시감시 또는 검사결과 나타난 경영상의 취약점 또는 금융기관의 금융관련법규 위반(기관주의의 사유에 한한다)에 대하여 당해 금융기관으로부터 이의 개선을 위한 확약서 제출을 요구할 수 있다(검사제재규정20의2① 본문). 다만, 금융관련법규 위반에 대한 확약서 제출 요구는 i) 행위 당시 위법·부당 여부가 불분명하였거나 업계 전반적으로 위법·부당 여부에 대한 인식 없이 행하여진 경우(제1호), ii) 위법·부당행위에 고의 또는 중과실이 없는 경우로써 제재보다 확약서 이행에 의한 자율개선이 타당하다고 판단되는 경우(제2호)에 한하여 할 수 있다(검사제재규정20의2① 단서).

(2) 양해각서

금융감독원장은 금융기관에 대한 감독·상시감시 또는 검사결과 나타난 경영상의 심각한 취약점 또는 금융기관의 금융관련법규 위반(기관경고 이하의 사유에 한한다)에 대하여 당해 금융기관과 이의 개선대책의 수립·이행을 주요 내용으로 하는 양해각서를 체결할 수 있다(검사제재규정20의2② 본문). 다만, 금융관련법규 위반에 대한 양해각서 체결은 i) 행위 당시 위법·부당 여부가 불분명하였거나 업계 전반적으로 위법·부당 여부에 대한 인식없이 행하여진 경우(제1호), ii) 위법·부당행위에 고의 또는 중과실이 없는 경우로써 제재보다 양해각서 체결에 의한 자율개선이 타당하다고 판단되는 경우(제2호)에 한하여 할 수 있다(검사제재규정20의2② 단서).

---

17) 박효근(2019), "행정질서벌의 체계 및 법정책적 개선방안", 법과 정책연구 제19권 제1호(2019. 3), 59쪽.

(3) 확약서와 양해각서 운용

금융감독원장은 금융기관이 제1항 단서 또는 제2항 단서에 따라 확약서를 제출하거나 양해각서를 체결하는 경우에는 제재를 취하지 아니할 수 있다(검사제재규정20의2③).

감독·상시감시 또는 검사결과 나타난 문제점의 경중에 따라 경미한 사항은 확약서로, 중대한 사항은 양해각서로 조치한다(시행세칙50의2①). 확약서는 금융기관의 담당 임원 또는 대표자로부터 제출받고 양해각서는 금융기관 이사회 구성원 전원의 서명을 받아 체결한다(시행세칙50의2②). 금융감독원장은 확약서·양해각서 이행상황을 점검하여 그 이행이 미흡하다고 판단되는 경우에는 기간연장, 재체결 등 적절한 조치를 취할 수 있다(시행세칙50의2③).

(4) 사후관리

확약서 및 양해각서의 효력발생일자, 이행시한 및 이행상황 점검주기는 각 확약서 및 양해각서에서 정한다(시행세칙50의3 전단). 이행상황 점검주기를 따로 정하지 않은 경우에는 금융기관은 매분기 익월말까지 분기별 이행상황을 금융감독원장에게 보고하여야 한다(시행세칙50의3 후단).

6. 기타 조치

금융감독원장은 금융기관 임직원이 위법·부당한 행위로 당해 금융기관에 재산상의 손실을 초래하여 이를 변상할 책임이 있다고 인정되는 경우에는 당해 기관의 장에게 변상조치할 것을 요구할 수 있다(검사제재규정21①). 금융감독원장은 금융기관 또는 그 임직원의 업무처리가 법규를 위반하거나 기타 불합리하다고 인정하는 경우에는 당해 기관의 장에게 업무방법개선의 요구 또는 관련기관앞 통보를 요구할 수 있는데(검사제재규정21②), 업무방법개선의 요구는 금융기관의 업무처리가 불합리하여 그 처리기준, 절차·운영 등의 수정·보완이 필요한 경우에 하며, 관련기관앞 통보는 금융관련법규 이외의 다른 법령을 위반한 경우 또는 검사결과 관련자가 진술일 현재 퇴직한 경우로서 관련기관 등의 업무 및 감독 등과 관련하여 위법·부당사실 등을 통보할 필요가 있는 경우에 요구할 수 있다(시행세칙51).

Ⅲ. 제재의 가중 및 감면

1. 제재의 가중

(1) 기관제재의 가중

금융기관이 위법·부당한 행위를 함으로써 최근 3년 이내에 2회 이상 기관주의 이상의 제재를 받고도 다시 위법·부당행위를 하는 경우 제재를 1단계 가중할 수 있다(검사제재규정24① 본문). 다만, 금융기관이 합병하는 경우에는 합병 대상기관 중 제재를 더 많이 받았던 기관의 제재 기록을 기준으로 가중할 수 있다(검사제재규정24① 단서).

금융기관의 서로 관련 없는 위법·부당행위가 동일 검사에서 4개 이상 경합되는 경우(제17조제1항 제7호 또는 제9호의 사유가 각각 4개 이상인 경우에 한한다)에는 제재를 1단계 가중할 수 있다(검사제재규정24② 본문). 다만, i) 제17조 제1항 제7호의 사유에 해당하는 각각의 위법행위가 금융관련법규에서 정한 영업정지 사유에 해당하지 않는 경우(제1호), ii) 경합되는 위법·부당행위가 목적과 수단의 관계에 있는 경우(제2호), iii) 경합되는 위법·부당행위가 실질적으로 1개의 위법·부당행위로 인정되는 경우(제3호)에는 그러하지 아니하다(검사제재규정24② 단서).

확약서 또는 양해각서의 이행이 미흡한 경우에는 다음의 어느 하나에 해당하는 제재를 취할 수 있다(검사제재규정24③).

1. 금융관련법규 위반이 기관경고 사유에 해당하는 경우 다음 각 목의 어느 하나에 해당하는 제재조치
   가. 제17조 제1항 제2호 또는 제3호(다만, 당해 위법행위가 금융관련법규에서 정하는 영업정지 사유에 해당하는 경우에 한한다)
   나. 제17조 제1항 제7호
2. 금융관련법규 위반이 기관주의 사유에 해당하는 경우 제17조 제1항 제7호 또는 제9호의 제재조치

(2) 임원제재의 가중

임원의 서로 관련 없는 위법·부당행위가 동일 검사에서 2개 이상 경합되는

경우에는 그 중 책임이 중한 위법·부당사항에 해당하는 제재보다 1단계 가중할 수 있다(검사제재규정24의2① 본문). 다만, i) 가장 중한 제재가 업무집행정지 이상인 경우(제1호), ii) 경합되는 위법·부당행위가 목적과 수단의 관계에 있는 경우(제2호), iii) 경합되는 위법·부당행위가 실질적으로 1개의 위법·부당행위로 인정되는 경우(제3호)에는 그러하지 아니하다(검사제재규정24의2① 단서).

임원이 주된 행위자로서 주의적 경고 이상의 조치를 받고도 다시 주된 행위자로서 동일 또는 유사한 위법·부당행위를 반복하여 제재를 받게 되는 경우에는 제재를 1단계 가중할 수 있다(검사제재규정24의2②). 임원이 최근 3년 이내에 문책경고 이상 또는 2회 이상의 주의적 경고·주의를 받고도 다시 위법·부당행위를 하는 경우에는 제재를 1단계 가중할 수 있다(검사제재규정24의2③).

(3) 직원제재의 가중

직원이 최근 3년 이내에 2회 이상의 제재를 받고도 다시 위법·부당행위를 하는 경우에는 제재를 1단계 가중할 수 있다(검사제재규정25①). 직원이 다수의 위법·부당행위와 관련되어 있는 경우에는 제재를 가중할 수 있다(검사제재규정25②).

직원의 서로 관련 없는 위법·부당행위가 동일 검사에서 3개(제45조 제1항 제5호의 제재가 포함되는 경우에는 4개) 이상 경합되는 경우에는 그 중 책임이 중한 위법·부당사항에 해당하는 제재보다 1단계 가중할 수 있다(시행세칙49② 본문). 다만, i) 가장 중한 제재가 정직 이상인 경우(제1호), ii) 경합되는 위법·부당행위가 목적과 수단의 관계에 있는 경우(제2호), iii) 경합되는 위법·부당행위가 실질적으로 1개의 위법·부당행위로 인정되는 경우(제3호)에는 그러하지 아니하다(시행세칙49② 단서).

직원이 3년 이내에 2회 이상의 주의조치를 받고도 다시 주의조치에 해당하는 행위를 한 경우에는 제재를 가중할 수 있다(시행세칙49③).

2. 제재의 감면

(1) 기관 및 임직원 제재의 감면

기관 및 임직원에 대한 제재를 함에 있어 위법·부당행위의 정도, 고의·중과실 여부, 사후 수습 노력, 공적, 자진신고 여부 등을 고려하여 제재를 감경하거나 면제할 수 있다(검사제재규정23①). 금융기관 또는 그 임직원에 대하여 과징금 또는 과태료를 부과하는 경우에는 동일한 위법·부당행위에 대한 기관제재 또는 임직원 제재는 이를 감경하거나 면제할 수 있다(검사제재규정23②).

(2) 기관제재의 감경

기관에 대한 제재를 함에 있어 금융감독원장이 당해 금융기관에 대해 실시한 경영실태평가 결과 내부통제제도 및 운영실태가 우수한 경우 기관에 대한 제재를 감경할 수 있다(시행세칙50의4 본문). 다만, 기관에 대한 제재를 감경함에 있어서는 [별표 9]의 내부통제 우수 금융기관에 대한 기관제재 감경기준에 의한다(시행세칙50의4 단서).

(3) 직원제재의 감면

직원에 대한 제재를 양정함에 있어서 ⅰ) 위법·부당행위를 감독기관이 인지하기 전에 자진신고한 자(제1호), ⅱ) 위법·부당행위를 부서 또는 영업점에서 발견하여 이를 보고한 감독자(제2호), ⅲ) 감독기관의 인지 전에 위규사실을 스스로 시정 또는 치유한 자(제3호), ⅳ) 가벼운 과실로 당해 금융기관에 손실을 초래하였으나 손실액을 전액 변상한 자(제4호), ⅴ) 금융분쟁조정신청사건과 관련하여 당해 금융기관이 금융감독원장의 합의권고 또는 조정안을 수락한 경우 그 위법·부당행위에 관련된 자(제5호), ⅵ) 감독규정 제23조 제2항 또는 제26조에서 정한 사유에 해당하는 경우(제6호)에 대하여는 그 제재를 감경 또는 면제할 수 있다(시행세칙50①).

제재대상 직원이 ⅰ) 상훈법에 의하여 훈장 또는 포장을 받은 공적(제1호), ⅱ) 정부 표창규정에 의하여 장관 이상의 표창을 받은 공적(제2호), ⅲ) 금융위원회 위원장, 금융감독원장 또는 한국은행 총재의 표창을 받은 공적(제3호)이 있는 경우 [별표 5]에 정하는 "제재양정감경기준"에 따라 제재양정을 감경할 수 있다(시행세칙50② 본문). 다만, 동일한 공적에 의한 제재양정의 감경은 1회에 한하며 횡령, 배임, 절도, 업무와 관련한 금품수수 등 금융관련 범죄와 "주의"조치에 대하여는 적용하지 아니한다(시행세칙50② 단서).

제재양정을 감경함에 있어 ⅰ) 제재대상 직원이 "주의"조치 이외의 제재를 받은 사실이 있는 경우 그 제재 이전의 공적(제1호), ⅱ) 제재대상 직원이 소속 금융기관 입사전에 받은 공적(제2호), ⅲ) 검사종료일로부터 과거 10년 이내에 받은 것이 아닌 공적(제3호), ⅳ) 금융업무와 관련 없는 공적(제4호)은 제외한다(시행세칙50③).

3. 임직원에 대한 조건부 조치 면제

(1) 준법교육 이수 조건부 조치 면제

금융감독원장은 금융기관 임직원(제재이전 퇴직자 포함)의 행위가 제18조 제1항 제5호(제19조 제1항의 주의를 포함, 다만 감독자에 대한 주의는 제외)에 해당하는 경우에는 준법교육을 이수하는 것을 조건으로 조치를 면제할 수 있다(검사제재규정23의2①). 준법교육 실시요구를 받은 제재대상자가 요구를 받은 날로부터 90일 이내 준법교육을 이수하지 못하였을 경우에는 조치 면제는 그 효력을 상실한다(검사제재규정23의2②).

(2) 임직원에 대한 준법교육 실시 요구

준법교육 실시요구를 받은 제재대상자는 90일 이내에 지정된 교육기관에서 i) 금융관련 법령에 관한 사항(제1호), ii) 과거 금융관련 법규 위반에 대한 제재사례 및 판례(제2호), iii) 직무윤리, 기타 재발방지 관련 사항(제3호) 등에 관하여 3시간 이상의 교육을 받아야 한다(시행세칙50의5①). 준법교육 실시요구를 받은 제재대상자는 교육기관에 교육을 신청하여야 한다(시행세칙50의5②).

교육기관은 교육교재를 제작하여 교육을 신청한 교육대상자에게 제공하여야 한다(시행세칙50의5③). 교육기관은 적정하게 교육을 받은 교육대상자에게 수료증을 발급하여야 하고, 교육 실시 결과를 교육 후 1개 월 이내에 금융감독원장에게 보고하여야 하며, 수료증 발급대장 등 교육에 관한 기록을 3년 동안 보관·관리하여야 한다(시행세칙50의5④). 교육기관은 강사수당, 교육교재비 및 교육 관련 사무용품 구입비 등 교육에 필요한 실비를 교육을 신청한 교육대상자로부터 받을 수 있다(시행세칙50의5⑤).

4. 미등기 임원에 대한 제재

사실상 이사·감사 등과 동등한 지위에 있는 미등기 임원 등에 대한 제재의 가중에 있어서는 임원제재의 가중에 관한 규정(규정 제24조의2 제1항 내지 제3항)을 준용하고, 이 경우 해임권고·업무집행정지·문책경고·주의적경고는 각각 면직·정직·감봉·견책으로 본다(검사제재규정25④).

이사·감사와 사실상 동등한 지위에 있는 미등기 임원에 대하여는 임원에 대한 제재기준을 준용하여 제재양정을 결정하며, 직원에 대한 제재조치를 부과한다(시행세칙46의3).

5. 임직원 등에 대한 제재기준

위법·부당행위 관련 임직원 등을 제재함에 있어서는 [별표 2]의 제재양정기준과 i) 제재대상자의 평소의 근무태도, 근무성적, 개전의 정 및 동일·유사한 위반행위에 대한 제재 등 과거 제재사실의 유무(제1호), ii) 위법·부당행위의 동기, 정도, 손실액규모 및 금융질서 문란·사회적 물의야기 등 주위에 미친 영향(제2호), iii) 제재대상자의 고의, 중과실, 경과실 여부(제3호), iv) 사고금액의 규모 및 손실에 대한 시정·변상 여부(제4호), v) 검사업무에의 협조정도 등 사후수습 및 손실경감을 위한 노력 여부(제5호), vi) 경영방침, 경영시스템의 오류, 금융·경제여건 등 내·외적 요인과 귀책판정과의 관계(제6호), vii) 금융거래자의 피해에 대한 충분한 배상 등 피해회복 노력 여부(제7호), viii) 그 밖의 정상참작 사유(제8호) 등의 사유를 참작한다(시행세칙46①).

금융실명법을 위반한 행위 등 특정 위법·부당행위에 대한 제재는 별표 3의 금융업종별·위반유형별 제재양정기준에 의한다(시행세칙46② 본문). 다만, 여타 제재기준을 참작하여 제재를 가중하거나 감경하는 등 제재수준을 정할 수 있다(시행세칙46② 단서).

6. 경합행위에 대한 제재

이미 제재를 받은 자에 대하여 그 제재 이전에 발생한 별개의 위법·부당행위가 추가로 발견된 경우에는 다음에 따라 제재한다(시행세칙46의2).

1. 추가 발견된 위법·부당행위가 종전 검사종료 이전에 발생하여 함께 제재하였더라도 제재 수준이 높아지지 않을 경우에는 제재하지 않는다. 다만, 금융사고와 관련된 경우에는 그러하지 아니하다.
2. 추가 발견된 위법·부당행위가 종전 검사종료 이전에 발생하여 제재하였더라면 종전 제재 수준이 더 높아지게 될 경우에는 함께 제재하였더라면 받았을 제재 수준을 감안하여 추가로 발견된 위법·부당행위에 대하여 제재할 수 있다.

7. 관련자의 구분

위법·부당행위를 행한 임직원에 대하여 신분상의 조치를 함에 있어서는 책임의 성질·정도 등에 따라 관련자를 ⅰ) 행위자: 위법·부당한 업무처리를 실질적으로 주도한 자(제1호), ⅱ) 보조자: 행위자의 의사결정을 보조하거나 지시에 따른 자(제2호), ⅲ) 지시자: 위법·부당행위를 지시 또는 종용한 자(사실상의 영향력을 행사하는 상위직급자 포함)(제3호), ⅳ) 감독자: 위법·부당행위가 발생한 업무를 지도·감독할 지위에 있는 자(제4호)로 구분한다(시행세칙52①).

여기서 ⅰ)의 행위자와 ⅳ)의 감독자를 판단할 수 있는 세부기준은 ⅰ) 행위자: 업무의 성질과 의사결정의 관여 정도를 고려하여 실질적인 최종 의사결정권을 가지는 자(제1호), ⅱ) 감독자: 당해 금융기관 직제를 기준으로 행위자에 대해 관리·감독할 지위에 있는 자(직제상 감독자가 아닌 경우라 하더라도 실질적으로 행위자에게 영향력을 미치는 때에도 같다)(제2호)이다(시행세칙52②).

보조자 및 감독자에 대하여는 ⅰ) 위법·부당행위의 성격과 규모(제1호), ⅱ) 감독자의 직무와 감독대상 직무와의 관련성 및 관여 정도(제2호), ⅲ) 보조자의 위법·부당행위에의 관여 정도(제3호)를 감안하여 행위자에 대한 제재보다 1단계 내지 3단계 감경할 수 있다(시행세칙52③).

8. 가중 및 감경의 순서

제23조(기관 및 임직원제재의 감면), 제24조(기관제재의 가중), 제24조의2(임원제재의 가중) 및 제25조(직원제재의 가중)에 따른 가중 및 감경은 각 가중 및 감경수준의 합을 제17조(기관에 대한 제재), 제18조(임원에 대한 제재), 제19조(직원에 대한 제재)까지의 규정에 따른 제재의 수준에 가감하는 방법으로 한다(검사제재규정25의2).

9. 기타 감독기관 및 당해 금융기관 조치의 반영

금융위원회 또는 금융감독원장 외의 감독기관 또는 해당 금융기관이 금융관련법규에 의하여 제재대상자에 취한 조치가 있는 경우에는 이를 고려하여 제재의 종류를 정하거나 제재를 가중·감면할 수 있다(검사제재규정26).

10. 여신업무 관련 제재 운영

금융기관의 여신업무(자금지원적 성격의 증권 매입업무 포함)와 관련하여 i) 금융관련법규를 위반한 경우(제1호), ii) 고의 또는 중과실로 신용조사·사업성검토 및 사후관리를 부실하게 한 경우(제2호), iii) 금품 또는 이익의 제공·약속 등의 부정한 청탁에 따른 여신의 경우(제3호) 중 어느 하나에 해당하지 않는 한 제재하지 아니한다(검사제재규정27 전단). 여신이 부실화되거나 증권 관련 투자손실이 발생한 경우에도 또한 같다(검사제재규정27 후단).

Ⅳ. 면책특례

1. 면책 인정 사유

금융기관의 업무와 관련하여 다음에 해당하는 경우에는 제재하지 아니한다(검사제재규정27의2① 전단). 여신이 부실화되거나 증권 관련 투자손실이 발생한 경우에도 또한 같다(검사제재규정27의2① 후단).

1. 재난 및 안전관리 기본법에 따른 재난 상황에서 재난으로 피해를 입은 기업·소상공인에 대한 지원, 금융시장 안정 등을 목적으로 정부와 협의를 거쳐 시행한 대출, 보증, 투자, 상환기한의 연기 등 금융지원 업무
2. 동산채권담보법에 따른 동산·채권·지식재산권을 담보로 하는 대출
3. 기업의 기술력·미래성장성에 대한 평가를 기반으로 하는 중소기업대출
4. 중소기업창업 지원법에 따른 창업기업, 「벤처기업육성에 관한 특별조치법」에 따른 벤처기업, 여신전문금융업법에 따른 신기술사업자 등에 대한 직접적·간접적 투자, 인수·합병 관련 업무
5. 금융혁신지원 특별법에 따른 혁신금융서비스, 지정대리인 관련 업무
6. 그 밖에 금융위원회가 금융정책·산업정책의 방향, 업무의 혁신성·시급성 등을 종합적으로 고려하여 면책심의위원회의 심의를 거쳐 지정하는 업무

금융기관 또는 그 임직원이 위 제1항 각 호의 업무를 수행함에 있어 i) 임직원과 해당 업무사이에 사적인 이해관계가 없을 것(제1호), ii) 해당 업무와 관련된 법규 및 내규에 정해진 절차상 중대한 하자가 없을 것(제2호)을 모두 충족하는 경우에는 고의 또는 중과실이 없는 것으로 추정한다(검사제재규정27의2③).

2. 면책 불인정 사유

다음의 어느 하나에 해당하는 경우 면책되지 아니한다(검사제재규정27의2②).

1. 금융관련법규 위반행위에 고의 또는 중과실이 있는 경우
2. 금품 또는 이익의 제공·약속 등의 부정한 청탁에 따른 경우
3. 대주주·동일차주에 대한 신용공여 한도 등 금융거래의 대상과 한도를 제한하는 금융관련법규를 위반한 경우
4. 금융관련법규위반 행위로 인해 금융기관·금융소비자 등에게 중대한 재산상 손실이 발생하거나 금융시장의 안정·질서를 크게 저해한 경우(단, 위반행위의 목적, 동기, 당해 행위에 이른 경위 등에 특히 참작할 사유가 있는 경우는 제외)

3. 면책 신청과 회신

금융기관 또는 그 임직원이 특정 업무가 위 제1항 각 호에 해당되는지 여부에 대해 판단을 신청하고자 하는 경우 <별지 제2호 서식>에 의하여 금융위원회에 신청할 수 있다(검사제재규정27의2④). 금융위원회는 신청에 대하여 특별한 사유가 없는 한 접수일로부터 30일 이내에 회신하여야 한다(검사제재규정27의2④ 본문). 다만, 회신에 필요하여 신청인에게 추가적인 자료의 제출을 요청하거나 이해관계자로부터 의견을 청취하는 경우 이에 소요되는 기간은 처리기간에 포함하지 않으며, 합리적인 사유가 있는 경우 30일 범위에서 처리기간을 한 차례 연장할 수 있다(검사제재규정27의2④ 단서).

4. 면책심의위원회 설치 및 구성

다음의 어느 하나에 해당하는 사항을 심의하기 위하여 금융위원회 위원장 소속 자문기구로서 면책심의위원회를 둔다(검사제재규정27의3①).

1. 제27조의2 제1항 제6호의 면책대상지정
2. 제27조의2 제4항의 금융기관 또는 그 임직원의 신청에 대한 판단(단, 신청내용의 사실관계가 단순하고 쟁점이 없는 경우에는 심의를 생략할 수 있다)
3. 그 밖에 면책제도 운영의 기본방향에 관한 사항

면책심의위원회는 금융위원회 상임위원 중 금융위원회 위원장이 지명하는 위원장 1인, 금융위원회 법률자문관 및 금융위원장이 위촉한 10인 범위 내에서의 위원("위촉위원")으로 구성한다(검사제재규정27의3②).

5. 면책심의위원회 운영

위원장은 위원회의 회의를 소집하고 그 의장이 된다(검사제재규정27의4①). 위원회의 회의는 위원장과 금융위원회 법률자문관, 위원장이 위촉위원 중에서 지명하는 위원 3인으로 구성한다(검사제재규정27의4②). 위원회는 구성원 과반수의 출석과 출석위원 과반수의 찬성으로 의결한다(검사제재규정27의4③ 전단). 이 경우 회의는 대면회의을 원칙으로 하며, 부득이하게 서면심의·의결을 하는 경우에는 그 사유를 적시하여 시행하되 2회 연속 서면 회의는 제한한다(검사제재규정27의4③ 후단).

V. 고발 및 통보

1. 금융기관·임직원 제재시의 병과

금융감독원장은 금융기관 또는 그 임직원의 위법·부당행위가 금융업관련법상 벌칙, 과징금 또는 과태료의 적용을 받게 되는 경우에는 제재와 동시에 금융감독원장이 미리 정한 기준 및 절차에 따라 수사당국에 그 내용을 고발하거나 통보할 수 있다(검사제재규정29①).

고발대상은 사회·경제적 물의가 상대적으로 크거나 위법성의 정도가 심하다고 인정되고, 위법성·고의성 등 범죄사실에 관하여 증거자료·관련자의 진술 등 객관적인 증거를 확보한 경우이며, 통보대상은 사회·경제적 물의가 상대적으로 경미하거나 위법성 및 고의성의 혐의는 충분하나 검사권의 한계 등으로 객관적인 증거의 확보가 어렵다고 인정되는 경우이다(시행세칙32⑤).

금융감독원장은 금융기관 또는 그 임원의 위법행위에 대하여 수사당국에 고발 등의 조치를 하는 경우에 당해 위법행위와 관련된 다른 제재조치, 즉 기관 또는 임원에 대한 제재를 병과할 수 있으며, 과태료의 부과는 하지 아니할 수 있다(검사제재규정30).

2. 금융기관 또는 그 임직원의 벌칙적용대상 행위 고발·통보

금융감독원장은 금융기관 또는 그 임직원의 위법·부당행위가 금융관련법규상의 벌칙적용대상 행위로서 i) 위법·부당행위로 인한 금융사고가 사회적 물의를 야기한 경우(제1호), ii) 위법·부당행위가 당해 금융기관에 중대한 손실을 초래함으로써 금융기관 부실화의 주요 요인이 된 경우(제2호), iii) 고의로 위법·부당행위를 행함으로써 법질서에 배치되는 경우(제3호), iv) 동일한 위법·부당행위를 반복적으로 행하여 금융질서를 저해할 위험이 있다고 인정되는 경우(제4호)에 해당되어 사법적 제재가 필요하다고 인정되는 경우이거나, 횡령, 배임, 직무관련 금품수수 등 특정경제범죄법에 열거된 죄를 범하였거나 범한 혐의가 있다고 인정되는 경우에는 수사당국에 그 내용을 고발하거나 통보("고발 등")한다(시행세칙 32①).

3. 검사진행중의 고발·통보

금융감독원장은 금융기관에 대한 검사진행 중에 제1항에서 정하는 위법·부당행위가 있다고 인정하는 경우로서, i) 증거인멸 또는 도피의 우려가 있는 경우(제1호), 또는 ii) 사회적으로 논의되고 있는 사안으로서 즉시 조치가 필요하다고 판단되는 경우(제2호)에는 검사실시부서장으로 하여금 지체없이 수사당국에 고발 등의 조치를 취하게 할 수 있다(시행세칙32②).

4. 주요주주 또는 사실상 업무집행지시자에 대한 고발·통보

금융감독원장은 금융위가 금융산업구조개선법에 의거 부실금융기관으로 결정 또는 인정하는 경우로서 금융기관의 주요주주 또는 사실상 업무집행지시자가 부실의 주요 원인을 제공하여 관계법령에 의해 벌칙적용 대상이 되는 때에는 이들에 대해 고발 등의 조치를 취한다(시행세칙32③).

5. 금융기관에 대한 고발·통보

금융감독원장은 위 제1항 내지 제3항의 규정에 의한 고발 등의 대상이 되는 위법·부당행위가 금융관련법규상 벌칙 및 양벌규정이 적용되는 경우로서 i) 위법·부당행위가 당해 금융기관의 경영방침 또는 당해 금융기관의 장의 업무집행행위로 발생된 경우(제1호), ii) 위법·부당행위가 당해 금융기관의 내부통제의 미흡 또는 감독소홀에 기인하여 발생된 경우(제2호)에는 임직원에 대하여 고발 등의 조치를 하는 외에 당해 금융기관에 대하여도 고발 등의 조치를 할 수 있다(시행세칙32④ 전단). 이 경우에 그 임직원이 당해 금융기관의 경영방침 또는 지시 등을 거부한 사실 등이 인정되는 때에는 당해 금융기관에 대하여만 고발 등의 조치를 취할 수 있다(시행세칙32④ 후단).

Ⅵ. 제재절차

1. 의의

금융감독원장은 검사결과 적출된 지적사항에 대하여 조치내용의 적정성 등을 심사·조정하고 제재심의위원회("심의회")의 심의를 거쳐 개별 금융업관련법 등에 따라 금융위에 제재를 건의하거나 직접 조치한다(검사제재규정33①). 금융감독원장이 금융위에 건의한 제재사항에 대한 금융위원회의 심의 결과 금융감독원장이 조치해야 할 사항으로 결정된 경우에는 금융위원회의 결정대로 조치한다(검사제재규정33②).

금융감독원의 집행간부 및 감사와 직원은 제재절차가 완료되기 전에 직무상 알게 된 조치예정내용 등을 다른 사람에게 누설하여서는 아니 된다(검사제재규정33③ 본문). 단, 조치예정내용 등을 금융위에 제공하거나 금융위와 협의하는 경우는 이에 해당하지 아니하며, 금융위 소속 공무원은 제재절차 과정에서 직무상 알게 된 비밀을 엄수하여야 한다(검사제재규정33③ 단서).

2. 사전통지

제재실시부서장은 제재조치를 하고자 하거나 금융위에 제재조치를 건의하고자 하는 때에는 심의회 개최 전에 조치하고자 하는 내용 또는 조치를 건의하고자 하는 내용을 10일 이상의 구두 또는 서면의 제출기간을 정하여 제재대상자에게 사전통지하여야 한다(시행세칙59① 본문). 다만, 긴급한 조치가 필요한 경우 등 특별한 사정이 있는 경우에는 동 기간을 단축하여 운영할 수 있다(시행세칙59① 단서).

사전통지는 우편, 교부 또는 정보통신망 이용 등의 송달방법으로 하되 ⅰ) 제재대상자(대표자 또는 대리인 포함)의 주소·거소·영업소·사무소 또는 전자우편주소를 통상적 방법으로 확인할 수 없는 경우(제1호), ⅱ) 송달이 불가능한 경우

(제2호)에는 관보, 공보, 게시판, 일간신문 중 하나 이상에 공고하고 인터넷에도 공고하여야 한다(시행세칙59②).

제재실시부서장은 제재심의위원회의 심의가 필요한 경우에는 검사종료일부터 125일 이내에 심의회 부의예정사실을 금융정보교환망(FINES) 등을 통해 제재예정대상자에게 통지하여야 한다(시행세칙59⑤ 본문). 다만, 이미 사전통지한 경우 또는 30일 내에 사전통지가 예정되어 있는 경우에는 심의회 부의예정사실의 통지를 생략할 수 있으며, 표준처리기간에 산입하지 아니하는 사유가 있는 경우에 동 기간은 심의회 부의예정사실 통지기한에 포함하지 아니한다(시행세칙59⑤ 단서).

3. 의견제출

사전통지를 받은 제재대상자는 지정된 기한내에 서면으로 의견을 제출하거나 지정된 일시에 출석하여 구두로 의견을 진술할 수 있다(시행세칙59③ 전단). 이 경우에 지정된 기일까지 의견진술이 없는 때에는 의견이 없는 것으로 본다(시행세칙59③ 후단). 제재실시부서장은 제재대상자가 구두로 의견을 진술한 경우에는 그 진술의 요지를 기재하여 본인으로 하여금 확인하게 한 후 서명 또는 날인하도록 하여야 한다(시행세칙59④).

4. 제재대상자의 서류 등 열람

제재대상자("신청인")는 서면으로 금융감독원장에게 신청인과 관련한 심의회 부의예정안 및 심의회에 제출될 입증자료("서류 등")에 대한 열람을 신청하여 심의회 개최 5영업일 전부터 심의회 개최 전일까지 감독원을 방문하여 열람할 수 있다(시행세칙59의2① 본문). 다만, 금융감독원장은 신청인 이외의 제재대상자와 관련한 사항, 금융회사가 제출한 자료 중 경영상·영업상 비밀 등에 해당하는 자료 등에 대하여는 열람을 허용하지 않을 수 있다(시행세칙59의2① 단서).

5. 청문

금융감독원장은 청문을 실시하고자 하는 경우에는 청문일 10일 전까지 제재의 상대방 또는 그 대리인에게 서면으로 청문의 사유, 청문의 일시 및 장소, 청문주재자, 청문에 응하지 아니하는 경우의 처리방법 등을 통지하여야 한다(시행세칙60①). 통지를 받은 제재의 상대방 또는 그 대리인은 지정된 일시에 출석하여 의견을 진술하거나 서면으로 의견을 제출할 수 있다(시행세칙60② 전단). 이 경우 제재의 상대방 또는 그 대리인이 정당한 이유없이 기한 내에 의견진술을 하지 아니한 때에는 의견이 없는 것으로 본다(시행세칙60② 후단).

6. 제재심의위원회 심의

금융감독원장은 제재에 관한 사항을 심의하기 위하여 금융감독원장 자문기구로서 제재심의위원회("심의회")를 설치·운영한다(검사제재규정34①). 심의회는 법상 기구는 아니며, 금융감독원 내부에 설치된 심의위원회로 제재에 관한 사항이나 기타 금융감독원장이 정하는 사항 및 제재조치에 대한 이의신청 사항에 대한 심의를 수행한다(검사제재규정34②).

제재대상 금융기관 또는 그 임직원과 제재실시부서("당사자")는 대회의에 함께 출석하여 진술할 수 있으며, 위원장의 회의 운영에 따라 다른 당사자의 진술에 대하여 반박할 수 있다. 당사자는 필요한 경우 관련 업계 전문가 등 참고인이 출석하여 진술할 것을 신청할 수 있고, 위원장이 그 허가 여부를 결정한다(시행세칙57⑥ 전단). 대회의에 출석한 당사자와 참고인은 변호사의 조력을 받을 수 있으며, 위원은 출석한 당사자와 참고인 등에게 조치대상관련 사실상 또는 법률상 사항에 대하여 질문할 수 있다(시행세칙57⑥ 후단).

Ⅶ. 제재의 효과

1. 임원선임 자격제한

(1) 기관제재와 임원선임 자격제한

다음의 어느 하나에 해당하는 사람, 즉 i) 금융관계법령에 따른 영업의 허가·인가·등록 등의 취소(가목), ii) 금융산업구조개선법 제10조 제1항[18]에 따른

18) ① 금융위원회는 금융기관의 자기자본비율이 일정 수준에 미달하는 등 재무상태가 제2항에 따른 기준에 미달하거나 거액의 금융사고 또는 부실채권의 발생으로 금융기관의 재무상태가 제2항에 따른 기준에 미달하게 될 것이 명백하다고 판단되면 금융기관의 부실화를 예방하고 건전한 경영을 유도하기 위하여 해당 금융기관이나 그 임원에 대하여 다음의 사항을 권고·요구 또는 명령하거나 그 이행계획을 제출할 것을 명하여야 한다.
1. 금융기관 및 임직원에 대한 주의·경고·견책 또는 감봉
2. 자본증가 또는 자본감소, 보유자산의 처분이나 점포·조직의 축소
3. 채무불이행 또는 가격변동 등의 위험이 높은 자산의 취득금지 또는 비정상적으로 높은 금리에 의한 수신의 제한
4. 임원의 직무정지나 임원의 직무를 대행하는 관리인의 선임

적기시정조치(나목), iii) 금융산업구조개선법 제14조 제2항[19]에 따른 행정처분(다목)을 받은 금융회사의 임직원 또는 임직원이었던 사람으로서 해당 조치가 있었던 날부터 5년이 지나지 아니한 사람은 금융회사의 임원이 되지 못한다(금융회사지배구조법5①(6)).

여기서 임직원 또는 임직원이었던 사람은 그 조치를 받게 된 원인에 대하여 직접 또는 이에 상응하는 책임이 있는 사람으로서 "대통령령으로 정하는 사람"으로 한정한다(금융회사지배구조법5①(6)). 여기서 "대통령령으로 정하는 사람"이란 해당 조치의 원인이 되는 사유가 발생한 당시의 임직원으로서 다음의 어느 하나에 해당하는 사람을 말한다(금융회사지배구조법 시행령7①).

1. 감사 또는 감사위원
2. 법 제5조 제1항 제6호 가목 또는 다목에 해당하는 조치의 원인이 되는 사유의 발생과 관련하여 위법·부당한 행위로 금융위원회 또는 금융감독원장으로부터 주의·경고·문책·직무정지·해임요구, 그 밖에 이에 준하는 조치를 받은 임원(업무집행책임자는 제외)
3. 법 제5조 제1항 제6호 나목에 해당하는 조치의 원인이 되는 사유의 발생과 관련하여 위법·부당한 행위로 금융위원회 또는 금융감독원장으로부터 직무정지·해임요구, 그 밖에 이에 준하는 조치를 받은 임원

---

5. 주식의 소각 또는 병합
6. 영업의 전부 또는 일부 정지
7. 합병 또는 제3자에 의한 해당 금융기관의 인수
8. 영업의 양도나 예금·대출 등 금융거래와 관련된 계약의 이전("계약이전")
9. 그 밖에 제1호부터 제8호까지의 규정에 준하는 조치로서 금융기관의 재무건전성을 높이기 위하여 필요하다고 인정되는 조치

19) ② 금융위원회는 부실금융기관이 다음의 어느 하나에 해당하는 경우에는 그 부실금융기관에 대하여 계약이전의 결정, 6개월 이내의 영업정지, 영업의 인가·허가의 취소 등 필요한 처분을 할 수 있다. 다만, 제4호에 해당하면 6개월 이내의 영업정지처분만을 할 수 있으며, 제1호 및 제2호의부실금융기관이 부실금융기관에 해당하지 아니하게 된 경우에는 그러하지 아니하다.
1. 제10조 제1항 또는 제12조 제3항에 따른 명령을 이행하지 아니하거나 이행할 수 없게 된 경우
2. 제10조 제1항 및 제11조 제3항에서 규정하는 명령 또는 알선에 따른 부실금융기관의 합병 등이 이루어지지 아니하는 경우
3. 부채가 자산을 뚜렷하게 초과하여 제10조 제1항에 따른 명령의 이행이나 부실금융기관의합병 등이 이루어지기 어렵다고 판단되는 경우
4. 자금사정의 급격한 악화로 예금등 채권의 지급이나 차입금의 상환이 어렵게 되어 예금자의 권익이나 신용질서를 해칠 것이 명백하다고 인정되는 경우

4. 법 제5조 제1항 제6호 각 목에 해당하는 조치의 원인이 되는 사유의 발생과 관련하여 위법·부당한 행위로 금융위원회 또는 금융감독원장으로부터 직무정지요구 또는 정직요구 이상에 해당하는 조치를 받은 직원(업무집행책임자를 포함)
5. 제2호부터 제4호까지의 제재 대상자로서 그 제재를 받기 전에 퇴임하거나 퇴직한 사람

(2) 임직원제재와 임원선임 자격제한

금융회사지배구조법 또는 금융관계법령에 따라 임직원 제재조치(퇴임 또는 퇴직한 임직원의 경우 해당 조치에 상응하는 통보를 포함)를 받은 사람으로서 조치의 종류별로 5년을 초과하지 아니하는 범위에서 "대통령령으로 정하는 기간"이 지나지 아니한 사람(금융회사지배구조법5①(7))은 금융회사의 임원이 되지 못한다

여기서 "대통령령으로 정하는 기간"이란 다음의 구분에 따른 기간을 말한다(영7②).

1. 임원에 대한 제재조치의 종류별로 다음에서 정하는 기간
   가. 해임(해임요구 또는 해임권고 포함): 해임일(해임요구 또는 해임권고의 경우에는 해임요구일 또는 해임권고일)부터 5년
   나. 직무정지(직무정지의 요구 포함) 또는 업무집행정지: 직무정지 종료일(직무정지 요구의 경우에는 직무정지 요구일) 또는 업무집행정지 종료일부터 4년
   다. 문책경고: 문책경고일부터 3년
2. 직원에 대한 제재조치의 종류별로 다음에서 정하는 기간
   가. 면직요구: 면직요구일부터 5년
   나. 정직요구: 정직요구일부터 4년
   다. 감봉요구: 감봉요구일부터 3년
3. 재임 또는 재직 당시 금융관계법령에 따라 그 소속기관 또는 금융위원회·금융감독원장 외의 감독·검사기관으로부터 제1호 또는 제2호의 제재조치에 준하는 조치를 받은 사실이 있는 경우 제1호 또는 제2호에서 정하는 기간
4. 퇴임하거나 퇴직한 임직원이 재임 또는 재직 중이었더라면 제1호부터 제3호까지의 조치를 받았을 것으로 인정되는 경우 그 받았을 것으로 인정되는 조치의 내용을 통보받은 날부터 제1호부터 제3호까지에서 정하는 기간

2. 준법감시인 선임 자격제한

준법감시인은 최근 5년간 금융회사지배구조법 또는 금융관계법령을 위반하여 금융위원회 또는 금융감독원장, 그 밖에 "대통령령으로 정하는 기관"으로부터 문책경고 또는 감봉요구 이상에 해당하는 조치를 받은 사실이 없어야 준법감시인으로 선임될 수 있다(금융회사지배구조법26①(1)). 여기서 "대통령령으로 정하는 기관"이란 i) 해당 임직원이 소속되어 있거나 소속되었던 기관(제1호), ii) 금융위원회와 금융감독원장이 아닌 자로서 금융관계법령에서 조치 권한을 가진 자(제2호)를 말한다(금융회사지배구조법 시행령21①).

3. 검사제재규정

금융위원회가 기관 또는 임원에 대하여 제재조치를 취한 때에는 해당 금융기관의 장은 금융감독원장이 정하는 바에 따라 이사회 앞 보고 또는 주주총회 부의 등 필요한 절차를 취하여야 한다(검사제재규정38). 즉 금융기관의 장은 다음의 절차를 취하여야 한다(시행세칙62①).

1. 임원의 해임권고를 받은 금융기관은 이를 지체없이 상임이사 및 사외이사로 구성된 이사회에 제재통보서 사본을 첨부하여 서면보고하여야 하며, 주주총회(주주총회가 없는 금융기관은 주주총회에 상당하는 최고의사결정기구)에 부의할 때에는 위법·부당사실을 구체적으로 기재하여야 한다.
2. 금융기관 또는 그 임원이 다음 각목의 1에 해당하는 제재를 받은 때에는 당해 금융기관의 장은 이사회에 제재통보서 사본을 첨부하여 서면보고하여야 하며, 주주총회에 제출하는 감사보고서에 제재일자, 위법·부당행위의 내용, 관련임원별 위법·부당행위 및 제재내용을 구체적으로 기재하여야 한다. 다만, 외국금융기관 국내지점의 경우에는 해당국 본점에 서면보고하는 것으로 이에 갈음할 수 있다.
   가. 금융기관에 대한 제재중 영업 또는 업무의 전부 또는 일부정지, 영업점의 폐쇄, 영업점의 영업 또는 업무정지, 위법·부당행위의 중지, 계약이전의 결정, 기관경고
   나. 임원에 대한 제재중 업무집행정지, 문책경고, 주의적 경고

금융기관의 장은 위법·부당행위 관련 임원이 제재조치 전에 사임한 경우에

도 위 제1항에 준하여 조치하여야 한다(규정 시행세칙62②).

Ⅷ. 제재에 대한 통제

1. 의의

금융기관 또는 그 임직원에 대하여 제재를 하는 경우에 금융감독원장은 그 제재에 관하여 이의신청·행정심판·행정소송의 제기, 기타 불복을 할 수 있는 권리에 관한 사항을 제재대상자에게 알려주어야 한다(검사제재규정36①).

2. 이의신청

금융기관 또는 그 임직원은 당해 제재처분 또는 조치요구가 위법 또는 부당하다고 인정하는 경우에 금융위원회 또는 금융감독원장에게 이의를 신청할 수 있다(검사제재규정37① 본문). 이의신청은 제재통보서 또는 검사서가 도달한 날로부터 1월 이내에 금융위원회 또는 금융감독원장에게 하여야 한다(시행세칙61①). 다만, 금융관련법규에서 별도의 불복절차가 마련되어 있는 경우에는 그에 따른다(검사제재규정37① 단서).

금융감독원장은 금융기관 또는 그 임직원의 이의신청에 대하여 다음과 같이 처리한다(검사제재규정37③).

1. 금융위원회의 제재처분에 대하여 이의신청을 받은 경우에는 그 이의신청 내용을 금융위원회에 지체없이 통보하고, 타당성 여부를 심사하여 당해 처분의 취소·변경 또는 이의신청의 기각을 금융위원회에 건의한다. 다만, 이의신청이 이유없다고 인정할 명백한 사유가 있는 경우에는 금융감독원장이 이의신청을 기각할 수 있다.
2. 금융감독원장의 제재처분 또는 조치요구사항에 대하여는 이유가 없다고 인정하는 경우에는 이를 기각하고, 이유가 있다고 인정하는 경우에는 당해 처분을 취소 또는 변경한다.

3. 집행정지

금융감독원장은 제재를 받은 금융기관 직원(이사·감사 등과 사실상 동등한 지위에 있는 미등기 임원 제외)이 감봉 이상의 신분상 제재(금융위원회에 건의하는 제재

사항은 제외하되, 금융관련법규상 제재로 인하여 준법감시인의 지위를 상실하는 경우를 포함)에 대하여 이의를 신청한 경우로서 제재조치의 집행 또는 절차의 속행으로 인하여 발생할 수 있는 회복하기 어려운 손해를 예방하기 위하여 필요하다고 인정하는 때에는 당사자의 신청에 의하여 그 제재조치의 집행 또는 절차의 속행정지("집행정지")를 결정할 수 있다(시행세칙61의2①).

집행정지는 금융감독원장의 집행정지결정이 있는 때부터 금융감독원장의 이의신청에 대한 결정(금융위원회에 건의하는 제재사항 중 준법감시인 지위를 상실하는 경우의 이의신청에 대해서는 금융위원회의 결정)이 있는 때까지 효력이 있다(시행세칙61의2②). 금융감독원장은 이의신청을 처리하기 이전이라도 집행정지의 사유가 없어진 경우에는 집행정지 결정을 취소할 수 있다(시행세칙61의2⑦). 집행정지 처리결과에 대하여는 이의를 제기할 수 없다(시행세칙61의2⑧).

4. 행정쟁송

금융위원회법은 "금융위원회, 증권선물위원회 및 금융감독원이 내린 위법·부당한 처분으로 권리나 이익을 침해받은 자는 행정심판을 제기할 수 있다(금융위원회법70)"고 규정하고 있다. 따라서 금융위원회, 증권선물위원회나 금융감독원으로부터 제재를 받은 금융기관 임직원은 그 제재조치가 위법·부당하다고 판단되는 경우 행정심판을 제기하여 권리구제를 받을 수 있다. 제재조치로 인해 권리에 직접적인 제한을 받는 당사자는 행정심판 이외에 직접 행정소송법상 항고소송(행정소송법4)을 통해 권리구제를 받을 수도 있다. 다만, 이러한 행정심판이나 행정소송을 통하여 권리구제를 받기 위해서는 제재조치의 처분성이 인정되어야 한다.

참고문헌

금융감독원(2024), “대부업 등록절차”, 금융감독원(2024. 4).

금융감독원(2020), 「금융감독개론」, 금융감독원(2020. 3).

금융위원회(2024), “불법사금융을 뿌리뽑기 위한 대부업법 개정안 국회 본회의 통과”, 보도참고자료(2024. 12. 27).

박효근(2019), “행정질서벌의 체계 및 법정책적 개선방안”, 법과 정책연구 제19권 제1호(2019. 3).

이승민(2013), “금융기관 및 그 임직원에 대한 제재의 실효성 제고방안”, 서울대학교 대학원 석사학위논문(2013. 12).

찾아보기

불법사금융 피해예방 10계명

01 정책서민금융상품을 이용할 수 있는지 우선 확인하세요!

- 서민금융진흥원(☎1397, www.kinfa.or.kr)에서 소액생계비대출·햇살론 등 정책금융상품 이용 여부를 우선 확인하세요!

02 문자, 인터넷 등을 통한 대출광고에 유의하세요!

- "당일대출", "누구나 대출" 등의 대출을 유도하는 대출광고에 유의하세요.

03 합법적인 등록업체인지 사전에 반드시 확인하세요!

- 금융감독원 금융소비자 정보포털 파인(fine.fss.or.kr)에서 거래상대방이 합법적인 등록업체인지 사전에 반드시 확인하세요!

04 합법적인 등록업체는 광고용 전화번호를 사전에 등록하고 있습니다!

- 사전에 확인한 전화번호와 다른 전화번호로 연락이 오는 경우 또는 합법적인 등록업체라 하더라도 부당행위 또는 불법대출 등을 권유하는 경우 즉시 전화를 끊고, 해당 대부업체가 등록된 지자체 또는 금감원(☎1332→3번)으로 신고하세요!

* (지자체 등록 대부업체) 해당 지자체, (금융위 등록 대부업체) 금감원

05 법정 최고이자율은 20%입니다!

- 법정 최고금리인 연20%를 초과하는 이자는 지급할 필요가 없습니다.

06 대부중개업자는 중개에 따른 수수료를 요구하지 않습니다!

- 대출·대부 알선에 대한 대가로 중개수수료를 요구하는 행위는 불법입니다.

07 대출과 무관한 개인정보 요구 시, 대출상담을 즉시 중단하세요!

- 신체사진, 지인 연락처, 휴대폰 어플리케이션 설치 등을 요구하는 경우, 성착취추심 등 악질적인 불법추심으로 이어질 수 있음에 주의하세요.

08 대출조건을 꼼꼼히 확인하고 대부계약서를 확인·보관하세요!

- 대부계약체결시 대부업자에게 대출조건을 설명받고 반드시 대출조건이 명시된 대부계약서를 교부 받으세요.

09 최고금리 위반 및 불법채권추심 등의 불법행위는 신고하세요!

- 계약서, 입·출금 등 거래내역 및 통화·문자 기록 등은 불법사금융 피해 증거입니다. 피해 사실을 금융감독원(☎1332→3번) 또는 경찰서(☎112)에 신고하세요!

10 피해 발생 시, 즉시 신고하고 채무자대리인 무료 지원 사업을 신청하세요!

- 최고금리 위반, 불법채권추심 등 불법사금융 피해(우려)를 당한 경우, 채무자대리인 무료 지원 사업*, 계약 무효화 소송 등을 통해 적극 대응하세요.

* 금감원 홈페이지, 불법사금융신고센터(☎1332→3번) 또는 법률구조공단(☎132)를 통해 신청

저자소개

이상복

서강대학교 법학전문대학원 교수. 서울고등학교와 연세대학교 경제학과를 졸업하고, 고려대학교에서 법학 석사와 박사학위를 받았다. 사법연수원 28기로 변호사 일을 하기도 했다. 미국 스탠퍼드 로스쿨 방문학자, 숭실대학교 법과대학 교수를 거쳐 서강대학교에 자리 잡았다. 서강대학교 금융법센터장, 서강대학교 법학부 학장 및 법학전문대학원 원장을 역임하고, 재정경제부 금융발전심의회 위원, 기획재정부 국유재산정책 심의위원, 관세청 정부업무 자체평가위원, 국토교통부 법률고문, 대한상사중재원 중재인, 한국공항공사 비상임이사, 금융감독원 분쟁조정위원, 한국거래소 시장감시위원회 비상임위원, 한국증권법학회 부회장, 한국법학교수회 부회장, 금융위원회 증권선물위원회 비상임위원으로 활동했다. 현재 공적자금관리위원회 위원으로 활동하고 있다.

저서로는 〈금융사지배구조법〉(2025), 〈금융법원론〉(2025), 〈금융법입문(제2판)〉(2024), 〈부동산개발금융법(제2판)〉(2024), 〈특정금융정보법〉(2024), 〈전자금융거래법〉(2024), 〈신용정보법〉(2024), 〈판례회사법〉(2023), 〈상호금융업법〉(2023), 〈새마을금고법〉(2023), 〈산림조합법〉(2023), 〈수산업협동조합법〉(2023), 〈농업협동조합법〉(2023), 〈신용협동조합법〉(2023), 〈경제학입문〉(2023), 〈외부감사법〉(2021), 〈상호저축은행법〉(2021), 〈외국환거래법〉(개정판)(2023), 〈금융소비자보호법〉(2021), 〈자본시장법〉(2021), 〈여신전문금융업법〉(2021), 〈금융법강의 1: 금융행정〉(2020), 〈금융법강의 2: 금융상품〉(2020), 〈금융법강의 3: 금융기관〉(2020), 〈금융법강의 4: 금융시장〉(2020), 〈경제민주주의, 책임자본주의〉(2019), 〈기업공시〉(2012), 〈내부자거래〉(2010), 〈헤지펀드와 프라임 브로커: 역서〉(2009), 〈기업범죄와 내부통제〉(2005), 〈증권범죄와 집단소송〉(2004), 〈증권집단소송론〉(2004) 등 법학 관련 저술과 철학에 관심을 갖고 쓴 〈행복을 지키는 法〉(2017), 〈자유·평등·정의〉(2013)가 있다. 연구 논문으로는 '기업의 컴플라이언스와 책임에 관한 미국의 논의와 법적 시사점'(2017), '외국의 공매도규제와 법적시사점'(2009), '기업지배구조와 기관투자자의 역할'(2008) 등이 있다. 문학에도 관심이 많아 장편소설 〈모래무지와 두우쟁이〉(2005), 〈우리는 다시 강에서 만난다〉(2021)와 에세이 〈방황도 힘이 된다〉(2014)를 쓰기도 했다.

대부업법

초판발행 2025년 8월 2일

지은이 이상복
펴낸이 안종만 · 안상준

편 집 김선민
기획/마케팅 최동인
표지디자인 벤스토리
제 작 고철민 · 김원표

펴낸곳 (주) 박영사
서울특별시 금천구 가산디지털2로 53, 210호(가산동, 한라시그마밸리)
등록 1959. 3. 11. 제300-1959-1호(倫)
전 화 02)733-6771
f a x 02)736-4818
e-mail pys@pybook.co.kr
homepage www.pybook.co.kr
ISBN 979-11-303-2462-3 93360

정 가 23,000원